中國學術思想 研究輯刊

三八編

林慶彰 主編

第 1 冊

《三八編》總目
編輯部編

神話之維與天命道境
——西王母、女媧—伏羲神話與「天道」「天命」的形成

郭吉軍 著

花木蘭文化事業有限公司

國家圖書館出版品預行編目資料

神話之維與天命道境——西王母、女媧—伏羲神話與「天道」
「天命」的形成／郭吉軍 著 -- 初版 -- 新北市：花木蘭文化事
業有限公司，2023〔民112〕
序 4+ 目 2+206 面；19×26 公分
（中國學術思想研究輯刊 三八編；第 1 冊）
ISBN 978-626-344-389-1（精裝）
1.CST：中國神話
030.8   112010409

ISBN-978-626-344-389-1

中國學術思想研究輯刊
三八編 第 一 冊   ISBN：978-626-344-389-1

神話之維與天命道境
——西王母、女媧—伏羲神話與「天道」「天命」的形成

作　　者　郭吉軍
主　　編　林慶彰
總 編 輯　杜潔祥
副總編輯　楊嘉樂
編輯主任　許郁翎
編　　輯　張雅淋、潘玟靜　美術編輯　陳逸婷
出　　版　花木蘭文化事業有限公司
發 行 人　高小娟
聯絡地址　235 新北市中和區中安街七二號十三樓
　　　　　電話：02-2923-1455／傳真：02-2923-1452
網　　址　http://www.huamulan.tw 信箱 service@huamulans.com
印　　刷　普羅文化出版廣告事業
封面設計　劉開工作室
初　　版　2023 年 9 月
定　　價　三八編 16 冊（精裝）新台幣 42,000 元

《三八編》總目

編輯部 編

《中國學術思想研究輯刊》三八編 書目

《中國學術思想研究輯刊》三八編
各書作者簡介・提要・目次

第一冊　神話之維與天命道境——西王母、女媧—伏羲神話與「天道」「天命」的形成

作者簡介

　　郭吉軍，甘肅高臺人，哲學碩士，古典文學博士，蘭州大學哲學社會學院教授，研究生導師。甘肅省哲學學會常務理事，甘肅省傳統文化研究會常務理事，甘肅省先秦文化研究中心會員。長期從事中西古典思想研究，立足文藝美學，進行「詩」與「思」的探討。先後完成《理性與自在》、《自然的信仰》、《生命原情與精神還鄉》等專著。發表《詩與史的交響》《海倫的出場》《詩之道說與思之回聲》《解釋之道與視域融合》等思想論文。博士期間研讀莊子，著有《思與忘——朝向〈莊子〉的「詩之途」與「美之境」》。

提　要

　　作品立足於華夏文明的思想探源。以崑崙母題分衍而出的兩脈神話——西王母神話與女媧—伏羲神話為視點，通過追溯西王母神話與女媧—伏羲神話原敘事文本樣圖和其多圖樣流傳的事蹟圖像，結構出神話敘事的意義母題，以期從神語景象中尋視華夏思想原初發生的可能性。該研究從作為文本自顯的神話敘事開始，通過神話結構性母題的尋探，最終繪製出能夠作為意

義呈現的思想畫面。具體來說，作品以西王母神話與女媧─伏羲神話為維度進行探究，分別尋視出傳統道家所回應的終極觀念──「天道」和傳統儒家秉持的根本觀念──「天命」。前者溯源於西王母神話，後者溯源於女媧─伏羲神話。這兩種觀念作為華夏思想的基本儀態，分流並澄清著華夏思想從源到流的存在方式。

　　從神話語境中溯探華夏思想的起源是這一研究的立足點。傳統研究多以先秦諸子文本作為澄晰華夏思想的源淵模式，而對神話所告示的意義圖像疏於尋視。本研究從源到流系統清理了神話傳說路跡，從源頭上澄清了由神話意向所拋示的「天道」與「天命」兩個維度，進而從「天道」與「天命」的蘊含意向中探索作為華夏思想主幹的道家與儒道的思想源淵。因研究視域的獨特性，故而在研究上嘗試了與傳統述釋有別的現象學方法，以現象學意向構造及意義呈現的方案，對神話「現象」進行了追蹤與闡釋。

目　次

第二冊　以認知視角論孔、莊中同源異構的隱喻——以天、家、人爲核心

作者簡介

莊敦榮，來自臺灣新北市，畢業於國立中正大學中國文學系，專長爲認知隱喻理論、先秦儒道思想與神話學。曾與他人共同開創語屋文創工作室，和松鼠文化合作出版三本書籍《故事柑仔店》、《故事柑仔店2》和《百年藥櫃九帖湯》，並與企業和教育單位合作推出有關認知訓練之課程，致力將學術內容轉化爲臺灣文化與內容推進之動能。

提　要

孔莊兩者思想的關係，千年來多有人論之，近年楊儒賓更將莊子與孔子做了背景與隱喻意涵的連結，而本論將運用認知理論中的心理空間理論來探索孔子與莊子在時代巨變時，如何重建與奠基先秦天、家、人的隱喻建構，希望藉由有步驟且具方向性的方式，將隱喻中或隱或顯的多方可能性之來源，做出分析與統整，以此探索孔莊隱喻中可能相關的議題與概念，並連結孔莊思想中隱喻呈現的內部系統，找尋兩者的異同，對孔莊同源的論述，以認知隱喻研究的方式做出貢獻。本論認爲孔莊皆開出了通天之路，只是孔子以家爲重，莊子以天爲核，時代的差異性也開展出了思想著眼點的不同，對於權力戒愼恐懼的莊子，有著前人設定的課題與解方，作爲進一步擴展框架與深入問題的可能性。孔莊的天、家、人隱喻雖有不同取捨，但都基於某種家的文化去作出設定，只是前者以周文之父者，後者以巫教之母神爲來源，但孔莊對來源中的家族封建政治和巫文化做了相當大的轉換，無論是去除血緣與神意的政治限制，或是除去巫教神秘與暴力的副作用，皆看出兩人創造新隱喻內容的正面意義，而從隱喻的探究中可發現，最終兩人都希望開出某種大同之世，亦看得出孔莊關心之點有其相似處。

目　次

第三冊 從簡帛《老子》看《老子》思想與《莊子》外雜篇之關係

作者簡介

　　林煒倫，國立臺灣師範大學國文系碩士，現職為高中教師。研究興趣主要在近世出土文獻中的思想方面以及先秦道家文獻。

提　要

　　近世思想史之研究，由於出土文獻的發現，有了新的發展。1993 年郭店楚簡《老子》的出土，即為二十世紀末重大的學術發現，亦是截至今日所發現最早的《老子》傳本。「老子」一詞，實含老子其人、其學以及其書三個意涵，而郭店《老子》的發現，對於老子其人的時代，其學於戰國的發展狀況，其書如何流傳、改變而成現今所見的傳世本《老子》，提供了新的研究材料。老子之學於戰國之時，各自有著不同的支派，如莊子之學以及黃老之學，這些流派分別發展與結合後產生的文獻，大量出現在傳世本《莊子》外、雜篇中，使《莊子》外、雜篇儼然成為戰國道家思想之集大成者。本文藉由《老子》形成期與成型期的文本對勘，以及《莊子》外、雜篇中所見的戰國時期道家思想，研究《老子》成書過程中思想的演變。

　　本文擬在前輩學者的研究成果上，著重於思想發展性的研究。首章「緒論」，依序說明研究動機與目的、研究範圍之釐定、研究方法的運用以及前人研究文獻的回顧，第二章「簡帛《老子》及其流傳」，主要討論郭店《老子》的文獻性質，以及在《老子》一書形成過程中，郭店《老子》居於重要的地位。第三章「《莊子》外雜篇中的思想議題」，透過對於《莊子》外、雜篇的分析，主要討論戰國晚期道家各支派的思想特徵以及發展狀況。第四章「《莊子》外雜篇思想與《老子》的關係」，主要探討《老子》文本於郭店本到帛書本，其中可能雜入的莊子後學思想，如無君派思想、黃老思想等，並推論《老子》文本形成與莊子後學的關係。第五章「結論」，總結本文的研究成果，並指出目前的局限以及未來研究發展的可能。

目　次

第四冊　江右王門論稿

作者簡介

　　彭樹欣（1968.10～），男，江西蓮花人，江西財經大學人文學院教授，華中師範大學文學博士，武漢大學哲學博士後，碩士生導師。從事中國哲學、古典文獻學和民俗學研究。主持、參與國家及省部級課題 10 餘項，其中國家社科基金項目《明代江右王門重鎮安福縣學人群文獻整理與研究》以優秀結題，出版著作（含文獻整理）10 餘部，在《光明日報》《孔子研究》等發表論文近 50 篇，獲江西省社科優秀成果二等獎 2 項、三等獎 1 項。

提　要

　　江右王門是陽明學派的最大支派，不僅人物最多，文獻富贍，思想深厚，而且最得陽明思想之正，又能豐富、發展其思想，並救正陽明後學之弊。其中，吉安府安福陽明學又是其重鎮。本書按兩大主題將關於江右王門學者（除廣義上的江右王門羅汝芳外，其他均為安福陽明學者）的系列研究論文及輯佚文獻整合為一本書，分為上下篇。上篇為思想研究，論述對象為鄒守益、

劉陽、羅汝芳、王時槐、鄒德涵、劉元卿。或總論其哲學思想，包括《劉陽哲學思想論》《鄒德涵哲學思想論》《劉元卿哲學思想論》；或論其思想的某些方面，包括《論鄒守益的本體論》《論羅汝芳哲學的神秘主義傾向》《論王時槐的工夫論》《論劉元卿的教育實踐與思想》《論劉元卿的禮學實踐與思想》。下篇為考證與文獻，屬於文獻學研究，涉及對象為劉陽、劉邦采、王釗、劉元卿和鄒氏家學，有兩大內容：一是著述考，包括《劉陽著述考及其孤本文獻之發現》《劉元卿著述考》《江右王門鄒氏第二三代文獻及其思想價值》；二是文獻輯佚，包括《劉邦采文獻輯佚》《王釗文獻輯佚》《〈劉元卿集〉外佚文》。

目 次

第五冊 立命與經世：黃道周的思想世界

作者簡介

楊肇中，本名楊毓團，男，1977 年生，江西南昌人，南京大學歷史學博士，現任福州大學中國思想文化史研究所所長，教授、研究生導師；兼任教育部學位中心論文評審專家、福建省哲學學會理事、福州市船政文化研究會副會長。2014～2016 年，在復旦大學中國史學科從事博士後研究；2018～2019 年，任臺灣「中央研究院」中國文哲所訪問學人。近年主要研究領域：中國思想史、儒家哲學、政治哲學。在 CSSCI 等各類核心期刊上發表學術論文 50 餘篇；其中，《新華文摘》《人大複印報刊資料》等權威期刊轉載論文多篇。出版學術專著有《歷史觀照中的經世儒學》《舊邦新命——儒學公共精神的現代展開》等；主持完成國家社會科學基金項目 1 項，主持福建省社會科學基金重點項目 1 項；參與或主持其他國家、省部級項目多項。2015 年，獲第五屆全國「中國政治思想史論壇」優秀論文二等獎；2017 年，獲福州大學第六屆「傑出青年教師」勵志獎；2021 年，獲福建省第十四屆社會科學優秀成果獎（著作）。

提 要

本書基於思想史與社會史相結合的研究進路，構建晚明大儒黃道周的多維度思想世界，分別從黃道周的學問人生、心性論思想、易學與陰陽五行思想、禮學思想與史學思想等方面，著力呈現了一個儒者「立命」與「經世」的濃鬱情懷。

作者在進行思想闡釋時，敏銳地把捉黃道周的問題意識，將重建晚明天人秩序作為其再造儒學新生命的有效路徑。大體而言，王學末流近乎佛禪的學風導致晚明儒家社會道德的深重危機。這一對於儒學陷溺於「異端」之說的焦慮，是黃道周問題意識的起點，引致他「救之以六經」。在某種意義上，六經的宗旨在於探明天人之際，建構理想的天人秩序。然而，儒學陷於空幻玄蕩之境與政治社會的紛亂衰頹無不表徵理想天人秩序在晚明的失落。如上情形引燃黃道周致力於儒學重建的激情。

目 次

第六冊　方以智物論研究

作者簡介

　　劉瑜，中國人民大學歷史學學士（2012）、碩士（2014），哲學博士（2021），比利時根特大學中國語言與文化專業聯合培養博士（2021）。現任職於浙大城市學院，從事哲學專業教學與研究。研究興趣在於明清哲學、中西比較哲學，以獨立作者或第一作者身份在《中國哲學史》（CSSCI）、《周易研究》（CSSCI）、*Religions*（A&HCI）等國內外學術期刊發表中英文論文多篇。

提　要

　　本書在筆者博士論文基礎上修改而成，以系統地建立方以智物論哲學為主旨。本書從「物」字著眼，透過此一具有根本性和全盤性的觀念，重新理解和審視方以智的哲學思想體系。在傳統中國哲學話語中，由「物」構成的道物、物理、物我、格物、事物諸範疇敞開了約略相應於西方哲學中的存有論、宇宙論、主客關係、認識論、實踐論的各個論域。此外尚構成了無法比擬於西方哲學的獨特論域，如傳統所謂心物關係，即是中國哲學特有的對人與天、人生與宇宙、人文與科學、思想與存在等問題的一種綜合性表達。

　　近現代自然科學技術的長足發展及其對人文世界造成的挑戰，促進了西方哲學對於物的問題、人與物的關係問題深入持久的思考。科學理性強勢入侵人之生存領域的方方面面，知識向著實用技術的轉化增強了人控制、改造物的能力，技術與資本的結合又推動了社會、經濟的飛速發展。工具理性主導著人對物的認識，物從人之生存境況的意義世界中隕落，淪為滿足人之需求的手段。重新審視中國歷史上這一前現代觀念與西方自然科學初次發生碰撞的時期，或將有利於啟發我們對當下和未來的科技與人文意義世界的關係

的思考。

目 次

第七冊　胡安國《春秋傳》在清代的遭際

作者簡介

　　秦行國，男，1993 年 10 月生，籍貫湖北仙桃。現為北京師範大學歷史學院博士後，研究方向為近代思想文化史。2019 年 9 月至 2020 年 1 月為臺灣「中研院」歷史語言研究所訪問學人。發表論文十餘篇。

　　論文發表：

　　1.《乾隆時期科考廢除胡安國〈春秋傳〉原因再析》，《原道》（CSSCI）第 41 輯。

　　2.《政治策略與經義分歧》，《經典與解釋》（CSSCI）第 61 輯。

　　3.《論康熙、乾隆二帝對〈春秋〉中「尊王」的不同解讀》，《清史論叢》（CSSCI）2022 年第 1 輯。

提　要

　　本文以清代為主要的歷史脈絡，嘗試結合科舉、政治、學術等方面，分別從元明、清初、乾隆時期以及晚清不同的歷史時期，揭示出學者、官方對胡安國《春秋傳》的理解歷程。主要圍繞如下方面展開：

　　一、梳理《胡傳》的主要內容與元明時期《春秋》科舉的情況。《胡傳》以天理統攝天人秩序、人倫秩序與夷夏秩序。元朝時，《胡傳》被納入科舉。明朝洪武時期又加入張洽的《春秋集注》，直至永樂時期停用，而只用《胡傳》。

　　二、討論《胡傳》在清初的情況。王夫之、顧炎武推崇《胡傳》，強調「攘夷」高於「尊王」。毛奇齡批評《胡傳》，倡導「尊王」，貶斥「攘夷」。

　　三、討論清初官方對《胡傳》的承襲與摒棄。《日講春秋解義》《欽定春秋傳說彙纂》繼承胡安國的天理觀，而對其中夷狄的討論或避開或刪節。

　　四、討論乾隆時期「大一統」敘事與《胡傳》。乾隆帝對胡安國公然指責其夷夏大防之見。《御纂春秋直解》提倡其「尊王」之義，棄置其「攘夷」之義。《四庫全書》對《胡傳》「攘夷」內容加以改易、刪削。莊存與、孔廣森對《胡傳》進行重新理解。

　　五、討論《胡傳》在晚清的新變。晚清時期，康有為受進化論理論影響，再度解讀夷夏問題，藉以批評胡安國。黃節在推許胡安國的夷夏大防之論的同時，融入了西方人種論。

目　次

第八冊　臨濟禪與療育學

作者簡介

　　李欣霖博士，於民國 106 年畢業於國立彰化師範大學國文系博士班，其治學嚴謹而不拘泥，思辨敏捷而不逾越；加之有豐碩的國學基礎與西方哲學的邏輯思考概念，所為論文，除能參酌本國古今碩學論著外，更能融入西方

學術思維，故能屢見創新，發前人之所未發。作者對於中華文化思想、儒學教育、道家哲理、心理輔導、生命教育以及民間宗教思想等課程，都是李博士的學術專長。又參與帶領民間宗教實際修練，有多方面的著作與經典教學等，經驗豐厚，在這方面著述了多篇學術論文和專書，這些著作都獲得了學界的肯定與讚譽。作者的研究於範圍哲學、宗教、中文與漢學等領域，修得雙碩士、雙博士的學位，並曾經任教於南華大學宗教所及成功大學漢學所。目前創設春秋學會暨春秋學院，以儒釋道之經義用之於心理治療為主軸，著作目前達三十餘本。

提　要

　　禪宗表達出自古以來就被人所重視的生命之本，由於其強調無，以即心即佛又非心非佛、說是一物即不中等宗風，使得禪門以「無心為道」的敞開方式，讓人融入禪的生命之流。以公案來表達直觀的心意，簡易說出禪的意圖，是對生活的反映，而且也表現一種生命情結的對治；以不說而說的「空」代表著清儉、真實與美善的本質，為生命提供了來源與活力，成為禪師智慧的結晶。禪師以各類禪法的操作方式，不從門入，取得珍寶；不觀變化，直了因緣。顯示禪空靈智慧的生命觀照，將人生現象以「空假」為中道的本質來闡述。做為真理開顯的視域，進而能化解生命的困厄，帶出生命療癒的效果。本文以公案做為例舉，讓禪與存在更能緊密結合，對比生命有無之間的情境，詮釋人們的意志，並釋放人類共有的潛在訊息，這種訊息是人在「禪」中的生活常態，使人在禪中安頓生命與調適情志。本文結合西方心理治療之「閱讀療癒」、「詩歌療癒」與「書寫療癒」等領域，對照於臨濟禪門療癒的作用，使禪的「療育」的再詮釋。禪宗在慧能前是一「潛醞時期」，慧能到臨濟義玄禪師是一「競起時期」，從義玄禪師後的一百五十年間，各家競起，其中的一個主流傳承是從慧能大師、南嶽懷讓禪師、馬祖道一禪師、百丈懷海禪師、黃檗希運禪師、臨濟義玄禪師等，而臨濟義玄的徒子徒孫開出「文字禪」、「看話禪」、「書寫禪」等，為禪門發展出文字般若的療育與療癒的作用，並舉克勤、慧開、星雲等三位禪師為研究對象。本文弘調佛教文獻的分析與詮釋，使得般若與心理、療癒的結合功能，從而使禪的本質不斷超越現存狀態，以意、境與物為「禪」提供的存有意義，成為禪的終極統一。

目　次

第九冊　一貫道《易》學研究——以王覺一、張天然、《白陽易經》及儀典為核心

作者簡介

　　黃國祖，我的求學過程和很多人不一樣，從高職重機械修護科、軍校機械科、二專工業工程與管理科、補習插大中文系英文系、插大考上大學數學系純數組再考上宗教及統計研究所，這一路的過程總是讓自己在國高中的教學過程中，對學生的自我介紹要用半節課以上的時間，而學生也聽的瞠目結舌。雖然讀書的波折種種，但是反而讓自己在鼓勵學生的時候更能得心應手。

　　常常講的一句話就是：「唸書唸不好就要輕易地結束自己的生命，那麼我該結束幾次呢？」，因為一科唸不好並不代表別科唸不好，先有承認失敗的勇

氣之後，再去勇敢的嘗試，終究會找到自己的一片天，讓自己發光、發熱。

在考研究所的時候考過二、三十所，舉凡企管、經濟、中文、宗教等科系都考過。這樣失敗的過程當中並沒有讓自己有挫折感，反而讓自己在輔導學生申請入學時的面試技巧能有更多的建議，也讓學生瞭解將挫折拿來當墊腳石的真正意義。自己最終在九十二年時考上了宗教及統計研究所，在九十五年時統研所畢業。

十年前自己又考上中原大學的應用數學博士班，念了一年之後內心總覺得不踏實，一直有個聲音問自己：「唸完數學博士班之後，我得到了什麼？」，且自己也教數學將近二十年了，再研究數學對自己也有幫助嗎？對我的教學有幫助嗎？內心一直反覆的思考這些問題，最後在休學兩年後，做出決定不再繼續念數學博士班的決定。

如今自己在中文博士班的學習中間因為工作的關係休學一年，在五年的學習中中拿到博士學位，雖然自己已有一點歲數，但是活到老就該學到老，且將自己興趣和工作結合而學習更是人間一大樂事。

提　要

根據不完全統計，一貫道現已在全世界 80 多個國家和地區傳播，成為目前最具國際化的中國本土型信仰實體。

這樣的一個蓬勃發展的宗教，其《易》學思想卻沒有被發揚光大，甚至在有關於一貫道學術研究的學位論文中，對於一貫道中全盤的《易》學思想的研究也寥若晨星，這是令人相當遺憾的事情。所以，研究者當成為研究王覺一、師尊張天然、《白陽易經》及儀典為核心的易學思想的一員，將其有關《易》學的著作及《易》學在一貫道禮儀上的運用系統性地呈現。

對於本研究將設定對王覺一及張天然的《易》學思想系統性的梳理，以有關一貫道的《易》學著作為主軸，再參考一貫道中的前賢大德的著作為輔助，調理出王覺一及張天然的《易》學思想及在一貫道道場中的應用。

王覺一認為，最原始的無汙染的「本然之性」，是由理天而來。而其在建構生命之所由來之論述系統中，認為人的性靈由無極理天，經太極氣天，來到皇極象天成為人。點出了道心、人心與理天及氣天之關係。而在一貫道中，所傳之理、氣、象的說法及修行，就是由此而生。而張天然則認為修行一貫道可以超生了死，就是超出陰陽，跳出五行，脫輪迴登極樂。求道才能找回

本性良心，始能知道人心，有真有假，真的就是本性良心，亦即是元神。假的就是血心人心，即識神是也。張氏的著作《一貫道脈圖解》八章十四個圖中，將王覺一的理、氣、象的說法融會貫通在其中。將人與天結合，即吾人性、心、身相合一貫之呈現也。

這也就是一貫道的修行當中，一再強調的「超氣入理」的修行目標，也就是在象天的修行者，經過內外的修持之後，功果圓滿，由象天脫離氣天的限制，直接回到理天，達本還源，整體建構出一貫道的修行目標及方向。

目　次

第十冊　美國漢學與中國思想研究論集

作者簡介

　　李哲賢，台北人，美國亞歷桑納大學漢學博士，曾任國立雲林科技大學漢學研究所教授、所長。著有：《漢學視野下之荀子思想研究論集》、《荀子之名學析論》、《荀子之核心思想——「禮義之統」及其現代意義》、Chang Ping-lin(1869～1936): A Political Radical and Cultural Conservative 等書及〈弱者道之用——老子弱道哲學析論〉（中、英文）、〈美國漢學視野下之中國古典文學研究及反思〉等中、英文論文多篇。

提　要

　　在中國思想之研究領域，中文學界之研究成果極為豐碩，然而，或許受限於自身之學術文化傳統，研究成果不易積累消化，或突破傳統藩籬，而只能在自身之文化傳統中迂迴摸索。

　　依此，作者以其二十多年來在美國漢學領域之教學與研究為基點，透過美國漢學界之中國思想研究成果之分析、詮釋，由此提出新的問題和觀點，擴大學術研究視野，並超越自身文化傳統之框架，可提升中文學界之中國思想研究之水準。本書極具國際視野，相信此種視野之研究進路（approach）當是中文學界未來學術研究之必然趨勢。

目　次

第十一冊 中國哲學散論

作者簡介

朱光磊（1983～），男，江蘇蘇州人，南京大學中國思想家研究中心博士畢業，現為蘇州大學哲學系教授，中國哲學專業博士生導師，中國哲學方向負責人，兼任蘇州大學顧炎武研究中心副主任、蘇州滄浪吟誦傳習社副社長、江蘇儒學學會常務理事等職。出版《黃宗羲》《回到黃宗羲——道體的整全展開》《對話儒學 中國當代公共道德建設的文化視野》《唐調詩文吟誦二十講》《蘇州童謠》等著作，在相關刊物上發表學術論文近百篇。

提 要

本書選錄了作者在二零一二至二零二一這十年內發表的中國哲學論文二十二篇，按照儒家哲思、道家玄思、佛家睿思、三家綜論四大篇章進行分類。

儒家哲思篇主要由孟子學、朱子學、陽明學三部分構成。孟子學的研究分別處理了性善論的理性論證、知言養氣工夫論的學理解讀以及外王學中正當與證成的二重維度。朱子學的研究在釐清朱子學思歷程的基礎上，正視了朱子性理的活動問題，並由此對理學與心學進行了會通。陽明學的研究分類梳理了王陽明《良知問答》中的四種動靜觀，並對現代新儒家的陽明學研究進行了全面的解讀。

道家玄思篇主要闡述了老、莊的思想。前者論述老子「反者道之動」的真實意義，並以反戰思想為之佐證。後者論述了莊子自然思想的倫理表達，並進而分析了莊子的「指」「馬」之喻。此外，文章還嘗試對惠施的「歷物十事」作出新的釋讀。

佛家睿思篇主要闡釋了觀世音在漢地的形象變化、僧肇《物不遷論》的

義理內涵以及牟宗三的佛學創建。

　　三家綜論篇從工夫論角度指出儒道釋三家思想的異同，又從真理觀的角度試圖給出三教皆可達成各自真理的理性路徑。

　　本書內容雖為散論，但大體上都是在儒道釋三教心性論基礎上的義理展開，並最終在三家綜論篇中的真理觀上獲得各自的調適。

目　次

第十二、十三冊　倫理與文化論集

作者簡介

　　肖群忠，哲學博士，中國人民大學哲學院教授、博士生導師。主要從事倫理學與中國傳統倫理研究。「全國優秀博士學位論文獎」獲得者。「教育部新世紀優秀人才培養計劃」入選者。中國人民大學「十大教學標兵」稱號獲得者。

　　曾在《哲學研究》《北京大學學報》等報刊雜誌發表學術論文 200 餘篇，已出版學術著作 10 餘部。代表作主要是：《孝與中國文化》（2001 年，人民出版社）；《傳統道德與中華人文精神》（2019 年，中國人民大學出版社）。

提　要

　　倫理是中華文化的核心與靈魂，中華文化是中華倫理的土壤與基礎，研究揭示並弘揚中華文化的崇德特質，增強文化與倫理自信是實現中華民族偉大復興的精神動力。本書是作者近八年來對相關主題的系統研究論文之結集。對中華文化的價值取向、精神特質、現代價值進行了宏觀的分析論述，另外，對傳統倫理的修齊治平諸方面即個體私德，家庭道德、職業倫理、政治倫理、天下倫理或者國際倫理諸方面都有論及，條分縷析，對其現代性轉化與創造性發展給予了分析闡發，還對近現代以來的重要學術人物和文本如蔡元培、朱光潛、成中英、韋政通、羅國傑等人的倫理思想進行了分析研究。本書對理解、弘揚中華文化與倫理提供了有益的啟示與借鑒。

目　次

上　冊

自序：歲月流逝又八年　耆後回望集新卷

前　圖

第十四、十五、十六冊　沉香齋經學文存

作者簡介

　　龐光華，男，生於 1968 年 6 月 19 日，重慶人，漢族。北京外國語大學北
京日本學研究中心碩士；北京大學中文系漢語史博士。五邑大學文學院教授。

　　研究方向：漢語音韻學、訓詁學、經學史、漢語史、語言學、古文獻學、
學術文化史。

　　學術業績：《論漢語上古音無複輔音聲母》（60 萬字）、《上古音及相關問
題綜合研究》（151 萬字，獲得「王力語言學獎」）、《何九盈先生學行述論》（28
萬字），發表學術論文近九十篇。參與編撰四本學術專著。

提　要

　　本書考證了今傳本《古文尚書》就是先秦古本的《尚書》，不可能是魏晉
人偽造。東晉梅賾（梅頤）奏獻朝廷的是孔安國《古文尚書傳》，而不是《古
文尚書》的經文。今本孔安國傳是真實的。司馬遷沒有見過《古文尚書》和
孔安國傳，《史記》所參考利用的只有今文《尚書》。在隋朝以前，今文《尚
書》及完整的各家注都已經失傳。今本的《尚書》只有孔安國傳的《古文尚
書》。考證了今本《說命》和《仲虺之誥》肯定是春秋以前的文獻，不可能產
生於戰國以後。清華簡《說命》不是原始古本《說命》。遠古的「司空」是掌
管土地的職官。今本《尚書‧洪範》是西周以前的古文獻。《尚書》「亂臣十
人」的「亂」讀為「諫」，「十」是「七」之誤。單數第一人稱代詞「吾」產
生於春秋時代的東部文化區。《易經》以「龍」為占筮語是利用了「龍」與「寵」
為諧音。《詩經》有廣泛的諧音藝術。今本《論語》產生早於郭店楚簡《老子》。

我國春秋以來流行「法語」這樣的格言彙編來傳播智慧。《左傳》「君子曰」
的內容早見於《史記》，不可能是劉歆偽造。《金人銘》產生於戰國後期的黃
老學派。以動詞為名詞的語根是我國自春秋以來的語源學傳統。考證了《尚
書》、《論語》、《左傳》、《國語》的訓詁學疑難。上古音二等字帶-l／r-介音說
不能成立。上古音歌部不帶-r 或-l 尾。附錄譯注評析了五篇清代八股文。本書
新見迭出，為所謂的《偽古文尚書》翻案是本書的壯舉。

目　次

上　冊

中　冊

下　冊

神話之維與天命道境
——西王母、女媧—伏羲神話與「天道」「天命」的形成

郭吉軍　著

作者簡介

郭吉軍，甘肅高臺人，哲學碩士，古典文學博士，蘭州大學哲學社會學院教授，研究生導師。甘肅省哲學學會常務理事，甘肅省傳統文化研究會常務理事，甘肅省先秦文化研究中心會員。長期從事中西古典思想研究，立足文藝美學，進行「詩」與「思」的探討。先後完成《理性與自在》、《自然的信仰》、《生命原情與精神還鄉》等專著。發表《詩與史的交響》《海倫的出場》《詩之道說與思之回聲》《解釋之道與視域融合》等思想論文。博士期間研讀莊子，著有《思與忘——朝向〈莊子〉的「詩之途」與「美之境」》。

提　要

　　作品立足於華夏文明的思想探源。以崑崙母題分衍而出的兩脈神話——西王母神話與女媧—伏羲神話為視點，通過追溯西王母神話與女媧—伏羲神話原敘事文本樣圖和其多圖樣流傳的事蹟圖像，結構出神話敘事的意義母題，以期從神語景象中尋視華夏思想原初發生的可能性。該研究從作為文本自顯的神話敘事開始，通過神話結構性母題的尋探，最終繪製出能夠作為意義呈現的思想畫面。具體來說，作品以西王母神話與女媧—伏羲神話為維度進行探究，分別尋視出傳統道家所回應的終極觀念——「天道」和傳統儒家秉持的根本觀念——「天命」。前者溯源於西王母神話，後者溯源於女媧—伏羲神話。這兩種觀念作為華夏思想的基本儀態，分流並澄清著華夏思想從源到流的存在方式。

　　從神話語境中溯探華夏思想的起源是這一研究的立足點。傳統研究多以先秦諸子文本作為澄晰華夏思想的源淵模式，而對神話所告示的意義圖像疏於尋視。本研究從源到流系統清理了神話傳說路跡，從源頭上澄清了由神話意向所拋示的「天道」與「天命」兩個維度，進而從「天道」與「天命」的蘊含意向中探索作為華夏思想主幹的道家與儒道的思想源淵。因研究視域的獨特性，故而在研究上嘗試了與傳統述釋有別的現象學方法，以現象學意向構造及意義呈現的方案，對神話「現象」進行了追蹤與闡釋。

序

范　鵬

　　縱觀全書可以稱之為「天道」、「天命」的神話尋根。作者從西北西王母神話與伏羲—女媧（按其發生學順序和邏輯及其創世之神與教化之神、創文之神的地位毋寧應稱之為女媧—伏羲神話）神話的原始描寫中挖掘出天道的神根與天命的神源，從而把歷來視為「不可能」的神話與哲學的內在聯繫「呈現」在人們的面前了。這裡內在地包含了一種邏輯關係：神話與歷史的內在聯繫。學界（尤其是史學界特別是考古界）從來都是把神話傳說果斷地拒之於歷史大門之外的，而我總覺得這不是歷史主義應有的態度。我曾著文明確將伏羲文化納入黃河文化之中（見王立仁著《金城文化——河隴文化的蘭州視角》序），也曾明確提出精神生產三次大分工之說，即人類精神生產的第一次大分工是宗教從神話中分離出來；人類精神生產的第二次大分工是哲學從宗教中分離出來；人類精神生產的第三次大分工是科學從哲學中分離出來（見《隴上學人文存·范鵬卷》，甘肅人民出版社，2022 年 5 月版，第 7 頁）。郭吉軍的著作可以說是為我的這一假說提供了一個中國實踐的西北樣本。從西王母神話的母題中逐步推衍出道家之天道觀念，從而使西王母神話成為「道法自然」的第一幕歷史活劇。又從女媧—伏羲神話中推衍出「親親」「尊尊」的「天命之謂性」，使女媧—伏羲成為儒家的思想圖騰。作者的「大膽假設」石破天驚，而其「小心求證」玄之又玄，不懂現象學，不諳神話學，不打通中西恐怕是很難「相信」這一套鬼話的（與神話相較而言，把神話與哲學打通的話語體系從常識和舊哲學的視角說完全可以稱為鬼話）。因為，我是一個拘於傳統、立於馬克思主義哲學，對於現象學、詮釋學、神話學涉之較少的「舊人」，對如此先

鋒的研究往往如「丈二和尚」，只能不恭亦不貶地稱其為「鬼話」了。按照馮友蘭先生的鬼神觀，「鬼」代表歷史而「神」代表未來。歷史是一條已經封冰凍死了的長河，而未來卻是一幅可描繪能修改的大畫。寫的歷史是對那條已封凍了的長河的解釋，而解釋又是基於所謂「史實」的「解說」，解說的主觀性使寫的歷史往往成為「鬼話」。與神是多樣的一樣，鬼的複雜性也是一個事實。

郭吉軍從講兩個神話及其歷史印記、圖譜入手，反覆述說「西王母」：「有人戴勝，虎齒，有豹尾……」，「其狀如人」，「司天厲及五殘」，「繆王造及御，西巡狩，見西王母，……樂之忘歸」，「七月七日，西王母降。武帝戴太真晨纓之冠……」。由於反覆地文字「衝擊」與視圖顯示，使讀者不得不在心目中形成了由粗糙野性到溫文爾雅，從獸性之神到美女之人的西王母形象，而其神話故事的母題呈現與結構烙印自然而然地被「置入」你的思維圖譜，對女媧、伏羲他亦是如法炮製。

我不諳現象學及由現象學伸至的詮釋學，及由之敞開的神話的現象學解釋，但是我多多少少接受郭吉軍為我（也許是該書第一個真正的讀者）構築起的從西北神話到華夏思想起源的「解釋學鏈條」和「現象學呈現」，理解了從西王母到「天道」和從女媧─伏羲（這是我讀郭著之後改變了的排序）到「天命」的思想「絲綢之路」及其「走法」。

我尤為感興趣的是西王母的故事中嫦娥盜長生不老之藥而奔月和女媧「造人」、伏羲「造文」的過程，特別是女媧所造之人有用黃土直接摶成的「黃土之貴人」與由於「力不暇供，乃引繩於泥中，舉以為人」而成的「綆（gēng）人」。「俗說天地開闢未有人民。女媧摶黃土作人，劇務，力不暇供，乃引繩與綆泥舉以為人。故富貴者，黃土人也；凡貧賤凡庸者，綆人也。」（引自《太平御覽》卷七十八，又見漢應劭《風俗通義》，郭著多次引用反覆強化的一個「話題」）。我猜想以黃土人為貴，以泥點為庸與黃土高原、黃河流域是華夏文明的早期發源地有關。

總之，郭吉軍的《西北神話與華夏思想起源》是一部打通西北西王母、女媧─伏羲神話與華夏文化主乾道家與儒家思想淵源的探索性之作，其假設之大膽我前稱之為「石破天驚」，冷靜點說也是「膽大妄為」；其論證之小心可說是「如履薄冰」。郭著語言表達獨特，個別處於我如霧裏看花朦朦朧朧，比如「從而在事情本身與解釋視域雙向融合的變焦線上，西王母神話對後來華夏文明思維方向及精神生活的築形與引申具了不可否認的結構性支撐」。這大概

與他長期持守的創造性表達及對語言的守護性開發有關。仔細揣來，也不失為一路風格。其文的創新性探索部分雖要語艱澀，但我為什麼還如此認真地花了近 20 天時間仔細地讀完，且冒險為其寫序呢？理由大概有三：

一是我曾斷言「神話是最早的人類精神現象，是一切文化形態——宗教、哲學、藝術等等——的起源」，我想通過郭吉軍的研究為自己的不知有多少根據的猜想尋找一點論據，我似乎達到了至少一半的學術目的。

二是我的人類精神生產三次大分工假說，可能由於郭吉軍的著作而得到印證。通讀全書，雖不盡然（郭吉軍給我們的結論是神話可以直接產生哲學），但如果把道家思想、儒家學說稱之為某種主義上的「中國」「宗教」，我也許從郭吉軍書中獲得了一些支持。

三是現象學方法可以對圖像作出哲學的詮釋，這是我欲為敦煌哲學「看圖識字」引進的一種方法。讀了郭吉軍的書似乎有些可能，但仍不敢信定。不過，我倒是堅信郭吉軍其實有天賦來我這裡（敦煌哲學學會）就敦煌哲學作出現象學視域的探索性研究。

看過全書感覺書名還是太寬泛了一些，莫如《西王母、伏羲—女媧（或女媧—伏羲）神話與「天道」「天命」的形成》更直白、更貼切。

本來是讀完郭之大作寫的一段感想，但下筆難收，或直接可以稱之為「序」了？

范鵬

2022.9.13.下午 5 時

讀完郭著後草成於隨緣齋

2022.9.15 修改

目

次

導　言

　　從崑崙母題中分衍而出的兩系神話──西王母神話與女媧─伏羲神話，對於探索古代思想的發生和起源具有重要意義。世解「崑崙之丘，或上倍之，是謂涼風之山，上至登之而不死；或上倍之，是謂懸圃。登之乃靈，能使風雨；或上倍之，乃維上天，登之乃神。」(《淮南鴻烈解‧地形訓》)《說文》曰：「虛，大丘也。崑崙丘謂之崑崙虛。」段玉裁《說文解字注》：「崑崙丘，丘之至大者也。釋水曰：河出崑崙虛。海內西經曰：海內崑崙之虛在西北。帝之下都，即西山經崑崙之丘，實惟帝之下都也。水部曰：泑津在崑崙虛下。按虛者，今之墟字，猶崑崙今之崐崘字也。虛本謂大丘，大則空曠，故引申之為空虛。如魯，少皞之虛。衛，顓頊之虛。陳，大皞之虛。鄭，祝融之虛，皆本帝都，故謂之虛。」認為，崑崙山，是「帝下之都」，是「百神之所在」的地方。[註1]傳說可由之登上天界，成為像「奧林波斯神族」一樣的神仙。正是從以崑崙之丘為座標勾聯而成的這幅神話地形圖中分衍出了西王母神話與女媧─伏羲神話。「西海之南，流沙之濱，赤水之後，黑水之前，有大山，名曰崑崙之丘。……有人戴勝，虎齒，有豹尾，穴處，名曰西王母。[註2]又西三百五十里，曰玉山，是西王母所居也。」(《山海經》)「昔宇宙初開之時，只有女媧兄妹兩個，在崑崙山，而天下未有人民。議以為夫妻，又自羞恥。兄即與妹上崑崙山，咒曰：『天若遣我兄妹二人為妻，而煙悉合，若不，使煙散。』於煙即合，其妹即來就。兄乃結草，為扇以障其面。今時人取婦執扇，象其事也。」

〔註1〕袁珂：中國神話史〔M〕，重慶：重慶出版社，2007：48。
〔註2〕袁珂：《山海經全譯》，貴州人民出版社，1991年第一版，第300頁。

─1─

（唐李冗《獨異志》）。這兩系神話在各自示顯的母題意義中讓予著華夏思想的原初境遇，並因之可溯出「天道」與「天命」的生成維度，進而從「天道」與「天命」生成的含蘊意向中尋視到作為華夏思想主幹的道家與儒道思想發生的可能性。

一

西王母襲居「崑崙之丘」，從這一神語秘境中，傳演出周穆王與其瑤池會面，臨別時期以「將子無死，尚能復來」，並被答以「比及三年，將復而野」（《穆天子傳》）的神話敘事。籍此，西王母大荒野居的神話形象在曖昧神語的密切注視中道白出相應的人間意義。而此往信人間的意義又勾連出武帝與之信約未央宮，以及西王母伏「希有」（神鳥）之翼與東王公相會的愛欲故事。西王母神性身段中逐漸有了令人親而敬畏的天母形象，直至在《西遊記》等志怪故事中王母與玉帝形成了傳統天神天帝治域現世的美學對說。作為天母的西王母跨時空地宿居瑤池，其神語事蹟中盛傳種蟠桃，育不死樹，治不死之藥的向生傳說，這些向生而在的傳說，已經與其「司天厲及五刑」的原初力性，形成了可思可道的張力。西王母及其往人間流徙的事蹟，已然成為可作為思想演示的道路。

西王母神話中所渲染的「向生」主題──即向死而生的意向結構，是面向死生之事而道說的，在傳統視野中這始終是一個終極問題，死生之事既關乎日常，又臨接於思想的邊界，故而是古代迄今各家學說都不逃離的問題。死生本身就是一個內生於神話語境中的母題結構。

如果說「向生」母題在西王母神話中闡釋著向死而生的神語暗示，那麼在女媧伏羲神話中則度遞著一種在生而生的生命藝術。而這恰恰應然了女媧伏羲神話中「教化」、「化生」、「化行」的「化」的原初意蘊。

《山海經・大荒西經》云：「有神十人，名曰女媧之腸，化為神，處栗廣之野，橫道而處。」這裡女媧所化的是「神人」。《楚辭・天問》：「女媧有體，孰制匠之？」東漢王逸注：「傳言女媧人頭蛇身，一日七十化，其體如此，誰所制匠而圖之乎？」，女媧「一日七十化」，此「化」，「化生」、「孕育」，化生萬物。〔註3〕

〔註3〕依袁珂先生觀點，見袁珂《古神話選釋・女媧》，人民文學出版社1979年版，第16頁注。

　　「女媧之腸化為神」，與盤古「垂死化生」及夸父「棄其杖化為鄧林」，可謂含隱具化，在有死性邊界中逼現著生命往更廣大的實在性中散逸充實的可能性。這些以變化或延異托起的神語事件，在適題地延拓人的在世空間的同時，也將命運的意義性過渡交付到了存在的軌跡當中，此下，所辨別或聆聽到的神語故事，才逐漸拓清神的形象，即那種可作為預期尺度被籌劃進人的空地。諸神似乎予讓於人領會於作為掠領死生的意義現象，收沒著人對世塵——即在世性的短暫性抱怨，從而道破死生相形的在世性界限，最終充流為一場被非時間性畫押的形象過渡。如是，存在者作為歸向存在之整體的隱逸敘事，在超驗的意向結構中正作為事實被清理出來。女媧的敘事與盤古、夸父等諸神的故事一樣，都隱蔽地拋送著華夏先民化生解死的整體觀念。這個觀念的要義，似乎是死亡可以被母體化，即死亡一直似乎就是向生而在的意義準備。

　　從女媧敘事中可擷取到的這種觀念意向，與之前從西王母神話鏡像中所看到的生命圖騰的母題寓義是一樣的，即：世界渾然一體，人在世界之中，世間萬物方生方死方死方生，恍若一夢，然而世間萬物又是生死循環往來復回生生不已的一個「現象」湧動的過程，這個「現象」過程隱蔽地消解著我們對死亡敘事的刻板印象，從而將在生而生的顯性幅度抬升到浪漫充實的詩性光度當中。用「生」來消解「死」，是華夏先民們一直在望並守候的思想往事。

　　女媧不僅是化生萬物者，還是華夏思想母體中的創世之神。「俗說天地開闢未有人民。女媧摶黃土作人，劇務，力不暇供，乃引繩於絚泥舉以為人。故富貴者，黃土人也；貧賤凡庸者，絚人也。」〔註4〕

　　「摶黃土作人」，造人的神話由此而起。時間被開澄於天開地闢的溯古維度，在天開地闢的神語造境中，偉大的女神需要在天地當中充塞一種可讓予在場的力量——生靈，以充就天地開裂的事件留白——甚至，天開地闢純然就是「人」應然到場的前提，於是，人在這個尚古的時間性中歷史性地發生並完成了。女神將人的命性從黃土中撮起，從而也規定出人的大地性本質。土性人類經由女神的手指捏成，就像用一幕童話在散放女神造人的初始心情，出場並望世的人類，似乎在其造形之初就躍欲著在女神神奇的指尖上生成。

　　在「黃土」與「作人」之間女媧擺出了精緻的立場，或者說，從泥土到人的賦形過程需要嚴謹的神性參與進來，但事實卻是這個劃破星空大地的創始工作，令女神「力不暇供」，精緻的造人運動似乎只完成了它微小的一小半。

〔註4〕《太平御覽》卷七十八，王部三，引漢代應劭《風俗通義》。

剩餘下來的需要「人」──這個在天開地闢的原情要求中以命運性濃度隆重到場的事件光體──來充滿天地不能留白的作業，於是女神引繩絚泥，完成了剩餘的工作。需要作出來的人統統作了出來。世界在技量與時間的雙重環繞中填實並充滿了──這個內在充實形式上維持了世界存在的原始平衡，雖然其內部湧蕩著不安的單元。「摶黃土作人」這項精緻的「劇務」，雕鍥著女神精緻的性情，而「引繩與絚泥舉以為人」，感覺更像是一個粗大的寫意。造人運動前後幅度出不同的神技，用微小的一小半啟引並完成剩餘的一大半。工作是連續的，但過程卻是戲劇化的。

　　黃土人與絚人的造作，就像塑造精英與大眾的古典劇務。一部分人按照飽滿神意充實於世界，而另一部分人則在力不暇供的神性缺失中出世，從而泥土和繩子雙重性地被鑲入了人的命運。雖然女神造人的結論都被規定到統一的黃土性當中去了，但一部分人的命運弧線似乎更符合被繩絚勾勒著在世運轉。這個模糊的裂縫，不禁間就逸蕩出一股原始政治的命運氣息，此造人的原初給予就如希臘後神厄比米修斯攤派技能不均而犯下了遺憾的過失，轉而引渡出神對人的進一步教化。女媧的神語故事，為後來經典儒家的城邦教育留下了可思的遺筆，也是我們可以把女媧神系作為先儒流源的思想圖形在冊到歷史世界的發生圖像當中，從而溯清並審視那幅存在的地形圖。

　　既然這個創造過程並不完美──「力不暇供」，那些先天遺留的問題就要通過後天的努力去補注。於是，化生、創生，塑造，補濟、拯救等精神詞項應運而生。這些語詞拋示著歷史文化中傾心澆注的教化性力量，因此也成為育化人性的儒家根基──讓一部分人育化另一類人獲得了先到的指示以及寄居而尚的依據──古老的民主敘事事實上在這根葦絲上從造捏人性的器官上斷裂了。這與住任自然實際，全護天然飽滿的人性道說形成強大的應體張力。儒道對弈的文化思辨在老莊及先秦世界示演得異常強烈。從這個角度看，我們將女媧─伏羲的神話敘事作為後世儒家倡儀教化提升人性的人文尺度之所造成並源出的神語根基，未嘗沒有道理。

　　關於「作人」的初始創業，女神給人間留下了差異性空地，同樣，在這個神話鏡像中，人的處境──世界的世界性也在歷史語境的缺裂當中需要修復或補救。女媧大神對人和人間的拯救意向，由是進入神語道說，補正除滅，「背方州、抱圓方」，既煉補天空原圖，又除匿危險心性，從而使這位站到生民源頭的創世大神在完成驚天偉業的同時，也自化為一個守護教化的精神園丁。

造人母題是一個世界性母題。從造人到補天，從正四極到皋媒化禮，原古造境當中的「垂死化生」，在女媧—伏羲這裡獲得了一條顯白的通道。「人」的意義和屬性從世界建構的天地意向中被提取了出來，從而繪出一幅在生言生（「不知生，焉知死」），在仁言仁（「吾欲仁，斯仁至矣」）的精神圖像。

在這幅精神圖像中，「人」的在生藝術和意義位度被徹底奠定。孔子說：「天地之性人為貴」（《孝經‧聖治》）。「之於仁也，甚於水火。」（《論語‧衛靈公》）孟子認為「仁也者，人也。」（《盡心》）荀子說：「人有氣、有生、有知，亦且有義，故最為天下貴也。」（《王制》）他認為：「（人）力不若牛，走不若馬，而牛馬為用，何也？曰：人能群，彼不能群也。人何以能群？曰分。分何以能行？曰：義。」（《王制》）非「仁」無以道「義」。

由人而仁，由仁而愛，這是女媧摶土造人後，在天地之境，儒家以「仁」性人的終極轉化。不僅儒家，墨家也講「仁，體愛也。」（《經上》）「仁者之為天下度也，非為其目之所美，耳之所樂，口之所甘，身體之所安。以此虧奪民衣食之財，仁者弗為也。」（《非樂上》）「即必吾先從事乎愛利人之親，然後人報我以愛利吾親也。」（《兼愛下》）這是人在由仁而達的意義塑化中安向在世的存在性，也因之在漫長的禮性教化中遣送出一套寓生於世的政治哲學。

二

在神話母題的意義勾聯中，我們逐漸清晰了神語造構的初始意向，從西王母神話我們能夠領會到那種「向死而生」的思辨張力，由此道向的「重生」、「貴生」、「愛生」「達生」的意義歸屬，尤為明顯地體現在後世道家的思想視野裏。從女媧—伏羲神語結構中，我們能夠體會到那種「向生而在」的仁愛藝術，由愛至仁的性化演示，在後世儒家思想中體現得尤為熱烈。

總之，神話作為華夏文明的在思源頭，不僅示顯著在世棲居者的生活方式，而且造形著人們理解世界的思想品格。神話緲向空無的敘事虛構，也不是隨歷史辭賦道盡終結的死文現象，它是在思日處的存在之源頭，正是在蹤向其跡的意向領會中，我們才有可能澄清「存在」。此即「近源而居者，斷難流離」。

神話作為特殊的思想事件，是被其特有的道說方式所叮囑的。神話不僅僅示顯為一個匪夷所思的故事為人所顧幸，神話的故事魅力，內在地澄清於其對世界本身的道說，作為世界言說著自身的語言事件，神話本身是世界思想魅蘊的現成乍顯，它意味著，或回應著何以如此認待世界的思想方式，無論在救渡

或超驗教化的母題上爍閃出神性事件的出場，還是在超逸越邁離脫渾沌世情
的隱逸敘事中躍閃出神的形象，都隱蔽地轉化著人向世界的在持或投入。似乎
有一個什麼樣的世界，人便被拋入到一個什麼樣的世界當中，從而顯作出何樣
的現實情態。世界並非僅僅由人的尺度或體量所能完形的世界，世界之為世界
的造形幅度是在神語的意向傾臨中被指認到的。女媧造人或補天，將人的在世
秩序及天命處境指認到世界之為世界的造形幅度當中，從而在教化與拯救的
現實幅度中亦被世界或歷史世界所容納。這是一種一旦思之便覺合理的思想
方式，也是一種命運構圖，它幽微地暗示著人的被拋與規定性，並因之而當然
承受到的意義領會。女媧與伏羲竟合之「化」，就是此意義領會所促成的思想
源脈，它意味著往在世處境中去或到往的矯正、彌補或合順，是聆聽箴言或聖
語而竟向大同的適度教化，從而原初性地將人與天的命運景象拋向在世秩序。
如何在這樣的世界中生活以及如何作為被給出者往給出性中回靠，都景象於
那個作為開初事件所撐開的事件畫面，也就是說，無論如何形繪人性以及人性
事蹟，此事蹟當中都已然領會著神語道說當中人被造生及納入歷史生活的世
界初意。就此而言，這維神話語系，已經將儒家春秋的史性大義作為被給出性
的意義造圖往歷史集成當中給出去了。西王母給生向死的神語事件，作為在崑
崙山體上在居的神仙事蹟，已經超逸廣邁地消解了被世形囿範的在世幅度，從
而在生死臨界的意義周旋中向世界拋示出超越範圍的神性姿勢。此超越與越
出，本真地含繪著傳統古人的道家氣勢，神仙文化所佐領的意義歸宿和超越古
今的自由氣象，無不在文化集成中作為扎生並到場的思想方式在紅塵俗世及
歷史性人間中湧動並顯露。此維神語譜系，隱微地闡釋並指認著以道思世的道
學張力。而儒道合源的歷史文化恰好又從這兩系神語──女媧─伏羲與西王
母神話中被拋示了出來。

　　就西王母襲居「崑崙」之丘的神語處境，在居於「崑崙」之隅的神話故事，
似乎就能夠抽象出道家之「道」的「大」與「太虛」。太虛至大，至大歸「一」，
從太虛為「一」的形上思辨中，合演出「陰陽」替交的「二」的在形推示，由
「一」致「二」，形上之思由此展拓，世界之為世界的本體思辨在此抽象模式
中按古典思想特有的儀式就此延演練就，世界圖像竟開於此思維合相當中，諸
如老子書中「長短」、「高下」、「多少」、「有無」等「玄之又玄」的命名指謂，
無不合聲般地繪製世界顯到的意義圖像。崑崙，渾淪，渾沌，此語音昭示中所
彌足的始源初義，都是在不可思及的空虛無有之中遙契著存在被示向於領會

當中的原初之境。似乎只有一個「無有」的開端才能流逸放釋出「有」的可能，才能在此思想意向中尋視直觀到那個絕對的被給予。西王母襲居「崑崙」，本身就是對這一作為原初給出之地的意義領居，而由其神話版繪的事蹟，自然從其意義居領中流逸並給出。這在謂題邏輯中是對意義領會的先行澄清，惟在此開端處，作為「道」之道說所通至並達向的思想道路，才能在純粹思辨中被給出。此給出給出存在並因此讓予存在的發生。顯然，在古典事體中，此居領之所在——作為棲居思想之地，含寓並釋放著存在者在世的情狀與能夠，並由此溯及並澄清於存在的源頭。「崑崙」是居棲思想之所，此棲居，是寓世界於其中的原初達到。就思想事蹟而言，「崑崙」本就成為了自此以後道家的修真聖地，是不折不扣的一幅「思想」道場，這於諸子文本中能見到相關的表述，如《莊子・大宗師》言「堪壞得之，以襲崑崙」〔註5〕，說的是崑崙獸形神人「堪壞」得「道」襲居「崑崙」。又如《抱朴子・內篇》中有「鼓翮清塵，風馳雲軒，仰凌紫極，俯棲崑崙」之說，其中仰凌紫極與俯棲崑崙，「紫極」與「崑崙」成為虛實相應的領會道天意向的礎基始所，前者緲於虛空之中，後者寓於大地之上。

　　道家觀念與上古神話的源淵關係，可以從一系列原初鏡像中衍生出來，無論「崑崙」，還是延異示及的「蓬萊」——「蓬山此去無多路，青鳥殷勤為探看」，這種神仙語境，都擔任著對「道」之為「道」原初注望，是「道」之意向獲得原初在居或遣向存在的意義「道場」。

　　正是在道途與追往中，作為有死的人何以達至不朽之界，從而充滿或渡越其普凡的在生，最終在意義示向中迴向道之所在的召示「道場」，自然會隨伴出棲「不死之樹」得「不死之藥」等渴望往生在返的命體意向。西王母神話中的「不死」、「貴生」等母題意義，就是在這樣的意向結構中自形蘊示並拋發的。其意蘊「靈魂不滅」的神性昭示和「長生不老」的在世渴望，最終寫意出向死而生的意義極限。清寂無為的意義「道場」號示著到往「道」的在途性和邁越性，此在途到往的意義歸靠，領會並澄清著在世的行走與邊界。作為寓居於世而又闊開存在的意義前提，自然要騰開牽絆與束繞，從而在思想景象上被描述為無為清虛等向道而往的出世景象——在寂漠無形中，遷變無常。正如莊周之所言：「寂漠無形，變化無常，死與？生與？天地並與？神明往與？芒乎何之？忽乎何適？萬物畢羅，莫足以歸。」（莊子《天下》）莊周聞風而悅，在被領向

〔註5〕（明）憨山釋德清：《莊子內篇注》。

道說的原初傾聽中，終「以謬悠之說，荒唐之言，無端崖之辭」，闊開在世囿域──「上與造物者遊，而下與外死生、無終始者為友」──而「道」出獨與天地精神往來的思想美學。

其實，不論與西王母相關的神話存在著哪些述語版本，在走向道說的神話語言中，「崑崙」「太虛」「長生」「不死之境」「太陰─太陽──陰陽」等都意向性地構造著這個神語敘事的思想處境。在我們娓娓道示的神話語詞中，「崑崙」儘管還是那座邈遠神秘的靈山，還矗立在天地之間散發著令人難以想像的巍威氣象，但這個以「崑崙」命名的神語之山，本身已經不再是作為物象純存的自然之山，其語詞背後槎浮的景象，已經延拓出一個天人相式的意義「道場」。所以，後世民間的許多志怪小說或者神話傳說中，「崑崙」都成為那些精神練習者練達無上天道的靈境聖地；崑崙之墟宛然一個天人合應的靈性所在，而「崑崙」本身則意寓或詮釋著道之道域，或「至道」之境。

三

崑崙意向與「道」的領會意向在古典思辨中被信任到。而「道」恰恰又是古典意向中最能闡釋華夏思想維度的意義領地，是最能演示華夏思想個性的母體詞彙。

無論在對道的意義領會中對世界本身進行道白或闡釋，還是基於道的存在性而支付出人的在世姿態，天、地、人、道四個維度，始終作為道示或貫穿隱匿其中。老子書言「人法地，地法天，天法道，道法自然」，便是此維的聚集。天、地、人、道四維合元──「自然」而一，從而在相互過渡的替變法式中澄清著存在。自然而然，便是人歸真葆性的本真境遇。而「道法自然」則是示曉華夏思想天人之辨的在場維度。此維度便是古代道家道說、領會並在式的「道境」。

天、地、人、道四維合元，在意向上澄澈著世界之為世界的存在性。生活在歷史世界當中的人們，正是在這個位度中擺渡著人的在世性能夠，並基於此，而領會出歸返與行越的到世意義。在天、地、人、道四元合化中，法向「自然」，成為會領存在的本真歸屬。正是對此本真屬靠的內在領會，從而啟出一條存在的星空與歷史大地同體相應的思辨之路。這條道路的現象模式，便是自古思向的天人之說。

在古代世界中，天是為人叵測的寥闊深域，天作為寥寂廣大無所不包的不

可說心事似乎一直隱形地隨伴著那些古老敘事。寂寥淡漠的廣天形態，因其廣大全周，行而不殆而從其神語界碑間向充於在世的人給出意義思辨。

回到上古神話，從莊周流文所擺置出來的語言鏡像中，我們能夠看出人天分襲以及神人出場的道性位格，是純然思向於「道」的在場性的。正是在道的給出視域中，存在的敞開性才獲得演示。或者說，存在才被讓予到。「堪壞得之，以襲崑崙」，「西王母得之，坐乎少廣」。「崑崙」、「少廣」，都與渺無廣大的道之道境相關涉。莊周流文中的神人們得之於「道」，故而自適於其本然的出場—在場之中。作為崑崙神系的西王母自然因得「道」而全真，在其真然出場之際，其棲居之所——崑崙之丘自然被演化為一個精妙絕倫的時間道場。在此「時間」當然是作為「存在」的演示。而道場則是存在者在到並領會至大道境的神遊之域。

老子書（《道德經》第六章）曰「谷神不死，是謂玄牝。玄牝之門，是謂天地根。」在這裡，老子以谷作喻，谷即山谷，意謂虛空。谷神成就虛空，玄牝喻指初生，是老子將道之所以譽為「天下母」的根源所在。從谷神——虛空——玄牝——初生——天地根——至道——天下母，慣合出老子書關於「有生於無」的源合之境。虛空，作為寥闊無際無有邊畔的絕對敞開，讓予出世界天地，從而合化出一條存在之道。此道即是從玄寂空門中開釋並給出的大之大道。至此，西王母清寂安坐的「少廣」，堪壞襲居的「崑崙」，似乎就是一道釋讓著令天地根生的「玄牝之門」。如果說作為道家最高思辨的領域——「道」之道境，是華夏思想最具深度的意向氣度，那麼我們從西王母原初在居的神語「道場」，已經領受到大道至道的源出意蘊。此意蘊被綿延釋放於神遊虛空不知何有的惚兮恍兮的「道」與「思」的在場性當中。

正因如此，西王母神語形象的演變，才與後世道教文化歷史性慣推融合到了一起。從「崑崙」墟丘到成為「至道」道場，從中衍生出來的「人」「地」「天」「自然」等法式轉渡和謂謂替變，示綻著歷史道家在上古神話中汲溯的源頭。由「道」昭示並命名給到的世界名相（「名」），成就著於道境道域中思向存在的玄遠語義，作為形構同源的思想意向，自然潛隱於那妙性似海的回測心靈，進而扯開「獨與天地精神往來」的廣真幅度。這是純然於精神上去領會的在世而又出世（在隅在世而又放遠遊闊）的學問，就像王母廣大在天的神秘形象，綿延道傳著華夏生民的思想志趣。這是無法折斷的思想流域，是自形流成的精神河岸。

　　如果玄之又玄的「玄道」之門，是開釋道之為道的世界圖像，那麼由此際遇的「開端」也因此在此被領會。世界就這樣從至道開顯的那一瞬間便於紛紜萬物中顯作了——「道生一，一生二，二生三，三生萬物。」（《老子·道德經》）

　　老子書言：「有物混成，先天地生。寂兮寥兮，獨立而不改，周行而不殆，可以為天下母。吾不知其名，字之曰道，強為之名曰大。大曰逝，逝曰遠，遠曰反。」再行回味於此被命名本身道說著的「語言經驗」，老子何以將此「先天地生」之「有物混成」的世界字之曰「道」？又何故「強為之名」而曰「大」？「混成」，在意義含聯中近及「渾沌」（「崑崙」），甚至純然就是此「渾沌」（「崑崙」）先在之意向。此「混成」之物，先在於「天地」，此先在，便指示著無有天地（或尚未澄清世界之物）時的「虛空」（無有）。正是此虛空無有給出著有與充實，含蘊著世界之為世界的所有可能——「生」（生生不已）。虛空即虛，是老子書中喻契的「谷神」。世界可化，但「谷神不死」。就如一切可能性皆在此潛在並蘊化的胚胎，在虛極及無界限束集當中自行湧動自行呈現的靜寂無有之邊畔。在此「虛」作為意義極限——「極」，被意向並領悟，被領會為有與在的發生與給出。老子書曰：「致虛極，守靜篤。萬物並作，吾以觀其復。」致於「虛」極無有邊畔之際，持守（「守」）於世界之物作為在者示向出場的湧動與喧囂的靜寂（「靜篤」），萬物並作，並反覆於一體（「並作」）湧動的持續（「復」——往來復回），此亦便是虛空之境的充滿完示，是存在者（「萬物」）從存在中一體性（「並」）被拋出場的原始激動（「作」）。被拋出之物，何以再顯，湧流不息，守於此虛極靜篤當中，便可觀望（「觀」）其往來復返的持在（「復」）。澄往溯及天地生出之源頭，無給出有，有道生於在，是老子書最具世界語義的存在性思辨。

　　這裡所說的便是達乎「虛」之極致，守乎「靜」之安詳，方能大觀於萬物同體並作的自由呈現。於此靜篤虛極中，萬物呈為自身（「自然」——自然而然），並返回本身。「歸根曰靜，靜曰覆命。」

　　可見「虛」在極大與靜篤的超然領悟中被道說著。此道說被道向虛空，澄為太虛。虛是至大之大的負予納載，是道之生發的道之道境（「字之曰道，強名之曰大」）。虛並非空寂無物的深淵玄境，不是吞噬或消泯物的深淵黑洞，而是給出之域，並作為給出，給出發生及發生之能夠。此虛極與靜篤是貼靠於神語之境的意向性給予與給到。此給出給到騰讓廓清發生之可能，是讓其呈現的顯出。此顯出顯作道之道域，是可讓出現並現出來（「觀」）的澄明之境。

　　在西王母神話中，「太虛」之境一般指的便是崑崙聖地。為何有「太虛」一說呢？《說文》曰：「虛，大丘也。崑崙丘謂之崑崙虛。」段玉裁《說文解字注》：「崑崙丘，丘之至大者也。釋水曰：河出崑崙虛。海內西經曰：海內崑崙之虛在西北。帝之下都，即西山經崑崙之丘，實惟帝之下都也。水部曰：溺津在崑崙虛下。按虛者，今之墟字，猶崑崙今之崐崘字也。虛本謂大丘，大則空曠，故引申之為空虛。如魯，少皞之虛。衛，顓頊之虛。陳，大皞之虛。鄭，祝融之虛，皆本帝都，故謂之虛。」由上可見，「虛」本義為大丘，因丘大而空曠引申為空虛。《康熙字典》曰：「《易‧繫辭傳》周流六虛。《注》六虛，六位也。《疏》位本無體，因爻始見，故稱虛也。」「《集韻》古者九夫為井，四井為邑，四邑為丘，丘謂之虛。」而相應的出現的「太墟」之「墟」實為「虛」。《莊子‧天運》中「以遊逍遙之墟」之「墟」即「虛」之義。同樣，「太」字，本義即「大也」（《說文解字》）。可見，「太虛」之境，實言空曠寥廓，伸向空虛的無何有之境。此太虛之境，亦道予之境。按老子的寓意，對於那惚兮恍兮的無何有之境，吾不知其為何，字之曰：道，強名之曰：大。道與大都是字之名之的同蘊意向，是相互澄明的語義括廓。

　　當崑崙（崐崘）作為「太虛」之境出現在傳統語意中時，歷史道家及所示顯的思想觀念事實上已經在這個維度上被體會並發生了。西王母襲居「崑崙」。「崑崙」作為「帝下之都」在原初道說中就已然顯作著「道」的初始化境。這一鴻蒙聖地，在基於神語道說而來的當初，在形象上顯作的便是一個可供靈性遊逸的飄渺世界。而這無不成為原初道家對精神處居的超妙領會。崑崙太虛，既是作為現象顯作的直觀景象，亦是本質上被領會到的那個作為在世性寓居並在「其中」所來所往的（「精神」）世界。此領會本示著世界本身，亦即自然而然的那個允讓天地人共在法向的「自然」道境。「西王母」寂寞無為的在居處境，被思於道家廓伸的思想體系之下，以此作為思想昭示的源頭而成為後世道家交付言說的精神之鄉，這個神語述謂的傳說之地已然成為了精神行走的工夫「道場」。當歷史道家在求任自然的過程中，隱逸性地體會於那份超逸絕邁的逍遙感時，那個冷寂於神話當中襲太虛之境而顯化自身的「西王母」，已然被歸結到了歷史道家指認超越的語義道說當中，而其襲居之地──崑崙也已然成為量載傳說的修行道地。道家世界，尤其是那幅示衍無為與清虛的空靈道境，因崑崙「太虛」而作為「一」被道說。

四

在西王母神話中，如果「一」可旨於「太虛」之境，那麼「二」是否遙契於此神語題示的「陰陽」造適呢？古人以「二」喻「陰陽」，或以「陰陽」說「二」，都是這條思辨路線分成合極的構造性力量。有意思的是，在握測「陰」「陽」之在的時候，說的是「陰陽」，而不是「陽陰」，「陰」先行示謂著自身的到場。西王母以女性神祇在居於縹緲叵測的崑崙山，似乎已然居有了這個意向性開端。這位女神在向生而在的原情意義上給出性地道說出自身離「死」化「生」的隱蔽性在場，隱微地道示著棲居在人性之上的陰柔之美。這道劃過古老大空的美學光痕，幡然迎合於老子思辨中的「柔弱」精神。在會意存在的深度中，古代思想並未像它的現代性那樣在先行置放的命題題域中咄咄證論，據此了然知識的編碼和意義的索居，古代之思是被詩性攜眷的純然之思，是由道說而來的給出性聆聽。此聆聽恰恰是在通流與交變的現世性遭遇當中在場赴向的存在性領悟。由神話母題所出示到的「陰陽」勾聯的命名圖像，在原初思辨中已然指明了一條測度存在的清澈路徑，陰陽家們無論坐身物理，還是會通物性，在領辨「陰陽」道問時，都會在神語道示的精神秘境中自覺赴向那片被原初之問所回收的神語天空。這是思向存在的在途性路標，尋求並探試著古代思想家們事實上已獲澄清的追問精神。追問是思之虔誠。在追問存在的集體示範中屈原的《天問》便散示著這種誠懇而古老的智慧。在這場由神語與人言交響的在場之「思」中，古代精神被領會其中。

回到「兩儀」極化的思想儀軌之下，「陰」「陽」二氣作為「二」的世界圖形已然被發生性地給出來了。「道生一，一生二，二生三，三生萬物。」由此推示的世界生成在道向思辨的內在意蘊中就此完示出它的形而上路程。而由「一」所「二」衍演出「三」（陰陽合化）的思想儀軌，立體性地道示出人寓居其中的世界圖騰，在這幅隱秘而顯真的世界圖畫中，寓居歷史大地中的人們，既溯歸於那個道往由生的「太虛」之境，又在此道境開釋的莊嚴序幕中了然領會於世界的存在。

至此，我們可以看出，由西王母神語意境所意會到的這條示曉著古代運思方式的思想道路，已然源生性地啟敞出華夏生人何以會通世界的思之「大道」。當我們從法向「自然」的道境語式中領會到由「太虛」、「無極」所名相著的世界開端的時候，西王母神話所寓成的思想意向已經將此開端在其神語座標──崑崙太虛中遣送了出來。我們沒有理由不在神語流澈的原情敘事中領受此

正本清源的思想命運。由崑崙太虛到大道極化再到陰陽兩儀的開顯建構，這是一個無法中斷的形而上學事件。惟在此向度中思量存在，才能在人、地、天、道合化的世界一體性中尋視存在的意義。從西王母神話到道家運思的精神蛻變，有源有流地具示著一幅思向存在的山水畫。此思向幡然昭示著存在的命運——躍然示歸於大之大道，又綿延放還著「道生」道往的存在性境遇——在生在往在居在到的生活世界。在此，我們僅作一個思想的採樣，以期從被命運攔冷的神語鏡像中窺探華夏精神運思的真相。如果說先秦道家在「道」之道說與聆聽中已然構造出一幅可思可說的世界圖像，那麼給出這個世界圖像的源生力量則要在崑崙太墟的先在意向中被澄清於那種作為形而上之開端的思想的可能性。這也正是我們逗留在神話秘語的長廊中長久地凝視思想往事的命運。那一幅幅由神語遣送的事件畫面，正活躍地促逼著我們「追問」並尋視那條意蘊深廣的思想礦脈。

西王母神話與道家思想的原情勾聯，只是我們力圖拭清的一個蒙灰的鏡面，而由神話漫浸的思想流跡，還有待我們艱苦地接近並尋探。

道家言說所給予我們的思想之花如此的繁密，以至於我們雖神遊其方但也依舊迷失其中。當我們將「大道」法「自然」而「玄」的世界圖像推演到「太虛」衍「太極」而「一」的思想輪廓當中，進而又在此思想蘊掇的可說性中將其分有到「陰陽」化「兩極」而「二」的思想儀軌上，並最終將此演示以逆流時態溯及上古神話尤其西王母神話所由生任的意向之可能性當中的時候，我們似乎明白了作為寓居在場的這個世界——在「三」（即「陰」「陽」兩分與合變）的生成性讓行路標中，正以存在的母式將世界萬物湧動的顯作帶到我們面前。

五

在女媧—伏羲的神語流河中，我們順勢就能打撈到那些耳熟能祥的傳說，女媧造人補天，伏羲置婚畫卦。與西王母於縹緲廣墟之地以靈鳥金烏探望人間不同，女媧—伏羲的神語事蹟始終伴當著濃鬱的人間氣息。從說傳歷史看，從女媧—伏羲氏到黃帝再到堯舜禹，似乎對合於一條隱蔽的時間折線，從半說傳史夏商乃至周，再到正本正紀的時間歷史，華夏事蹟似乎逐漸在這條隱蔽的時間折線上獲得了清晰。我們有理由在這個潛入存在的時軸中溯清那些至今影響著我們世界觀念的聲音。從以女媧—伏羲為說傳的神語事蹟道向以紀載

為痕跡的那根存在之線，是尋視華夏思想源起根脈的另一條道路。淺顯說來，
女媧造人補天原初性地道說著「人」和「天」的事情，「造人」不僅僅是人現
身大地的神創事件，而且本質上提示著人的完形與塑造；「補天」，也不僅僅是
天不周成而去殘補缺的神語事件，而是隱蔽地提示著對天命的跟蹤與注望。此
神話意向正本質性地迴向需要澄澈的天─人位度。伏羲畫卦置婚，這個古老傳
說，更是以啟蒙教化的姿態將在世性的人導入禮序合轍的人間。造人，補天，
畫卦，置婚，延伸到歷史儒家存文在化的思想品格中，便是天命與成人、禮制
與教化等關涉人自身與在居世界以及人何以寓居在世的構造關係。

我們還是認為，儒家觀念在走向它光輝的歷史道說時，一如原初道家在神
語力量的給出性提示中所領受到的內在性那樣，在神語在到的原初領示中已
然開顯出可作為歷史道說的意向之花。就歷史儒者躍躍陳述的世界觀念多從
上古帝皇的聖紀形象中汲納而言，幾可納入信史的上古說傳，已經作為經典觀
念甚或歷史示範將寫意歷史的人文熱度鋪墊了起來。就女媧─伏羲在歷史神
話中位應「古帝」，從而被尋視為先天先初的聖道本體，同時在女媧─伏羲姻
緣合化的史前想像中，隱蔽性地道示出血親相陳的在世寓居與性禮結構而言，
都使儒家思想在產出步驟當中杳然印轍於那些關聯女媧─伏羲神跡的古老聖
紀。我們所能夠領會到的乃至趨向「大同」的那個被先儒氣象濃烈拋示的理想
世界，顯然是經由女媧─伏羲這道神語風景線而熱烘並鋪墊出來的造世景象。
這個道德理想國無論在近代以來承受到了何樣的質疑、動搖與沉淪，在史性圖
畫中都無法否認由其創世作業所必然積澱下來的人性結構，也因之始終被成
為反思或開新曆史敘事的思想事件。

在女媧─伏羲神語敘事中，最灼目的事蹟就是關於女媧「補天」。也就是
在這個神語輪廓中，「天」必須作為不可損缺的完整意向環切於人間。補天，
既示顯出天的完整性來，同時也要求著人對天的敬極與呵護。完整的天，是人
行越在世的命運處隅。惟此，人才會在天的完滿照護下不再成為問題。補天，
是從拯救意義上向人給出一個完整的世界。只有這個世界被先行持護，「人」
才作為意義被造出。被造之人，理應領受全天基礎而深大的完整籠罩。女媧補
天，觸發著天被觸裂的原情事件──公共怒觸不周山──這個強烈的大地性
事件可以撕裂天空的維度，從而使被造眾生失去持續領受世界初在的原始意
義。天地一體的意向神譜是從大地搖憾從而天空撕裂的劇烈事件中被漲顯的。
作為創世之神，在修補意外的同時，也確定並示演出了自身的拯救聖紀。而這

正是萬古亙夜中需要聖者點燭的鴻蒙照示。被造者在幾幾世危中被救渡，因之
復回於可歸平靜的歷史大地。而此後盈餘的便是不再中斷的雅頌之情與古代
懷念。往生向古，操練情性，成為這條文化熱河徑流湧動的特殊氣質。大地被
摧坍毀塌，無極之天亦被翻裂。這是不可想像的神語事件。正四極而立天，成
為再度創世的首要行動。天，於是被它的完整性再度提示到。提示出來的天介
入了不可遺忘的人道力量。天命之說遂呼之欲出。先天而後人的基礎性造勢，
將天更為先天性地處理為了對人的意義。此意義度量著人的殷殷在世。如何運
承天命，事實上內在地克服著人的大地性苦難。只要全天的意義被可生可望的
精神之力所造就，人的命運就可在搖搖欲墜的顛峰之上獲得終結。但前提是不
能再忤逆天命（「獲罪於天，無所禱也。」）天命，天的命運。「命」作為復返
往初的在場之在而提示。人的被規定性在此才真正獲得破曉。「命」是開端，
也是終結。天而有命，此命從天的意義輪廓中拋示而出，對人的存在給出了冷
靜而又強烈的規定性。此規定性，即為需了然回應並最終領悟的天之昭示。是
必須望向的並被遣入的世界結構。

　　在這道天命布景中，自女媧─伏羲以來的古代帝皇，皆被構造為天命所示
的力量。當周王被稱「天子」，所被天昭告並積極配適的生命「德」性，在天
命所是的意義討論中，也當然被擇抉為理世與教化的精神尺度。夏商至周三代
人對「天」的領會，無不在女媧補天以全天，摶土造人以化人的隱喻背景中，
放釋著以天格命的歷史童話。古典神語所隱微啟向的天命建構是被無以察覺
地普適到極重現世而不名超越的政治哲學深處的。三代禮制相襲，概本也就那
套自禹後所啟的世家譜系借助於「天」的顏面而適時地作為人文圖畫被完善地
造就出來了。後代景象並景仰堯舜禹黃金三代非家譜式的治理代領和精神禪
讓，在歷史級別上更像是一幅被史性感染過的精神童話，它有效地警告著一個
時代對另一個時代的取代。這個命運性過渡，就像裂破的天穹需要神聖的妙手
用新的彩石煉補一樣。女媧神話所啟示到的神性正義，正在時間的輪軸上發出
修復世界──精神天空與歷史人性的原初告示。她先行警告著歷史命運的不完
整性以及必須通向完整的實踐努力。這同樣是關涉天人之說的一整套由原初神
話所提示到並煥然演示著的政治作業。所謂景象並景仰三代輝煌本質上依舊應
景於天命圖說以及那個隨伴於在世並獲安頓的歷史童話。從零散的史語碎片
中，我們能夠猜測出殷人在天命問題上的超級玄化，商紂一族被周人取代前是
濃重地將自家的命運交付到天的決定上的。在對天的濃重信仰中這族力量事實

上正超級弱化著人的參與，也即人對命運或天命的回問與修正，從而被以人回
扣天問的那股參與性力量所消泯。歷史世界週期性地顯白在這個令人匪夷所思
但又被合理性進化著的天命輪齒上，就像風雲變換的神話雲圖一樣。

> 及西伯伐饑國，滅之，紂之臣祖伊聞之而咎周，恐，奔告紂曰：
> 「天既訖我殷命，假人元龜，無敢告吉，非先王不相我後人，維王
> 淫虐用自絕，故天棄我，不有安食，不虞知天性，不迪率典。今我
> 民罔不欲喪，曰『天曷不降威，大命胡不至？』今王其奈何？」紂
> 曰：「我生不有命在天乎！」（《史記·殷本紀》）

> 紂不可諫。諸侯皆曰：「紂可伐矣。」武王因曰：「爾未知天命。」
> （《史記·殷本紀》）

周人用他們的普世智慧召號出民意，也就是讓普通人以德性的名義參與
進世界。在這個思想圖變中「人」的意志被幽微地亮示了出來。決定命運的還
是天，但人要通過積極的行動來響應。

換言之，周代「天」的觀念，開始與人的普世行動及德性操練結持起來。
「天命」還在照視人間，「天」的位度不可搖撼，但人可以「以德配天」。「配」
除過配合、匹配天所語示的神秘神性，還提示著交配、上升與融入的人性衝
動。隨著對「天」的持續敬畏，「德」當然也就成為一顆值得種植的人性胚胎。
「德」與「天」的這種雙合中轉與過渡，使禮樂文化中多出一縷令人溫暖親切
但又嚴肅冷峻的人文性來。而這縷人文的光隙透過歷史幕紗，已然與古代神鏡
中透露出來的人文氣象暗然合處，以至於從伏羲布卦洞曉世事到文王演卦換
算世界都有了首尾相接辨思互向的生動連續。這樣的歷史童話如果沒有思想
上高度示慰的內在意向是不可能作為傳說被傳說的。由女媧和伏羲造示的神
性軌跡，不期然地被運鐸到歷史體會與理解上，如果沒有運思方式的奇特一
致，是不可能被昭示到那些已成過去的歷史幅度中的。女媧—伏羲神系事件再
次令人回思於神語對人語的拋示與給接。歷史已經成為往事，而神話傳說還在
人間大地上活躍地流淌。

孔子的「天命」，本質上回應並澄清的就是性與天道在有、被拋及作為存
在的遣示被領會的世界的在場性。此世界同樣聚集著天、地、人、神的同時共
出。「天命」作為世界敞出的事件本身，是允讓人寓世在世並行越世界的意義
給到。這是古典儒學中最濃鬱的形而上景象。

孔子對祭儀的隆重，在昭示「不可度思」的「天命」的同時，也向世界之

物騰留出存在的神性——「神之格思」，他甚至盛讚鬼神之德的盛大，認為鬼神體任萬物，人不能把它們遺忘。他引用《詩經》中的說法，曰：「鬼神之為德，其盛矣乎！視之而弗見，聽之而弗聞，體物而不可遺。使天下之人齊明盛服，以承祭祀，洋洋乎如在又上，如在其左右。《詩》曰：『神之格思，不可度思，矧知可射思。』夫微之顯，誠之不可揜，如此夫。」〔註6〕

　　先儒在人的世行位度中以「禮」「仁」坐基，教人奉仰祭祀，顯然在「禮」與「仁」的給出視域中自始牽涉著「洋洋乎如在又上，如在其左右」的在場神性。而這恰恰連貫於自古以來的神語變體，是屬天神命的世俗化。儒家對天地鬼神的信仰，隱然將人的在世之寓廓伸到視之而弗見，聽之弗聞，但又體任萬物而不可遺卻的超驗領域，似乎那個不可見的神語世界才是現世往向的天命根據，是禮與仁獲得現實的絕對精神。這是一套在認知與領會中承續「天命」的形而上藝術。

　　「天」作為神話語境中強烈給出的神性事件，拋顯在新三代以「命」為巢的歷史視野中，是女媧—伏羲神系不可廢忘的文化光芒。孔子作為殷周歷史文化的承繼者，在大視野檢索中已然察覺到其不可廢忘的意義。他說「吾說夏禮，杞不足徵也；吾學殷禮，有宋存焉；吾學周禮，今用之，吾從周。」雖「從周」，但其學盛大，用度視野是在天命所向中一以貫之的。故而在他的禮教學說中，既因襲了殷周盛行的禮教觀念，又反思於《詩》、《書》當中疑天、問天，甚至疏遠天道的認知思潮。作為古典世界最具「格思」品質的思者，他主張多聞闕疑，「知之為知之，不知為不知」〔註7〕，以質實態度，將天人問題雜及在鬼神之域的混濁計論劃向「存而不論」「不知為不知」的真知之域。他沒有就鬼神的有無及人神關係等形而上問題提論於人所「不知」而強為知道的偽道之域，而是從一個入世者的明智出發，對鬼神之說採取置而不議的劃界態度，認為「務民之義，敬鬼神而遠之，可謂知矣。」〔註8〕當子路問如何敬事鬼神時，孔子答曰：「未能事人，焉能事鬼？」〔註9〕

〔註6〕陳襄民等注譯：《五經四書全譯》，中國古籍出版社2000年版，第1584頁。

〔註7〕（魏）何晏等注、（宋）邢昺疏：《〈十三經注疏〉之十·黃侃經文句讀·論語注疏·附校勘記》，上海古籍出版社1990年版，第17頁。

〔註8〕（魏）何晏等注、（宋）邢昺疏：《〈十三經注疏〉之十·黃侃經文句讀·論語注疏·附校勘記》，上海古籍出版社1990年版，第53頁。

〔註9〕（魏）何晏等注、（宋）邢昺疏：《〈十三經注疏〉之十·黃侃經文句讀·論語注疏·附校勘記》，上海古籍出版社1990年版，第96頁。

　　從中我們可以看出，這個天命世界的示曉者，這顆在天道軌跡上巡遊的古代靈魂，在「天」的問題上是多麼的審慎，當他將「可知」的禮仁，與「不可知」的鬼神，通過祭儀劃界，而復觀為人的形上據由與現世陳情的意義通道時，這道時間長軸上輪轉的精神，正是華夏生民從寥廓天道迴向歷史大地的在生氣質。這道因領受「天命」而在世拋顯的在生氣質，在被原初神話道破的瞬間，就已經跨時空地示曉於人間了。今天我們對荒天古地的漫遊退思，以及默認天命的那縷可欣可怨的精神抱慰，無不是面天而在的古老回聲。女媧之天，與孔子之天，哪個天更符合天之在予與言說本身呢？子曰：

　　　　天何言哉？四時行焉，百物生焉，天何言哉？（《論語‧陽貨》）

　　　　獲罪於天，無所禱也。〔註10〕

六

　　在詩語中我們能夠聽到古人面向靈祖的祈禳。

　　《詩經‧商頌》曰：

　　　　商邑翼翼，四方之極。赫赫厥聲，濯濯厥靈。壽考且寧，以保

　　我後生。〔註11〕

　　《詩經‧周頌》曰：

　　　　烈文辟公，錫茲祉福。惠我無疆，子孫保之。〔註12〕

　　無論是「保我後生」還是「子孫保之」都可以看出在商周時期，保留了古代神話中人們對「濯濯厥靈」守護「後生」、「子孫」的隱蔽的退思。後生與子孫，是從血親畫板上摳出來的一整幅族命合聲。它意味著向歷史世界攤派純度的血親根基。從女媧──伏羲靈姻合體的血親構造中，事實上已經道示出那種血親信賴的無限綿延。這種延伸到血親圖紙上的「赫赫厥聲」，似乎在古代以來感覺上就是溫暖的。以家性為畦疇的世家田園，在日常世界中回度溫和人性的同時，也把這種內在善感帶入華夏政治性格，也因之在這個維度上被歷史天書顯形書寫。雖然，美麗又總是愁人的。

　　血親緣在可依賴性，間書為世家單元就是「親親」。親親可及於仁，由是宣示出一套駕熟就輕的以倫理液態縈然蝕射的道德哲學。它無疑是儒家恪業

〔註10〕（魏）何晏等注、（宋）邢昺疏：《〈十三經注疏〉之十‧黃侃經文句讀‧論語
　　　　注疏‧附校勘記》，上海古籍出版社1990年版，第27頁。

〔註11〕陳襄民等注：《五經四書全譯》，中州古籍出版社2000年版，第1135頁。

〔註12〕陳襄民等注：《五經四書全譯》，中州古籍出版社2000年版，第1079頁。

的引力重心，也是儒家從諸家當中上升起來的路標性告白。

　　伏羲化文置婚，女媧摶土造人，在生育造化與性命道示的晨光中，一脈接一脈地連扯出以華族之花綻示著的那個血親版圖。以至於在道統與血統的政治博弈與換算中不斷醞釀出大事件的歷史。血親歸仁於寬厚愛慈的母體，在女媧神慈悲化世的開端處，就在思想邏輯上打造出了這種可能。女媧與西王母，作為兩系神話的源頭，同維度地在陰柔讓度的神性強光中，敏感地捉摸著歷史大地上浮游的人們在命運的黃昏屢屢思向世界的綽約鄉愁。無論跟從天命，還是踏入道境，只要是還在浪漫的神遊中掃視歷史人性的性理山水，就會從這幅雌性連圖中構造出一幅接一幅的命世畫本。《世本・氏姓篇》載：

　　　　女氏，天皇封弟媧於汝水之陽，後為天子，因稱女皇，其後為女氏，夏有女艾，商有女鳩、女方，晉有女寬，皆其後也。〔註13〕

《世本・帝系篇》載：

　　　　女媧氏命娥陵氏制都良管，以一天下之音；命聖氏為斑管，合日月星辰，名曰充樂，既成，天下無不得理。〔註14〕

　　不錯，這些性理母題端始著歷史世界細婉的輝煌。也或許就如我們猜測的那樣古典世態後來發生了母性退場的敘事變故。世系血統因之由父姓揭開其存在的密碼。就如西王母神系中「陰」被道先於「陽」一樣，在女媧與伏羲合場的神語道白中伏羲更像是主導這路神系通約人間的力量。後世顯然已經在時間上慣性式地擬制出了伏羲—女媧的述謂顛轉。如果說西王母神話中女性神的陰柔力量隱授於經由虛空拋示的道之道境，那麼先儒通過禮儀承祀而剛性回應的天之天命，則在伏羲—女媧神語的敘事集合及意向滾動中更顯形地將世界態度交付了出去。我們也可以這樣理解，當先儒統學及位於國家教坊及政治話臺，從而在「天行健，君子自強不息」的剛性龍示中擺置出一套雄性氣象的時候，以西王母神丘為溯及地帶的道家文化則更隱蔽地承受到了陰柔一方的勝利。儒道雙向或內聖外王成為華夏古族由來包合的思性圖像，其實在這兩輪神話日出中早已勾聯成畫。這不是人的精神選樣或倫理返本所造化出來的，而是作為世界形式先期給到的。不是說西王母神話或女媧—伏羲神話造始出儒道在居的文化神性，而是說思與不思，說與不說，世界原本就已然是

〔註13〕袁珂、周明編：《中國神話資料萃編》，四川省社會科學出版社 1985 年版，第9 頁。

〔註14〕袁珂、周明編：《中國神話資料萃編》，四川省社會科學出版社 1985 年版，第10 頁。

這樣了。若非這樣，那在山海雲圖中道顯的別樣精神也不可能自古及今在人所無力識別的在到中綿延送出。所謂神語到人言的幾微嬗變，是在先行張示的存在的地形圖上被領會到的。

從上古神話到古三代，再到禮性成圖的新三代古述時代，母體性造世雖然隱性退場，歷史話語開始濃重描寫雄性歌詞，但本質上運鐸的還是愈加明勢並繁榮的血親倫理。歷史雄文和文言詩體詮釋的還是那幅血親勾連的理想圖景和生生不已的黃金夢想。

《禮記‧禮運》：

> 今大道既隱，天下為家，各親其親，各子其子，貨力為己，大人世及以為禮，城郭溝池以為固，禮義以為紀，以正君臣，以篤父子，以睦兄弟，以和夫婦，以設制度，以立田里，以賢勇知，以功為己，故謀用是作，而兵由此起。禹、湯、文、武、成王、周公，由此其選也。此六君子者，未有不謹於禮者也，以著其義，以考其信，著有過，刑仁講讓，示民有常。如有不由此者，在執者去，眾以為殃。是謂小康。

血緣世家的最基本想像就是「家」。華族命性中的家與家園就是在這團暖性的血親溫床上延伸出一盤無形的形而上之根，並在一代接一代的離異逐逝中散發為深沉的鄉愁。

一個一個的家作為載渡世運的隱形之舟，本質上延異出家國政治的原始血氣，在看似微弱的暖性對流中，一個一個的「家」聯繹出鄉愁更濃的「天下」——家—天下。血親世家自家而生，家就是踐行血緣天則的母體單位。伏羲置婚，本質上就是在造「家」，造出心性相依的血親之家。這團在神語傳說中就行造化的溫濕氣流，借閱於自然物生的先天本性，兌現著人性的內在安慰，孵化著在世的人間心性，在限度分明的禮序教化中，向人給予了獨有的政治本質。這個略帶望期與理想但又充滿性理根據和現實感受的古典方程，自覺滑行在它溫實的儀軌上，在神語啟畫的性禮版圖上，終於形成了從上三古到夏殷周（後三代）已然成體的法向系統。儒家說：「一家仁，一國興仁；一家讓，一國興讓；一人貪戾，一國作亂」〔註15〕。治國與治家的政治技藝，在最簡明的邏輯勾聯中獲得了指示和判斷，一家能仁，則舉國興仁，一家戾貪，則國邦作

〔註15〕楊天宇撰：《禮記譯注（下）‧大學第四十二》，上海古籍出版社1997年版，第1041頁。

亂。家的內在性奠基著儒家「大治」的現實根本，沒有修身齊家的居先調教，治國王天下更像是一個倉促之夢。

誠如前言，儒家自黃金時代開始（黃帝、堯、舜時代）就已經將他們的黃金聖人造型為「家」的典範。在「家」的政治氣血中，孝與悌典化著人王的品質。「孝悌」者，父義、慈母、兄友、弟恭、子孝也。如若這種品質考驗不出來，舉為人王的歷史過渡將嗜為妄想。

由親親彌合的溫暖童話是由神話助幸的圖騰演示，由婚配禮性制節的家國之道，源溯於神語流梳的人間力量，與西王母在虛空廣大中拋示生生之在不同，女媧—伏羲神系習重於人入世的法則。西王母在虛空廣大中投擲向生而在的愛欲故事，而女媧—伏羲則在補天造人的命性處境中如實地擺置著人間禮儀。西王母在空置懸問中給出渺茫天道，而女媧—伏羲的神語鏡像中則伸躍著不可違的冷靜天命。天道與天命，因為「天」的敞開性祭出，由此給出儒道兩方但同溯一源的精神方案。儒道合流是文化大一統必然釋向的精神運動，老子和孔子作為這條精神老河上的擺渡者，頗為內向地各自擺渡著人的命運。但世界之為世界，無論住居還是逃逸，入世還是出世，守執還是超越，是嗟歎天命，還是循入天道，都如此逼真地顯露著自身存在的輪廓，似乎在更廣大的幅度中昭示著：人終究棲居在這個世界上。

七

儒家在承祀祭天的神語軌道上擺置天人界限，用天命令詁那不可僭越的神性，安然於人間的在居與自處，從而用一聯德性的長翼塑造人的在世品質，此性品之造適可閱賞為安身而立命的終極託付。世界被形象為一處溫暖的巢屋，在靠禮性節度的暖性對流中，命運長廊裏傳唱著載笑載言的歡樂歸歌——「不見復關，泣涕漣漣。既見復關，載笑載言。」（《氓》）。親親將愛的存在性證實為一套輕易不會亂碼的基因，在世家圖譜上印刻出由「仁」拱穹的「天下」。就像伏羲與女媧在神語流散中集束的部落，親親及於孝悌再散擴外聯的原性差別，需要尊號而為的大之大者，在廣義的大同化幅度上消泯差別。何人統屬家國，並將人引向可敬可愛的禮性日晷，由此在黃金「大同」的詩性凝視中理想化他們的家園？王制之議由此發生。此「何人」便是禮制邏輯中必然推送的「尊尊」。

在神話河畔，女媧搏土造人的事件景象尤新——「俗說天地開闢未有人

民。女媧摶黃土作人,劇務,力不暇供,乃引繩與絙泥舉以為人。故富貴者,
黃土人也;貧賤凡庸者,絙人也」〔註16〕,她用心捏造的那群黃金部落,似乎
就是號集禮儀的法身。一如在真理與意見的思辨跟蹤中,希臘哲人借助諸神的
光輝將哲人推向了王制的頂端。讓最好的人號脈天下,這是消泯意見,剔除差
別,最理想也最明智的政治癒療過程。

《禮記‧大傳》:「上治祖禰,尊尊也;下治子孫,親親也;旁治昆弟;合
族以食,序以昭穆。別之以禮義,人道竭矣。」〔註17〕

「上治」,「下治」,「旁治」,國家重器的運轉閥輪是從上而下開啟的。「上
治祖禰」,尊統的可不是一代人的精神血氣,而是自祖以來便配送遣發的整體
力量,周人就是在這個位向上雅集他們祖人的史詩的。周天子既是國之治者,
又是族之長者,既以王者身份回聲朝歌,又以爾兄乃父的合法身份尊處廟堂。
由親親仰及的尊尊血圖,自然在懷禮述德的非等平語境中塑造出一個尊親施
仁的王治社會。「親親」、「尊尊」成為不可位移的血系座標。等人權治的夢想
社會從根蒂上是無法兌現的。周禮在家國一體的現實中樹起了天子、國王與
宗長。《春秋‧公羊傳》所講:「立嫡以長不以賢,立子以貴不以長。」〔註18〕
最大限度地將穩制與傳情內部性地釋放到「親親」與「尊尊」的禮治造境中,
既簡化篩選,又完成篩選,從而集成千年可效的政治倫理。

這種政治倫理連繹著溝郭城池以為固的寓世形態和必然事作大地的生存
命運,生存法則和生命築居,都在這種王制與天命合聲的世相道景中領會並發
生,並在它的山水路向間刻畫出後人詩唱的田園。

如果說我們關於對神話母形的原初尋視,旨在澄清其與華夏思想的源起
關係,那麼作為已成事實的華夏思想本身是否承應神話母題意蘊的內向滲透
呢?從神話內部走向神話所示呈的母題之維以及因之而顯作的觀念結構,是
從神話純度中敞開的意義世界。這個意義世界最終是否就是那個作為思想事
實已經打開並呈現到歷史集合中的華夏思想本身呢?這尚是一個需要更內在
的事實滿意迎合的空開的渡口。如果同樣基於闡釋思想本身的文本事實,從內
部廓清思想之為思想的內在發生,以此來回應神語文本在其隱匿性敘事中所

〔註16〕引自《太平御覽》卷七十八,引漢代應劭《風俗通義》。
〔註17〕楊天宇撰:《禮記譯注(下)‧大傳第十六》,上海古籍出版社 1997 年版,第
578 頁。
〔註18〕(漢)何休注、(唐)徐彥疏:《《十三經注疏》之八‧黃侃經文句讀‧春秋公
羊傳注疏‧附校勘記》,上海古籍出版社 1990 年版,第 12 頁。

指認到的思想世界本身，那麼這個基於神話道說而廓清思想及其方式的路徑，本質上將是順著由此造就的意向事實而闊開著一條基於意向之可能而生發的華夏思想之道路的。

　　就自先秦以來所奠基出來的文本實際，我們發現，至少有兩股力量粗闊地度量在華夏思想的分合運流當中的。這種流變分合的思想造境，遙相接應著西王母神話所開釋的意向結構，以及因此生成的話語細胞與女媧—伏羲的神語母題所分娩的意向可能及話語力量在各自向屬的道路中所結集呈現的思想的實質。說白了，由崑崙母題所分衍的這兩股神話流向，在它們各自的意向空間裏似乎天然地醞蘊並廓伸著華夏思想汲向源初之境的返鄉道路。由西王母神話所應許到的道家觀念，和由女媧—伏羲神話所應許到的儒家精神，本質上又道向華夏思想中最具原初帶貌的「天人」之辨。我們可以適理地說，道家旨於「天」而向「道境」，儒家旨於「人」而領「天命」。而「天人」合分的張力命運，則適時地演義著神語母題中作為意向開釋的天命道境。

2022.11.1 作者

第一章　從說傳到文本——作為多圖樣文本自現的神話敘事

一、從原傳說到原文本神話流傳變化的文本樣圖

（一）西王母神話溯源

從早期神話總集《山海經》到明代神怪小說《西遊記》，千百年來，西王母的形象久經流變——虎齒豹尾的神怪，美麗雍容的女仙，尊貴帝王的座上賓，不近人情的王母娘娘……西王母在中國古代，尤其是先秦至魏晉這段時期，呈現出差異極大的說傳形象。這一有趣的現象，恰恰說明西王母神話在撒播思想意蘊的路徑上生有的意義。西王母形象的流變，說明其圖畫思想的方式，正在其延異之地綿延敞出。嚴格來說，作為圖現文明氣質的思想形式，是通過轉渡為文本圖樣的流傳方式而澄清其特殊寓義的。澄清其在歷史道途中所散釋的形象以及由此生成的說傳故事，就是在汲近思想的源頭。

1. 先秦時期：從虎齒豹尾到賓主唱和

西王母形象在《山海經》和《穆天子傳》兩部神話典籍初略成形。她在崑崙山上是蓬頭善嘯的原始神靈，「司天厲及五殘」，充滿了粗獷樸野的氣息。和周穆王會面時則成為彬彬有禮擅歌詠唱的西域女神。

（1）山海經的記載

《山海經》是中國古代傳錄神話最早也最具系統的神話典籍，書中記錄了分布於神州大地的各種奇花異樹山神怪獸。許多日後為文人雅士甚至市井眾生津津樂道的神怪形象便出自其中，比如青鳥、天狗、九尾狐。正是《山海經》

這部山海古紀，第一次記載了西王母的事蹟：

西海之南，流沙之濱，赤水之後，黑水之前，有大山，名曰崑崙之丘。……有人戴勝，虎齒，有豹尾，穴處，名曰西王母。〔註1〕

又西三百五十里，曰玉山，是西王母所居也。西王母其狀如人，豹尾虎齒而善嘯，蓬髮戴勝，是司天之厲及五殘。〔註2〕

西王母梯幾而戴勝杖。其南有三青鳥，為西王母取食。〔註3〕

從以上三條記載中，可示納出西王母的最初形象：虎齒，豹尾，戴勝〔註4〕。虎齒豹尾，這使這個神靈與常人形象殊異，在美學向度上調令著我們對上古神靈的粗野構合。這股生動的野性美，放在山海經的神秘圖記中並不異常。縱觀整部《山海經》，從鳥身龍首的南山之神到人身羊角的東山之神，所有神靈皆是異於常態的超然構合。非如此超然，便無法觸及到神的經驗。這隱蔽地道示出神只有出神於人像的地軸，才能作為神的元敘事在它的存在中漫遊。西王母被安上了老虎的牙齒和豹子的尾巴。當然，「虎齒」和「豹尾」，在造構形象描述的時候，也在「齒」與「尾」的原始質章中，突躍出迅捷、有力且生動的在場靈性。而這就為其作為靈仙靈母樣態的神語敘事，勾勒出某種原始、靈動、甚至飄逸與力量相承的意義形象。而在虎齒與豹尾的粗野描述中，西王母戴勝的細節，則使其美學尺度中附著了一份神聖的驚訝。「勝。玉勝也」。戴勝，就是說這個虎齒豹尾的遠古獸頭佩飾著可潤性情的美玉。這個粗構的遠古神祇，在超乎常人形象的野性視界中，突然被「玉勝」所點化。這個溫良的體

〔註1〕袁珂：《山海經全譯》，貴州人民出版社，1991年第一版，第300頁。
〔註2〕袁珂：《山海經全譯》，貴州人民出版社，1991年第一版，第38頁。
〔註3〕袁珂：《山海經全譯》，貴州人民出版社，1991年第一版，第253頁。
〔註4〕關於「戴勝」，學界歷來有頗多爭議。郭璞很早就給出了「勝，玉勝也」的注釋（袁珂《山海經全譯》45頁引郭璞注：「蓬頭亂髮；勝，玉勝也。」），認為勝是一種佩帶在頭上的玉製裝飾品。漢代畫像磚也把勝繪製成一種類似髮簪的管狀飾物（這幾乎成為辨別西王母的重要標誌）。但仍有學者不滿足於這種簡單淺顯的解釋，試圖在「勝」中尋找到一些深刻內涵。《嶺雲觀雪》（王孝廉《嶺雲關雪──民族神話學論集》，學苑出版社，2002年）一書的作者認為，勝是一種作戰用具，試圖把西王母塑造成頭戴鬼面手持戰戈容貌猙獰的神怪。小南一郎在《中國的神話傳說與古小說》一書中詳細論述了自己的考證過程，最後得出結論：勝指的是織機上用來控制橫木運轉的滕花，西王母本身也從事過與織機相關的養蠶採桑工作。這種工作與凡間婦女的養蠶採桑活動自然有所不同，西王母的機織行動象徵著宇宙運行的過程，她正是用頭戴之勝「織出」了整個宇宙的秩序。（小南一郎《中國的神話傳說與古小說》第114頁）

外之物，使西王母粗野的形象從一個荒誕的立體中上升了出來。而戴勝佩玉不正是素絹美人揭簾而出的古代形象嗎？似乎從這個原初道說中，為後來西王母離塵出俗在仙家班列中綽約出場隱出了伏筆。

　　一般認為《山海經》，《大荒西經》最早成文，其次是《西次三經》，最後才是《海內北經》。在《大荒西經》中，西王母被描述為「有人戴勝」；《西次三經》裏則變成了「其狀如人」；《海內北經》中添加了「梯幾」和「三青鳥」的新元素。

　　「有人」，說明最早時候西王母被確定為與人若同的生命體，儘管她虎齒豹尾住在洞穴中。「其狀如人」則意味著西王母非人而近人——就其形狀而言其被劃外於人——司天厲及五殘，較之「有人」，因「其狀如人」而升格為具有超驗形象的神了。「梯幾」，憑几而立，比起野蠻凶屬的形象多了幾分容從幽婉之色；「三青鳥」則正式流溢出西王母卓越的神性——「三青鳥」宛若被她領認的寵物，不僅意味著西王母具有與鳥獸通靈的本事，而且可以隨時召喚這只神秘的靈鳥，翱翔其側，這是人所殊能的靈奇力量，而任意驅使動物更是古代神靈的顯著標誌。可見，在《山海經》內部，西王母形象已然在神語幅度上綽然流變。而其示相的超越性標記，原初性地為自身打下了超然、靈厲又生動的印象。

　　西王母在《山海經》中因分有「虎」「豹」之態而「善嘯」，此「善嘯」在後便被抽繹為歌詠唱和的女神技藝。「戴勝」則暗示了西王母的兼愛示美的女性別質。據郭璞的注釋：「勝，玉勝也」，合應《西次三經》裏的段首一句：「又西三百五十里，曰玉山，是西王母所居也。」則讓我們知道了西王母與「玉」相處的原初坐基。這與她後來在居「瑤池」的標向已經不遠了。玉山，顧名思義，滿山玉石。西王母頭上的「玉勝」（「戴勝」）則是就近取材的清朗飾品。王母佩玉，使最具物性示呈的「玉」本身，在人與物的卓然印契中將人的內在氣性環襯了出來，這隱隱吐納著「玉」溫潤明澈的清朗潔性在人物事蹟中的環繞與投入。而基於「玉」本身而來的意義詮釋，則更能強化西王母對其原始處居——「玉山」的親近與建構。什麼樣的存在能夠將「所居」築居於一個澈透的「玉」世界當中呢？從中透露的想像，幾乎不言而喻了。這為這版神語在意向中可繪的靈妙素潔的先天道性，打下了準備。

（2）西王母與穆天子的故事

　　漢武帝時，司馬相如作《大人賦》：「低徊陰山翔以迂曲兮，吾乃今日睹西

王母。白鬗然白首。戴勝而穴處兮，亦幸有三足烏為之使。必長生若此而不死兮，雖濟萬世不足以喜。」相如賦取材於《山海經》和《莊子》，沒有新情節。不過，稍晚的司馬遷作《史記・趙世家》，有一段描寫值得注意：

> 趙氏之先，與秦共祖……惡來弟曰季勝，其後為趙。季勝生孟增。孟增幸於周成王，是為宅皋狼。皋狼生衡父，衡父生造父。造父幸於周繆王。父取驥之乘四，與桃林盜驪、驊騮、綠耳，獻之繆王。繆王使造父御，西巡狩，見西王母，樂之忘歸。徐偃王反，繆王日馳千里馬，攻徐偃王，大破之，賜造父以趙城，由此為趙氏。〔註5〕

司馬遷《史記》雜採百家及聞說，並加以取捨，此段描寫，當有所據。造父御，周繆王日馳千里，造父遂為後代善馭者的代名詞。《趙世家》提到周繆王見西王母時的情形，雖然只有短短「樂之忘歸」四個字，但是卻給後人留下了廣闊的想像。

《穆天子傳》或以為先秦的典籍，後人多疑之。從司馬相如《大人賦》所描繪，不出《山海經》所紀，而且，其文字又比較樸實，概可推斷《穆天子傳》一書或產生在西漢，是一部古小說。《穆天子傳》的主人公是周穆王，而穆王造訪西王母，則是該書最重要的情節之一：

> 吉日甲子，天子賓於西王母，乃執白圭玄璧以見西王母，好獻錦組百純，□組三百純，西王母再拜受之。
>
> 乙丑，天子觴西王母於瑤池之上。西王母為天子謠曰：「白雲在天，山陵自出。道里悠遠，山川間之。將子無死，尚能復來。」天子答之曰：「予歸東土，和治諸夏。萬民平均，吾顧見汝。比及三年，將復而野。」西王母又為天子吟曰：「徂彼西土，爰居其野，虎豹為群，於鵲與處。嘉命不遷，我惟帝女。彼何世民，又將去子。吹笙鼓簧，中心翱翔。世民之子，唯天之望。」天子遂驅陞於弇山，乃紀名跡於弇山之石而樹之槐，眉曰西王母之山。〔註6〕

這則故事有三點值得注意，一是西王母自謂天帝之女——「我惟帝女」。二是穆王與西王母會面，並且在瑤池宴王母，後世便以瑤池為王母所處的神仙秘境。三是西王母知道會面的時間短暫，穆王必將離去，「道里悠遠，山川間之。」只要還活著，則請再來（「將子無死，尚能復來」）。穆王答以三年為期

〔註5〕（漢）司馬遷撰、韓兆琦評注：《史記・趙世家》，嶽麓書社，2012 年。
〔註6〕張耘點校：《山海經・穆天子傳》，嶽麓書社，2006 年第一版。

（「比及三年，將復而野」）。王母頗有感傷之意，以至「中心翱翔」，難於自持。後人據此，將此故事演化為難分難捨的男女之情。

「將子無死，尚能復來」，這不是人世間人與人的對話，而是長生不老的神仙與凡人的對話。「假如你不死，希望你還能來。」穆王趕快說：「三年後我就來。」如果西王母不是長生不老的神仙，不必說「將子無死」這樣頹興的哀話；穆王如果也是神仙，他也不必急切應以三年就來的信話。神人相期的對話，內在地觸動著人的在世性情結。雖有生死界置，但卻無限度地放還再行會遇的可能性，濃重地溝消著神人之別。以至於，這場神人相幸的浪漫行越，宿信於不老情根，從而先行廓清著具有神言能示的愛欲神話。比之死生，往而將復的切情諾語，在事件畫面中似乎更有神性。

漢代，西王母長生不老的形象已經確立，而且還有辦法幫助他人也不死。《淮南子》曰：

> 羿請不死之藥於西王母，姮娥竊而奔月。（注：姮娥，羿妻也。）
> 羿從西王母，請不死之藥於西王母，未及服之，姮娥盜服，得仙，
> 奔入月中，為月精。

張衡《靈憲》曰：

> 羿請不死之藥於西王母，姮娥竊之以奔月遂託身於月，是為蟾蜍。

早先的《歸藏》只說「常娥以不死之藥奔月，」並沒有說藥來自何處，《淮南子》和張衡的《靈憲》則明確說是來自西王母，西王母不僅自己長生不老，還有不死之藥讓人變得不老，這也或是西王母享受後世膜拜的理由。快樂的精神童話，何人不期老不復至，青春長在呢？離形脫世的不死期望，揪扯著不堪紅塵負重的「在世」，從一幅紅塵當中出行到另外一幅紅塵當中去，事實上，畫到的是一幅精神隱逸的源生圖像。

西王母與世人頻繁來往的故事，在先秦各說中不止穆天子一處。《大戴禮記》中還記載了她拜訪舜的一段經歷：

> 昔虞舜以天德嗣堯，布功，散德，制禮，朔方幽都來服，南撫
> 交趾，出入日月，莫不率俾。西王母來獻其白琯。〔註7〕

舜布功、散德、制禮，治世有道，「朔方幽都來服」，西王母自然前來訪拜，並獻上齊政禮器——白琯。這可不普通的玉飾，而是白玉做成的天文樂器。據說，玉琯之孔，可以窺天。

〔註7〕高明：《大戴禮記今注今譯》，臺灣商務印書館，1977年第2版，第408頁。

　　構合先秦時期的文本說傳，西王母愈加從其傳說中出示出清晰的神人形象：神性漸次濃鬱，貌相漸趨「人」化。而其動流到世的事蹟，更像是在出塑一部神人相遇的浪漫童話。

　　2. 兩漢時期：長生不死的追求

　　（1）西王母與漢武帝的故事

　　《漢武帝故事》《漢武帝內傳》《漢武洞冥記》是三部專門寫漢武帝的古小說。這三部古小說作於何年，出自何人之手，至今尚無定論。不過，大致可以確定，此三書的寫作時間較《穆天子傳》晚，早則魏晉，遲至於齊梁。這三部古小說都不同程度描繪了西王母和漢武帝的故事，其情節的迂曲，描寫的生動，大大超過較為質樸的《穆天子傳》。試看七月初七西王母與漢武帝會面的景象：

> 帝登尋真之臺，齋戒到七月七日夜，忽見天西南如白雲起，直來趣宮，須臾，聞雲中簫鼓之聲，復半食頃，西王母至，乘紫雲之輦。臨發，雲氣勃鬱，盡為香氣。
>
> 七月七日，上於承華殿齋，其日忽有鳥從西方來集殿前。上問東方朔。朔曰：
>
> 「此西王母欲來也。」有頃，西王母至，有二青鳥如鳳，夾侍王母旁也。王母遣謂帝曰：「七月七日，我當暫來。」帝至日掃宮內，燃九華之燈。
>
> 七月七日，乃掃除宮掖之內，張雲錦之帷，燃九光微燈。夜二唱後，西王母駕九色之斑龍上殿。
>
> 七月七日，西王母降，武帝戴太真晨纓之冠，履玄瓊鳳文之舄。

　　據傳，漢武帝生於七月七日，故西王母降臨，意義重大。與西王母會見穆天子不同，穆天子是八駿馳千里，往見王母，可見其期願之心多麼強烈。而武帝見王母則是靈鳥帶來消息——「此西王母欲來也」。西王母主動派出靈使前來安排——「七月七日，我當暫來」。與穆王遠程期會不同，武帝如被意外臨幸。武帝待見西王母，排場之盛可以想像。而且，會面之前，身邊還多一位善解神意的人物——東方朔。從而使這場人神相會，變成了一場盛世華典。這位博物學家似乎對西王母瞭解甚甚，譬如他就知道王母種仙桃，三千年一熟：

> 西王母以七月七日降於帝宮，命侍女索桃。須臾以玉盤盛桃七

枚，大如雞卵，形圓詩青，以呈王母。王母以五枚與帝，自食二枚。

　　東郡獻短人，帝呼東方朔。朔至，短人指朔謂上曰：「王母種三千年桃結子，此兒不良，已三過偷之矣！」後西王母下，出桃七枚，母自啖二，以五枚與帝。帝留核著前，王母問曰：「用此何為？」上曰：杅桃美，欲種之。」母歎曰：「杅桃三千年一著子，非下土所植也！」後上殺諸道士妖妄者百餘人，西王母遣使謂上曰：「求仙信邪，欲見神人而殺戮，吾與帝絕矣！」又致三桃，曰：「食此，可得極壽。」

　　吃了這種仙桃，人可以「極壽」。西王母手裏的這種神奇物種，似乎植培並調度著人在世的渴望，在形象上延拓著人渴望延綿的在世時間。而渴望在人間活得更長，是好生樂世的意向反射，是達生達世的悱惻心語。西王母不僅種有讓人長壽不老的「仙桃」，還有食之可壽的「靈瓜」：

　　西王母謂上玄夫人曰「後造朱炎山陵，食靈瓜，其味甚好。顧此未久，已七千歲矣。」

　　除了極壽瓜果外，西王母手中還有可能極生的棗和酒。顯然，這個「司天厲及五殘」的西天神祇，手中卻能給出「向生」的善果。似乎「好生」也是一種力量，是從司天的冷威氣象中格外溫暖地給出來的。這可不是惺惺作態的樂善好施，而是向其冷俊神相的對望，是從嚴格職司的神性判斷中作為當然的可能性給出來的。果瓜之外，西王母還有各種靈丹妙藥：

　　西王母曰：「仙之上藥，有九色鳳腦，次藥有蒙山白鳳之脯。」

　　西王母曰：「仙之次藥，有靈丘倉鸞之血。」

　　西王母仙藥，有昆丘神雀。

　　西王母曰：「仙人上藥，有流淵瓊魚。」

　　西王母云：「仙家之藥，有白水靈蛤。」

　　西王母云：「上仙之藥，有碧海之狼。」

　　西王母曰：「仙上藥有玄都綺蔥。」

　　九色鳳腦、白鳳之脯、倉鸞之血、昆丘神雀、流淵瓊魚、白水靈蛤、碧海之狼菜、八阮赤韭、玄都綺蔥等等，不一而足，有的是上等的，有的是次一等的，都是西王母的仙藥。藥，是對世難的撫傷和救治，是從原初神語中返還出來的對人的在世性傷痕給到的回位與修復。藥召示著神性語言中的原初正義。除藥之外，西王母那裡，還有氤氳嬝嬝奇特的香料：

> 西王母當降上，燒兜末香。兜末香，兜悄揉所獻，如大菫。途
> 門，香聞百里。關中常大疾疫，死者因生。

香聞百里，死者因生，兜末香雖然是漢武帝所燒，但是其神奇的效應，似乎是伴隨西王母之降而生的，死者回生，疾者病除。焚香去難的歷史古俗，似乎就從西王母親饋的那樓香火當中流燃開來。除過料藥之外，六朝時竟傳有「王母符」，服這種神符，就如藥到病除：

> 宋懋《表》曰：「臣昔貧賤時，嘗疾病，家人為臣齋，勤苦七
> 日，臣晝夜，夢見一童子，青衣，執縑廣數寸，與臣。臣問之用此
> 何為，答曰：『西王母符也，可服之。』服符竟，便覺，一二日病
> 差。」

西王母與漢武帝的故事，流沔出至今還有聲應的諸多古俗。雖然這場華典一般的神人相會，隱幽著一股古老的愛欲，但是西王母已經從長生不老的自體形象中，流溢出對人的循循善顧。那個虎齒豹尾的野性神祇已經不見了，人們膜拜的似乎是一個可以近生而不司天厲的綽約神母、妙靈女仙。愛戴她的人不僅僅是穆王天子、熱血大帝，還有受到她心靈慰藉的市井常人。

（2）漢畫像磚多樣圖呈現的西王母故事

兩漢時期，西王母信仰逐漸泛化。近代出土的許多漢墓畫像磚上都繪有西王母及與之相關的傳說。墓葬畫像磚刻繪著靈魂世界，影顯從生前到生後在望的世界。西王母出現在畫磚雕本上，顯然與其「司天厲及五殘」元神力量及後來以長生之術藥世的善神心源相繫。就時間而言，漢代早期的畫像磚上只有西王母一位主神；後來，東王公作為和西王母相對應的男性神，也與之同時出現在墓葬畫像中。

在這些靈動豐瑰的圖像故事中，或可見西王母憑几戴勝，形象神秘高貴，身下龍虎座，幽微地暗示著古代中國陰（「虎」）陽（「龍」）調和之說；或可見，玉兔、蟾蜍、九尾狐、三足烏簇擁環圍，祈求不死藥的生民絡繹不絕——這顯然散馳著漢代以來的求仙熱和不死觀念。西王母的向力與神性在此得到完滿綻示。集束到王母身上的各神話要素，整體性地在向人間施加意義。同時，隨著人間意義的變遷，神語集置的符號也相應地遞交出各種景象，不同地區的畫像磚又既同一又差異地暗示著西王母神話的廣大流變。

以下實圖為例，列舉一二：

①比如，四川成都新繁清白鄉一號墓出土〔註8〕的西王母畫像磚。

　　圖像中集合了西王母傳說中的諸多神話要素。西王母居圖像正中偏上的位置，端坐於龍虎座上，四周雲氣繚繞宛若仙境。西王母右側立有一隻九尾狐，九尾狐下方是執靈芝的靈兔（玉兔）。圖像左側有執戈的大行伯，大行伯右邊依次是三足鳥和舞蹈的蟾蜍。左下角有一凡人跪於案前，似在祈求長生不老之仙藥。右下角的兩人姿態飄逸，疑為求藥者已經得道長生的祖先。

　　西王母容面安靜體態雍容高貴，已經褪去了《山海經》中「蓬髮」「虎齒」「豹尾」的樸野氣息，唯一保留下來的就是頭上的玉勝，這小小的玲瓏佩飾表明，此時的西王母與前代神話中寫意的元神一脈相承。九尾狐是古已有之的神獸，除去《山海經》中的三青鳥，越來越多通靈的動物圍繞在西王母周圍，任她驅使。三足鳥是日精，蟾蜍和玉兔則是月宮神話的象徵。鳥羽日而陽，蟾蜍和玉兔在月而陰。一陽一陰，明壁對稱；龍虎寶座（青龍白虎，左東右西），龍為陽，虎為陰，同樣是一陽一陰，均化平衡。這些在不同畫像磚中重複出現的動物（古代神獸），示謂著陰陽調和的古代象徵〔註9〕，暗示出西王母已然到形的意向流遷──從《山海經》中的「司天厲及五殘」，到漢代給予長生不死，再後來，順天應地，統合東西，在一縷平靜的凝視中兼掌世間陰陽。西王

〔註8〕高文主編：《中國巴蜀漢代畫像磚大全》，國際港澳出版社，2002 年 9 月第一版，第 183 頁。
〔註9〕小南一郎：《中國的神話傳說與古小說》，第 112 頁。

母的神話意蘊在其能示和意向構造中逐漸盈豐。由其出示的思想或文化哲學自然也從畫面當中嵌入或躍示了出去。漢墓畫像磚中頻繁出現的西王母形象已然證實，古代民間對西王母的崇拜已經達到登峰造極的程度。這是頻臨並集中造勢的古代神仙文化，在意向合構中集中釋放出向死而生的於世方式。

　　②再如，四川大邑縣出土〔註10〕的畫像磚，與上一塊拓片相比，這塊畫像磚的構圖巧較為粗糙，但反映的內容卻很豐富。

　　畫像上除去龍虎座，九尾狐、靈芝草、蟾蜍等傳統要素，還在西王母左右各增加了一位肩生羽翼、手持仙草的女子，此二女應為青鳥演化而成的羽人。值得注意的是，西王母的背後也生出一對翅膀，與龍虎座附近的祥雲相得益彰。借翅飛翔，亦或羽化成仙。出現在西王母身上的這對不再隱形的翅膀，整體地性地讓存在之物從大地上離重。由靈羽啟開的飄逸、靈動、自栩、尚望自由等浪漫主義想像，縵妙地迎合著中國古代的仙道志趣，飛翔是隱逸、遠去和離重，是根於大地但又離開大地的漫遊之旅，是迴向現實感受又逃出現實感受的意識超越。神仙們作為靈魂的品屬，就在於能擺脫時空約束——擁有長生不死藥與一幅飛翔的靈翅不就在直觀那個跨越時空的尺度？值得注意的是，在古代道仙傳說裏，飛昇成仙似乎是凡人得道的大美結局。羽化飛昇含蘊著道仙文化的絕對氣質：1. 脫越時空，自由行動；2. 靈魂輕清而肉體濁重，成仙自然意味著脫離肉身，讓靈魂得到終極上升；3. 仙人所居的極樂道境在大天以上，借羽飛昇方能達到。在這種天真意向的驅使之下，為西王母再「造」

〔註10〕高文主編：《中國巴蜀漢代畫像磚大全》，第215頁。

　　畫像磚上下分四層。其中一塊：首層為西王母，二層刻周公輔成王故事，三層刻驪姬讒害太子申生的故事，四層為左行車馬，圖像最左側有一人一犬迎接。

　　關於西王母以及侍奉其左右的異獸，作為王母神話的顯形符號，前已明說。左行車馬則再次驗證之前的觀點──載著死者造適西王母，希望歸於長生之地。中間兩層的西周、東周典故，歷史公案兩兩相對地擺在西王母面前，似乎讓其作出神聖的罰判。這不禁間又號揚出西王母「司天厲及五殘」的原始神性。

　　⑤像磚在山東嘉祥宋山村出土〔註14〕同墓出土。

　　仔細觀察不難發現，此磚的圖案與上一塊有諸多相似之處：由上而下分成四層，主神端坐於首層中央；第二層，左三人對坐撫琴，右三人手舞足蹈；第三層，眾人庖廚；第四層，車馬左行。與前磚相襯，它們是同一墓室中處於對稱性位置的兩塊畫像磚。端坐於此磚首層中間的神正是與西王母對應的東王

〔註14〕常任俠主編：《中國美術全集‧繪畫篇18‧畫像石畫像磚》，第2頁。

公。先秦典籍中尚沒有發現關於東王公的任何記載，詳細描述西王母與東王
公登神鳥雙翼浪漫相會的《神異經》已經是六朝時期的作品。而在這座漢墓當
中，不見文字記載的民間傳說，卻以畫像磚的形式保留了下來。

東王公在東，西王母在西，一對對偶神，就這樣兩鏡相望著，進入了敘事。
東王公的出現，將西王母從孤神孤化的意境中，遷入了適合人間口味的對世結
構。之後，西王母逐漸處於話語收縮的隱性位度。那個虎齒豹尾的荒野神祇已
經徹底消失不見。

3. 魏晉南北朝：道教女仙

魏晉南北朝是傳統道教迅速發展時期，西王母也被納入了道教神仙體系。
在《漢武帝內傳》中，西王母化美貌女仙，向求仙心切的漢武帝傳授修仙秘籍。
此時西王母的性格與面貌在歷史畫本中因更符合靈仙氣質，從而變得更加清
晰。也因之，令人望畏的老神面紗也似乎徹底脫落了，那個在長生意向上給出
神秘靈藥的女神，逐漸在對偶性宿角中變得平淡，甚至變得仗勢專橫了。穆王
之約與武帝待期的神性秘會早已失去了靈性的熱度。有對偶對象的西王母更
像是非要恪守婦道的神秘主婦，意向性地跌落出了與古老愛欲縈縈相繞的世
界聯繫，關於她的故事，就再也不能在非偶性的孤境中癡情地寫意了。此後，
她似乎再也不是那個青春與神秘俱盈的大地靈仙，更像是一個必須垂簾而居
的神話老婦人。

人間似乎對西王母失去了神秘想像的熱情，她更多地存在於類似的民間
傳說裏：七仙女的傳說，牛郎織女的故事，孫悟空大鬧蟠桃會……西王母變成
天宮的最高女仙王母娘娘，扮演嚴厲而專橫的母王角色。這一形象也長期在民
間固定不變。至此，從作為始荒原神的西王母，再到與人帝幽會可予長生之術
的絕美女仙，她已經成為位列仙班臥簾仙宮的一個「娘娘」了。

《漢武帝內傳》舊提東漢班固撰，殆六朝文士所依託。講述武帝求仙心誠
感動上天，西王母於七月七日與之相會，傳授修仙得道之術的故事。此書雖然
來歷不詳，近於野史戲說，卻為後人瞭解魏晉南北朝時期的神仙信仰提供了眾
多素材。它也是諸多古代文獻中對西王母刻畫得最細緻、生動的一部。六朝文
士託古言志，似乎在中國人的精神童話中，真正的西王母更應該是那個在秘約
幽會中可授以長生的靈美神仙。

在與漢武帝的對話中，西王母提及一段自己早年問道修仙的經歷：

> 十方眾神仙官，爰及弟子丹房之內，說元微之言。因問我何為

而欲索長存矣。吾因避席叩問長生之術，天王登見遺以要言，辭深
旨幽。〔註15〕

神乃天生秉質，仙為凡人修煉所成。在這個限度中，《山海經》裏的西王
母是在大荒之地天生在居的強力元神，而《穆天子傳》、《漢武帝內傳》中的西
王母更像是欲索長存而叩問到長生之術的「仙」。與武帝對話的西王母既然有
過拜師修煉的經歷，自是仙人無疑。因為有了這樣一個修問神仙的過程，隨著
魏晉時道教興起，西王母自然也被納入道教的神仙體系，成為著名的道教女
仙。〔註16〕

關於西王母的外貌，《漢武帝內傳》中有非常詳實的描寫：

王母上殿東向坐，著黃錦襡，文采鮮明，光儀淑穆。帶靈飛大
綬，腰分頭之劍，頭上大華結，戴太真晨嬰之冠，履元繍鳳文之舄。
視之年可卅許，修短得中，天資掩藹，容顏絕世，真靈人也。〔註17〕

西王母「修短得中，天資掩藹，容顏絕世，真靈人也」。其身上的靈真氣息
已然勝過其神秘色彩。「年可卅許」，正是一名女仙恰到好處的年紀——既保留
了身為女子的動人姿色，又避免太過年輕得不到應有的尊重。西王母身邊的侍
女均為十六七歲的青衣美貌女子，「容眸流眄，神姿清發，真美人也」〔註18〕。
在古典美學中，女神女仙擁有絕世容顏，那是理所當然。嫦娥如月亮般美得皎
潔素朗，洛神「彷彿兮若輕雲之閉月，飄颻兮若流風之回雪」，觀音本為男身
卻最終化身美麗女子，沈從文便在《邊城》中借鄉人之口誇清秀可愛的翠翠
「長得真標緻，像個觀音樣子」。男仙可以像鐵拐李一樣邋遢跛腳，像彌勒佛
一樣禿頂大肚，女仙卻必須風姿過人。很明顯，這是俗家構美的情趣在仙界的
直接對應——所謂郎才女貌，男子以才立身，女子以貌取勝。西王母身為眾生
景仰的女仙，靈性與美貌缺一不可。

通過《漢武帝內傳》，還可以看出西王母的神仙性格。她對待漢武帝禮儀
慷慨又不失威嚴：設珍奇宴席，請武帝品嘗仙桃，令侍女奏樂，授《五嶽真形
圖》。可謂張馳有度。同時還有一點上仙對下人的寬容大度——

〔註15〕王雲五主編：《叢書集成初編·穆天子傳及其他一種·漢武帝內傳》，商務印書
　　　　館，1937年第一版，第4頁。
〔註16〕具體可參見陶弘景的《真靈位業圖》。
〔註17〕王雲五主編：《叢書集成初編·穆天子傳及其他一種·漢武帝內傳》，商務印書
　　　　館，1937年第一版，第2頁。
〔註18〕王雲五主編：《叢書集成初編·穆天子傳及其他一種·漢武帝內傳》，第2頁。

須臾，殿南朱雀窗中，忽有一人來窺看仙官。帝驚問何人。王
母曰：「女不識此人耶？是女侍郎東方朔，是我鄰家小兒也。性多滑
稽，曾三來偷此桃。……」於是帝乃知朔非世俗之人也。〔註19〕

東方朔偷桃之事被西王母一語帶過，並無惱怨，反而隨和遷就，甚至帶著
點寵溺的語氣。

西王母對東方朔語有寵溺，而對待同列神界的上元夫人的態度倒是耐人
尋味。她邀請上元夫人前往武帝宮殿時尚且禮儀客氣，待到上元夫人不肯把
《六甲靈飛十二事》傳授給武帝的時候，西王母態度發生了變化：她列舉了之
前自己有恩於上元夫人的事例，再次陳述武帝求仙的意志，要求夫人向武帝傳
授仙書，還質問對方「何緣使人主稽首請乞，叩頭流血耶」。王母能質問天仙，
足見其在上天的地位。

漢帝受仙人的眷顧，蓋因他真誠好道，一心求仙。王母工於傳道，對於虔
誠求仙的漢武帝自然會另眼相看。

王母曰：「女能賤榮樂卑，沉虛味道，自復佳耳。然女情恣體欲，
淫亂過甚，殺伐非法，奢侈其性。……」〔註20〕

不過，兩位女仙離開後，漢武帝並未謹尊教誨，而是「興起臺館，勞弊百
姓，坑殺降卒，遠征夷狄」〔註21〕。王母與夫人遂不復來。小說暗示了漢武帝
悔過的心情，但他表達懺悔的方式不過是建宮築館封禪祭祀，而非領悟了道的
真諦。即便如此，在書的結尾處，漢武帝還是得以「尸解」──死後肉身消散，
算是成仙得道。雖然不如「飛昇」那般傳奇，但也算修成正果。

仙人並非超凡脫俗目空一切，他們希望獲得景仰、崇拜，希望自己的衣缽
道性能夠傳承下去，所以西王母發現虔心求仙的漢武帝才會那麼欣慰。親臨道
場不說，還設席置筵，以大方人家款待一個凡夫，甚至有些迫不及待地點化漢
武帝信此「靈真之事」：

吾今所以授徹真形文者，非謂其必能得道。欲使其精誠有驗，
求仙之不惑，可以誘進向化之徒。又欲令悠悠者知天地間有此靈真
之事，足以卻不信之狂夫耳，吾意在是矣。〔註22〕

西王母親顯靈真，傳授天書，讓「不信之狂夫」徹底頓悟，變成虔誠的仙

〔註19〕王雲五主編：《叢書集成初編‧穆天子傳及其他一種‧漢武帝內傳》，第17頁。
〔註20〕王雲五主編：《叢書集成初編‧穆天子傳及其他一種‧漢武帝內傳》，第4頁。
〔註21〕王雲五主編：《叢書集成初編‧穆天子傳及其他一種‧漢武帝內傳》，第19頁。
〔註22〕王雲五主編：《叢書集成初編‧穆天子傳及其他一種‧漢武帝內傳》，第11頁。

教信徒。可見，神仙也會拋去他們的驕矜，擔心門庭冷落。仙人和信徒一方出香火，一方顯神跡，悠悠哉，續寫著人仙相顧的市井故事。中國敘事語體中的這類浪漫，事實上延及了不少的時代，我們關心的並不是王母教信的靈真事件，而是這種喜聞樂道的精神敘事內在圖印的那種世界態度。

綜上，西王母已被信道文士逐漸納入了道教神仙語系，即「傳統的彼世之神轉變為了世間神仙。」（余英時《東漢生死觀》）。相較於漢代畫像磚上神秘模糊的形象，六朝小說文字為我們提供了更多細節：形象上西王母已經被寫真為「容顏絕世」的女仙；靈真大度，恩威兼施，並樂以道性點化凡人；其所持的也不再是長生不老的藥種，而是更高層次的修仙「術」，以及「誘進向化」可以授信的靈真之「道」。

4. 隋唐以來：王母娘娘

（1）長生不老是神仙

唐代王母娘娘形象主要見諸唐詩。與畫磚刻畫，小說言傳不同，詩語能撐開聯想的處境，將人代入心與物的共鳴。西王母長生不老，青春在場，唐代詩人寫過許多美篇。韋應物《王母歌》，其詩云：

> 眾仙翼神母，羽蓋隨雲起。上游玄極杳冥中，下看東海一杯水。
> 海畔種桃經幾時，千年開花千年子。玉顏眇眇何處尋，世上茫茫人自死。

西王母是眾仙之首，為眾仙擁翼。從玄冥中下視東海，東海不過一杯水。仙桃三千年一熟，不知種過幾回熟過幾次。世上茫茫，凡人都會死的，只有西王母玉顏永駐，依然是妙齡女子。類似的描寫還有儲光羲的《田家雜興八首》其四：「人生如蜉蝣，一往不可攀。君看西王母，千載美容顏。」吳筠《遊仙二十四首》其二十：「上元降玉闈，王母開琳宮。天人何濟濟，高會碧堂中。列侍奏雲歌，真音滿太空。千年紫柰熟，四劫靈瓜豐。」

唐人延異著自漢以來王母可種壽延生的傳說，在人世的短暫性當中望期扣留時間的流逝。天人高會碧堂，食饗仙桃靈瓜，「列侍奏雲歌，真音滿太空」，在形在生於一幅無時間性流損的靈真仙境。相反，人若螻蟻，生若蚍蜉，閃晃之間，白駒過隙。時光促然短滅，只能在詩的愁悵裏探獲那不朽無滅的真音靈光。詩人們寫西王母無限且豐光的生命，是以人間時歲的短暫來襯托的。韋應物的《王母歌》、儲光羲的《田家雜興八首》都是這樣。此外，莊南傑《傷歌行》：「兔走烏飛不相見，人事依稀速如電。王母夭桃一度開，玉樓紅粉千回變。

車馳馬走咸陽道，石家舊宅空荒草。」石家，晉代權富石崇之家，縱石家流富百年，不期間，也是舊宅荒石，滿庭衰草，此昔時人間慕華，豈抵得王母夭桃一度盛開？李賀《浩歌》：「南風吹山作平地，帝遣天吳移海水。王母桃花千遍紅，彭祖巫咸幾回死。」更以傳說中人間「極壽者」彭祖巫咸來和西王母作對比，假設彭祖活了七百歲是真的，就算他再死上幾回，也抵不上王母的仙桃開過千遍之後依舊紅豔如初的瞬間。

詩人以詩的方式遣安著人的本質，在王母桃花的落而又開中，隱蔽地道說人的必死性。終有一死者作何安頓？此安頓，顯然不是在求仙化道中託寄的。是人，便要安於世命，逾現世而往神道，本質上是虛無的。李商隱那首著名的《瑤池》，道說的便是瑤池阿母（王母）的超越性與人存在的現世性。

　　　瑤池阿母綺窗開，黃竹歌聲動地哀。

　　　八駿日行三萬里，穆王何事不重來。

這首詩表面上沒有寫西王母的長生，但結合《穆天子傳》裏的典故，說王母盼望穆王重來，穆王答以三年為期。三年期到，西王母心中不解：既然有疾行駿馬，穆王為何不來與自己相會？聯想《穆天子傳》中她曾經唱過的「將子無死，尚能復來」，詩人說，穆王的八駿縱能日行三萬里，但是他再也不能來了。穆王何事不重來？穆王不來，王母或許永遠都不明白，王母在的三年，可能就是人間春秋幾百年。神和人不是在同一時空下承受「時間」的流蝕的。將子有死，何能復來？穆王既然沒有來，自然是已經死了。穆王終究是人，而不是神，穆王縱秘慕仙情，在神馬助馳中渴望再來，終歸作為有死的凡人難逃天時。王母可以長年累月地等，而作為凡人的穆王卻終有一死。神人有別，凡人豈可逾越死神的扣留。這是詩人已然領會到的人的有死性與神的不死性在兩個時區中對開的張力。神異如穆王者尚不免一死，那些苦苦求仙者又怎能長生？託名蜀宮群仙所作《王母》詩云：「滄海成塵幾萬秋，碧桃花發長春愁。不來便是數千載，周穆漢皇何處遊。」王母的碧桃紅花依然是三千年一開花三千年一結果，而穆王、漢武都早已化為塵土，不可能回遊仙境了。一邊是桃紅永綻的西王母，一邊是短暫一生的東人王，縱神人兩不厭，但兩相對照，西王母終究玉顏眇眇，在她不朽的時間中漫遊。

（2）神秘的王母

西王母在居玉山，與穆王宴於瑤池，有三青鳥為使，所種仙桃三千年一熟。這個世外之境，本就是她靈真自在的世界秘境。穆王宴於瑤池，瑤池自然

也非史性所畫的人間地圖。只有當她降臨漢宮的那個七月初七，才算是第一次來到人間。唐代最擅長遊仙詩話的詩人曹唐，有兩首詩寫王母降臨漢宮：

> 崑崙凝想最高峰，王母來乘五色龍。歌聽紫鸞猶縹緲，語來青鳥許從容。風回水落三清月，漏苦霜傳五夜鐘。樹影悠悠花悄悄，若聞簫管是行蹤。

> 鼇岫雲低太一壇，武皇齋潔不勝歡。長生碧字期親署，延壽丹泉許細看。劍佩有聲宮樹靜，星河無影禁花寒。秋風嫋嫋月朗朗，玉女清歌一夜闌。

首詩，想像中的西王母從崑崙山最高峰所居處乘坐五色龍緩緩而降，紫鸞的歌聲縹縹緲緲，青鳥的言語優游從容。風回漏永，水落三清之月，霜傳五夜之鐘。悠悠的樹影，連花朵都開得靜謐不敢聲張，西王母在哪兒呢？從簫管聲動處，恐怕才可識得她的行蹤。首二，武帝齋宴西王母，此中也沒有寫到西王母的肖像穿著，玉顏真聲，有的只是環佩之聲和玉女青歌。總之，西王母即使降來人間，還是神人秘蹤，常人是撩不開她的面紗的。

比較而言，韋應物《漢武帝雜歌》中有幾句詩的描寫就顯得稍稍明朗了些：

> 欲來不來夜未央，殿前青鳥先迴翔。綠鬢紫雲裾曳霧，雙節飄颻下仙步。白日分明到世間，碧空何處來時路。玉盤捧桃將獻君，踟躕未去留彩雲。

鬢雲霧裾，若露形容，然而還是不夠具體，欲來不來，去留彩雲，仍然是縹緲如虛。詩人就如觸摸一縷靈魂那樣，將西王母靈隱秘性牽動的既美又真。詩人眼裏的西王母在曼妙詩境中神秘現身，純然是對那場神人相見的幽古會約給出的美學相思。

（3）雍容華麗的神母

上古西王母是半人半獸的荒野古神，職司天厲，很難親近。只有戴玉勝這個細節才顯出其亦或可近的女性神味道。《穆天子傳》對西王母也沒有正面描述，但通過與穆王的對話，還是表現出了西王母作為女性神的細膩。魏晉至六朝的三篇武帝故事，雖然依舊沒有對西王母形象作出刻畫，但是有西王母出場的真然氛氣，簫鼓之聲，紫雲之輦，香氣鬱勃，雲錦之帷，九光微燈，雖未見人但聞其車聲，儀仗華麗，香氣襲人，容顏絕美的女神形象已經呼之欲出。但是呼之欲出，畢竟沒有正面的刻畫。於是，這個在神性歲月中隨傳說流遷的女神在士林詩筆當中埋下神秘的想像。似乎沒有見到就是在見到，不可捕獲的形

象便是其應然如是的形象。李白以唐代美人楊玉環，喻為西王母。三首《清平調》其一寫道：

> 雲想衣裳花想容，春風拂檻玉華容。
>
> 若非群玉山頭見，便是瑤臺月下逢。

群玉山頭，月下瑤臺，霓裳羽衣，玉華真容。詩人將西王母聯想為楊玉環。若非群玉山頭見，這樣的美人在世間是找不見的。可見，在李白心中西王母擁有的那種華麗絕代之美。這是李白，也是唐代人對西王母的詩化印象。李白還有一首《上元夫人》詩：「上元誰夫人，偏得王母嬌。嵯峨三角髻，餘髮散垂腰。裘披青毛錦，身著赤霜袍。手提嬴女兒，閒與鳳吹簫。眉語兩自笑，忽然隨風飄。」據《漢武內傳》，漢武帝元封元年七月七日，上元夫人受西王母之邀請降臨漢宮，上元夫人非常美，「偏得王母嬌」，她的嬌美，頗得西王母的韻致，詩人妙書上元夫人「眉語兩自笑，忽然隨風飄」的自然隱逸之美，從中亦可窺西王母一二。

詩人丁澤有一首《上元日夢王母獻白玉環》：

> 夢中朝上日，闕下拜天顏。彷彿瞻王母，分明獻玉環。靈姿趨甲帳，悟道契玄關。似見霜姿白，如看月彩彎。霓裳歸物外，鳳歷曉人寰。仙聖非相遠，昭昭寤寐間。

此詩夢見西王母，「似見霜姿白，如看月彩彎」，彷彿見到王母如霜一般潔白的肌膚，見到她如彩雲烘托彎月的神姿。這樣的描寫，也是前人所未曾寫及的。劉復《遊仙》：「王母何窈眇，玉質清且柔。」與丁澤詩有異曲同工之妙。

西王母作為最具神話秘感的美神處養在詩人的語詞當中。可以說，唐詩所開化的詩境，是最具神話美學意向的西王母。

5. 唐宋以後：小說敘事中的西王母

（1）《上古神話演義》中的西王母

《上古神話演義》是清代學者鍾毓龍所著的關於中國古代神話的傳記體小說。此書，第五十六章「崑崙山稀有大鳥　西王母瑤池宴客」描述了大司農到了崑崙山見西王母的情景：

> 且說大司農到了崑崙山，剛剛一足踏上岸邊，陡見山上跑下一隻人面而純白色的老虎，背後有九條長尾，豎得很高，迎面叫道：
>
> 「大鷺，這個人是大唐使者嗎？」大司農吃了一驚，不覺腳下一滑，

撲倒灘邊，滿身衣服沾滿了污泥，骯髒已極。早有青鳥前來扶起，並向那人面的白虎介紹道：「這位是陸吾先生，一名肩吾，是守護此山的神人，專管天之九部及天帝園圃中之時節的。」大司農慌忙與他拱手為禮。那陸吾亦將頭點了兩點，自向別處而去。大司農見衣服骯髒，心中懊喪，不時去拂拭它。少鵞道：「不妨事，過一會就會好的。」大司農聽了，亦莫解所謂。過了片時，才問大鵞道：「這位陸吾先生既然管天之九部及天帝園圃中之時節，為什麼不在天上，而在此地呢？」大鵞道：「這座崑崙山是天帝的下都，天帝有時到下界來，總住在此地的，所以陸吾先生有時亦在此。」大司農道：「貴主人不是此山之主嗎？」大鵞道：「不是，那座玉山是敝主人所獨有的。這座崑崙山，周圍不知道有幾千萬里，敝主人所住的是西北隅，敝主人之夫東王公所治的是東北隅，多不過一隅之地而已。」四個人一路走，一路向山上而來，但見奇花異卉，怪獸珍禽，多得不可言狀。轉過一個峰嶺，只見前面一座極大極大的山，映著日光，黃色燦爛，矗入天中，不見其頂，兩旁亦不知道到什麼地方為止，幾乎半個天都被它遮去了。大司農便問：「這座是什麼山？」青鳥道：「這個不是山，是一根銅柱，亦叫作天柱，周圍有三千里，在崑崙山之正北面，四周渾圓而如削，下面有一間房屋，叫作『回屋』，方廣一百丈，歸仙人九府所治理的。上面有一隻大鳥，名叫『稀有』，朝著南方，張開它的右翼來，蓋住敝主人，張開它的左翼來，蓋住敝主人之夫東王公。它背上有一塊小小的地方沒有羽毛的，有人替它算過，還有一萬九千里廣。貴使者想想，這個大鳥大不大？真真是世界所稀有的。敝主人與她丈夫東王公每年相會，就登到那翼上去。古人說牛郎織女烏鵲填橋，年年相會。敝主人夫婦借著這大鳥的翼上作相會之地，天下事真是無獨必有偶了。那根銅柱上有二首銘詞刻在上面，一首是說柱的，一首就是說敝主人夫婦相會之事的。」大司農道：「可過去看嗎？」青鳥道：「這個銘詞的字，大極高極，貴使者恐怕不能看見呢。」大司農道：「那銘詞的句子，足下記得嗎？」青鳥道：「某都記得，那銅柱的銘詞只有四句，叫作：

崑崙銅柱，其高入天。圓周如削，膚體美焉。

它那個大鳥的銘詞共有九句，叫作：

> 有鳥稀有，碌赤煌煌，不鳴不食，東覆東王公，西覆西王母。
>
> 王母欲東，登之自通。陰陽相須，惟會益工。

大司農聽了這個銘詞，心中不禁大有所感，感的是什麼呢？銅柱之高，稀有鳥之大，怪怪奇奇，都是神仙地方應有的東西，不足為異。他所感的，第一是西王母已經做了神仙，還不能忘懷於情慾，夫婦要歲歲相會。第二，夫妻相會何地不可，何以一定要登到這個鳥背上去？第三，夫妻相會總應該男的去找女的，乃東王公不來找西王母，而是西王母反先去找東王公。看到那銘詞上『王母欲東，登之自通』二句，竟有雌鳴求牡的光景，可見得神仙的情理真與人世間不同了。還有一層，人世間一家之中，出名做事的人總是男子。現在東王公之名，大家知道者甚少，而西王母反鼎鼎大名，幾乎無人不知。女權隆重，亦是可怪的。大司農正在一路走，一路想，迎面和風陣陣，吹得來人的精神都為之一爽，頗覺快意。忽而低頭一看，只見那衣服上沾染的污泥骯髒，一概沒有了。就使新的洗灌過，亦沒有這樣的清潔，不覺大以為奇。少鷔道：

> 這是風的作用。此地山上的風叫作「去塵風」，所有一切塵垢，都能去滌淨盡，不留纖毫。所以此地的房屋、庭宇、器具，不用灑掃洗灌，那衣服更不必說了。

大司農聽了，歡羨之至……。

（2）《東遊記》中的西王母

《東遊記》又稱《上洞八仙傳》、《八仙出處東遊記》，是明人吳元泰以八仙的神話傳說而成的一部神怪小說。書借八仙何仙姑之眼見思西王母的情景：

> 地上三月三桃花剛開，綠枝剛搖。天上王母娘娘的蟠桃園裏，蟠桃已經紅遍熟透。上界下界的神仙們重來拜壽，王母娘娘總讓侍女摘下蟠桃盛情款待。那蟠桃三千年結一次果，——王母娘娘園中有三千株蟠桃樹，每株一次結三千顆果子——不僅味道非尋常可比，吃了還可增年益壽，長生不老。因此每年蟠桃會總是來賓濟濟，盡歡而散。王母娘娘是由西天至妙之氣化生的，俗姓墉，名回，字婉妗。因為她主掌西方陰陽之氣，化育天地，陶冶萬物，又被稱為西王母。還因為天上地下的女仙，統歸她所管轄，有人還把她稱為金聖母。她住在崑崙山頂懸圃花園上的一個名叫「閬風」的苑中。周穆王八年，穆王姬滿駕著八駿馬西巡時，曾拿著白圭玄璧來謁見。
>
> 王母娘娘設宴相迎，並在席筵上親自擊瑟而歌：

白雲在天，山陵自出

道里悠遠，山川之間

將子無死，尚能復來

西漢元封元年，武帝劉徹為政不仁，一心求道長生不老，一天，王母娘娘乘坐紫雲車，駕著五色斑麟降到宮中，又遣使女去迎來上元夫人，數落劉徹說：「你胎性太粗暴，太貪淫，太奢侈，太殘酷，太險詐。這五害藏在五臟裏邊，再好道術，求長生，怕也是徒勞呢！」劉徹自此才開始有所收斂，專心治理朝政。由於王母娘娘年年慶壽，是個很有情趣的老太太，世上人把她當作長生不老的象徵，而神仙們則把她視為值得尊敬的長者。

那閬風苑有玉樓九層，左繞瑤池，右環翠水，平常日十分清幽的地方。今天大不同了，華林、媚蘭、青娥、瑤姬、玉戹五個侍女忙的團團轉，迎接一批又一批前來賀壽的仙人。賀壽必帶賀禮。神仙們的賀禮非同一般，更加群仙會聚，眾目之下，誰也不甘露醜。

今日來的最早的是觀音大士和東王公。觀音大士與王母娘娘，是三界中唯有的兩位女大仙，二人情同姐妹，經常往來；東王公主管東方陰陽之氣，與王母娘娘遙相呼應，且據說兩位老者，還有一段情緣；因此禮品之事，倒也可有可無。隨後而來的就不同了。鳳凰山聖母獻的是一座金鑄寶塔，玲瓏剔透；秦廣獻的是一副孽鏡，一眼望過，人間帝王百姓的功罪壽祿便可了然於胸；華光大王獻的是一隻吉祥鳥，那鳥通曉仙語，能為主人消煩解悶，鄭恩遠仙醫獻的是一條「華佗帶」，捆在腰裏，百病不能沾身；天道老祖獻的是碧玉金釵，插到頭上能使銀髮變青、老態變少；四海龍王和龍太子獻的是珊瑚樹，上面綴著九千九百顆珍珠……

「八仙為王母娘娘拜壽」，鐵拐李率先上前施禮，恭賀王母娘娘福壽無疆，與天地共存。接著王母發現何仙姑，讓侍女華林把何仙姑領到當前，像個老母親似的摸著何仙姑的臉和手，細細的端量個不夠……。

故事中西王母處居意境依舊是桃花剛開、綠枝剛搖。已在仙界成母的西王母以蟠桃款待上界下界的神仙。此桃自然延年益壽，長生不老。蟠桃會一如往常，每次都是盛況空前。書中遞交了西王母俗姓回名。敘述了周穆王八年穆

天子駕八駿西巡至崑崙山頂懸圃花園會見西王母的情景，以及西漢元封元年王母坐紫雲車往見漢帝劉徹並教化其當以道心理政的情形。最有意思的當屬東王公早來閬風苑，以作者之意似乎在說東王公似乎始終忘不了與西王母那段鳥背上幽會的情緣。然而，此時的西王母遵循的可是玉帝特幸的天條。應有的故事都在小說的意會處境中無時空地連扯在一起。作為故事，令人意外遐想的倒是，神話系序中的東王公與構合天庭神序的玉皇大帝，在西王母眼裏似乎始終是個意外作品。

（3）《西遊記》中的西王母

明人吳承恩所著的《西遊記》可能是最受中國人喜歡的傳世經典。雖然《西遊記》中西王母的事蹟只隔一小點，但現代人關於西王母的認識最多的當屬《西遊記》中的渲染。因了孫悟空大鬧蟠桃會的美名，西王母自此似乎處於一個陰鬱的反面。《西遊記》第五回「亂蟠桃大聖偷丹　反天宮諸神捉怪」生動地書寫了王母娘娘設宴，大開寶閣，瑤池中做蟠桃勝會的情景：

夭夭灼灼，顆顆株株。夭夭灼灼花盈樹，顆顆株株果壓枝。果壓枝頭垂錦彈，花盈樹上簇胭脂。時開時結千年熟，無夏無冬萬載遲。先熟的酡顏醉臉，還生的帶蒂青皮。凝煙肌帶綠，映日顯丹姿。樹下奇葩並異卉，四時不謝色齊齊。左右樓臺並館舍，盈空常見罩雲霓。不是玄都凡俗種，瑤池王母自栽培。

大聖看玩多時，問土地道：「此樹有多少株數？」土地道：「有三千六百株。前面一千二百株，花微果小，三千年一熟，人吃了成仙了道，體健身輕。中間一千二百株，層花甘實，六千年一熟，人吃了霞舉飛昇，長生不老。後面一千二百株，紫紋緗核，九千年一熟，人吃了與天地齊壽，日月同庚。」大聖聞言，歡喜無任，當日查明了株樹，點看了亭閣回府。自此後，三五日一次賞玩，也不交友，也不他遊。

一日，見那老樹枝頭，桃熟大半，他心裏要吃個嘗新。奈何本園土地、力士並齊天府仙吏緊隨不便。忽設一計道：「汝等且出門外伺候，讓我在這亭上少憩片時。」那眾仙果退。只見那猴王脫冠服，爬上大樹，揀那熟透的大桃，摘了許多，就在樹枝上自在受用，吃了一飽，卻才跳下樹來，簪冠著服，喚眾等儀從回府。遲三二日，又去設法偷桃，盡他享用。

一朝，王母娘娘設宴，大開寶閣，瑤池中做蟠桃勝會，即著那紅衣仙女、青衣仙女、素衣仙女、皂衣仙女、紫衣仙女、黃衣仙女、綠衣仙女，各頂花籃，去蟠桃園摘桃建會。七衣仙女直至園門首，只見蟠桃園土地、力士同齊天府二司仙吏，都在那裡把門。仙女近前道：「我等奉王母懿旨，到此摘桃設宴。」土地道：「仙娥且住。今歲不比往年了，玉帝點差齊天大聖在此督理，須是報大聖得知，方敢開園。」仙女道：「大聖何在？」土地道：「大聖在園內，因困倦，自家在亭上睡哩。」仙女道：「既如此，尋他去來，不可遲誤。」土地即與同進，尋至花亭不見，只有衣冠在亭，不知何往，四下裏都沒尋處。原來大聖耍了一會，吃了幾個桃子，變做二寸長的個人兒，在那大樹梢頭濃葉之下睡著了。七衣仙女道：「我等奉旨前來，尋不見大聖，怎敢空回？」旁有仙使道：「仙娥既奉旨來，不必遲疑。我大聖閒遊慣了，想是出園會友去了。汝等且去摘桃，我們替你回話便是。」那仙女依言，入樹林之下摘桃。先在前樹摘了二籃，又在中樹摘了三籃，到後樹上摘取，只見那樹上花果稀疏，止有幾個毛蒂青皮的。原來熟的都是猴王吃了。七仙女張望東西，只見向南枝上止有一個半紅半白的桃子。青衣女用手扯下枝來，紅衣女摘了，卻將枝子望上一放。原來那大聖變化了，正睡在此枝，被他驚醒。大聖即現本相，耳朵裏掣出金箍棒，幌一幌，碗來粗細，咄的一聲道：「你是那方怪物，敢大膽偷摘我桃！」慌得那七仙女一齊跪下道：「大聖息怒。我等不是妖怪，乃王母娘娘差來的七衣仙女，摘取仙桃，大開寶閣，做蟠桃勝會。適至此間，先見了本園土地等神，尋大聖不見。我等恐遲了王母懿旨，是以等不得大聖，故先在此摘桃。萬望恕罪。」大聖聞言，回嗔作喜道：「仙娥請起。王母開閣設宴，請的是誰？」仙女道：「上會自有舊規，請的是西天佛老、菩薩、聖僧、羅漢，南方南極觀音，東方崇恩聖帝、十洲三島仙翁，北方北極玄靈，中央黃極黃角大仙，這個是五方五老。還有五斗星君，上八洞三清、四帝，太乙天仙等眾，中八洞玉皇、九壘，海嶽神仙；下八洞幽冥教主、注世地仙。各宮各殿大小尊神，俱一齊赴蟠桃嘉會。」大聖笑道：「可請我麼？」仙女道：「不曾聽得說。」大聖道：「我乃齊天大聖，就請我老孫做個席尊，有何不可？」仙女道：「此

是上會舊規，今會不知如何。」大聖道：「此言也是，難怪汝等。你
且立下，待老孫先去打聽個消息，看可請老孫不請。」

好大聖，撚著訣，念聲咒語，對眾仙女道：「住，住，住」這原
來是個定身法，把那七衣仙女，一個個嬰嬰睜睜，白著眼，都站在
桃樹之下。大聖縱朵祥雲，跳出園內，竟奔瑤池路上而去。正行時，
只見那壁廂：

一天瑞靄光搖曳，五色祥雲飛不絕。白鶴聲鳴振九臯，紫芝色
秀分千葉。

中間現出一尊仙，相貌昂然丰采別。神舞虹霓幌漢霄，腰懸寶
籙無生滅。

名稱赤腳大羅仙，特赴蟠桃添壽節。

那赤腳大仙覿面撞見大聖，大聖低頭定計，賺哄真仙，他要暗
去赴會，卻問：「老道何往？」大仙道：「蒙王母見招，去赴蟠桃嘉
會。」大聖道：「老道不知。玉帝因老孫筋斗雲疾，著老孫五路邀請
列位，先至通明殿下演禮，後方去赴宴。」大仙是個光明正大之人，
就以他的誑語作真，道：「常年就在瑤池演禮謝恩，如何先去通明殿
演禮，方去瑤池赴會？」無奈，只得撥轉祥雲，徑往通明殿去了。

大聖駕著雲，念聲咒語，搖身一變，就變做赤腳大仙模樣，前
奔瑤池。不多時，直至寶閣，按住雲頭，輕輕移步，走入裏面，只
見那裡：

瓊香繚繞，瑞靄繽紛。瑤臺鋪彩結，寶閣散氤氳。鳳翥鸞翔形
縹紗，金花玉萼影浮沉。上排著九鳳丹霞絜，八寶紫霓墩。五彩描
金桌，千花碧玉盆。桌上有龍肝和鳳髓，熊掌與猩唇。珍饈百味般
般美，異果嘉肴色色新。

那裡鋪設得齊齊整整，卻還未有仙來。這大聖點看不盡，忽聞
得一陣酒香撲鼻，急轉頭見右壁廂長廊之下，有幾個造酒的仙官，
盤糟的力士，領幾個運水的道人，燒火的童子，在那裡洗缸刷甕，
已造成了玉液瓊漿，香醪佳釀。大聖止不住口角流涎，就要去吃，
奈何那些人都在這裡，他就弄個神通，把毫毛拔下幾根，丟入口中
嚼碎，噴將出去，念聲咒語，叫「變！」即變做幾個瞌睡蟲，奔在
眾人臉上。你看那夥人，手軟頭低，閉眉合眼，丟了執事，都去盹

睡。大聖卻拿了些百味八珍，佳餚異品，走入長廊裏面，就著缸，挨著甕，放開量，痛飲一番。吃勾了多時，酕醄醉了，自揣自摸道：「不好，不好！再過會，請的客來，卻不怪我？一時拿住，怎生是好？不如早回府中睡去也。」

好大聖，搖搖擺擺，仗著酒，任情亂撞，一會把路差了，不是齊天府，卻是兜率天宮。一見了，頓然醒悟道：「兜率宮是三十三天之上，乃離恨天太上老君之處，如何錯到此間？也罷，也罷！一向要來望此老，不曾得來，今趁此殘步，就望他一望也好。」即整衣撞進去。那裡不見老君，四無人跡。原來那老君與燃燈古佛在三層高閣朱陵丹臺上講道，眾仙童、仙將、仙官、仙吏都侍立左右聽講。這大聖直至丹房裏面，尋訪不遇，但見丹灶之旁，爐中有火。爐左右安放著五個葫蘆，葫蘆裏都是煉就的金丹。大聖喜道：「此物乃仙家之至寶。老孫自了道以來，識破了內外相同之理，也要煉些金丹濟人，不期到家無暇。今日有緣，卻又撞著此物，趁老子不在，等我吃他幾丸嘗新。」他就把那葫蘆都傾出來，就都吃了，如吃炒豆相似。

一時間丹滿酒醒，又自己揣度道：「不好，不好！這場禍，比天還大，若驚動玉帝，性命難存。走，走，走！不如下界為王去也！」他就跑出兜率宮，不行舊路，從西天門，使個隱身法逃去，即按雲頭，回至花果山界。但見那旌旗閃灼，戈戟光輝，原來是四健將與七十二洞妖王，在那裡演習武藝。大聖高叫道：「小的們！我來也！」眾怪丟了器械，跪倒道：「大聖好寬心！丟下我等許久，不來相顧！」大聖道：「沒多時，沒多時！」且說且行，徑入洞天深處。四健將打掃安歇，叩頭禮拜畢，俱道：「大聖在天這百十年，實受何職？」大聖笑道：「我記得才半年光景，怎麼就說百十年話？」健將道：「在天一日，即在下方一年也。」大聖道：「且喜這番玉帝相愛，果封做齊天大聖，起一座齊天府，又設安靜、寧神二司，司設仙吏侍衛。向後見我無事，著我代管蟠桃園。近因王母娘娘設蟠桃大會，未曾請我，是我不待他請，先赴瑤池，把他那仙品仙酒，都是我偷吃了。走出瑤池，踉踉蹌蹌誤入老君宮闕，又把他五個葫蘆金丹也偷吃了。但恐玉帝見罪，方才走出天門來也。」

眾怪聞言大喜，即安排酒果接風，將椰酒滿斟一石碗奉上。大
聖喝了一口，即齜牙俫嘴道：「不好吃，不好吃！」崩、芭二將道：
「大聖在天宮，吃了仙酒仙肴，是以椰酒不甚美口。常言道，美不
美，鄉中水。」大聖道：「你們就是親不親，故鄉人。我今早在瑤池
中受用時，見那長廊之下，有許多瓶罐，都是那玉液瓊漿，你們都
不曾嘗著。待我再去偷他幾瓶回來，你們各飲半杯，一個個也長生
不老。」眾猴歡喜不勝。大聖即出洞門，又翻一筋斗，使個隱身法，
徑至蟠桃會上。進瑤池宮闕，只見那幾個造酒、盤糟、運水、燒火
的，還鼾睡未醒。他將大的從左右脅下挾了兩個，兩手提了兩個，
即撥轉雲頭回來，會眾猴在於洞中，就做個仙酒會，各飲了幾杯，
快樂不題。

卻說那七衣仙女自受了大聖的定身法術，一周天方能解脫，各
提花籃，回奏王母說道：「齊天大聖使術法困住我等，故此來遲。」
王母問道：「汝等摘了多少蟠桃？」仙女道：「只有兩籃小桃，三籃
中桃。至後面，大桃半個也無，想都是大聖偷吃了。及正尋間，不
期大聖走將出來，行兇拷打，又問設宴請誰。我等把上會事說了一
遍，他就定住我等，不知去向。直到如今，才得醒解回來。」王母
聞言，即去見玉帝，備陳前事。說不了，又見那造酒的一班人，同
仙官等來奏：「不知什麼人，攪亂了蟠桃大會，偷吃了玉液瓊漿，其
八珍百味，亦俱偷吃了。」又有四個大天師來奏上：「太上道祖來了。」
玉帝即同王母出迎。老君朝禮畢，道：「老道宮中，煉了些九轉金丹，
伺候陛下做丹元大會，不期被賊偷去，特啟陛下知之。」玉帝見奏
悚懼。少時，又有齊天府仙吏叩頭道：「孫大聖不守執事，自昨日出
遊，至今未轉，更不知去向。」玉帝又添疑思，只見那赤腳大仙又
上奏道：「臣蒙王母詔昨日赴會，偶遇齊天大聖，對臣言萬歲有旨，
著他邀臣等先赴通明殿演禮，方去赴會。臣依他言語，即返至通明
殿外，不見萬歲龍車鳳輦，又急來此俟候。」玉帝越發大驚道：「這
廝假傳旨意，賺哄賢卿，快著糾察靈官緝訪這廝蹤跡！」

靈官領旨，即出殿遍訪，盡得其詳細，回奏道：「攪亂天宮者，
乃齊天大聖也。」又將前事盡訴一番。玉帝大惱，即差四大天王，
協同李天王並哪吒太子，點二十八宿、九曜星官、十二元辰、五方

揭諦、四值功曹、東西星斗、南北二神、五嶽四瀆、普天星相，共
十萬天兵，布一十八架天羅地網，下界去花果山圍困，定捉獲那廝
處治。眾神即時興師，離了天宮。這一去，但見那：

　　黃風滾滾遮天暗，紫霧騰騰罩地昏。只為妖猴欺上帝，致令眾
聖降凡塵。四大天王，五方揭諦：四大天王權總制，五方揭諦調多
兵。李托塔中軍掌號，惡哪吒前部先鋒。羅睺星為頭檢點，計都星
隨後崢嶸。太陰星精神抖擻，太陽星照耀分明。五行星偏能豪傑，
九曜星最喜相爭。元辰星子午卯酉，一個個都是大力天丁。五瘟五
嶽東西擺，六丁六甲左右行。四瀆龍神分上下，二十八宿密層層。
角亢氐房為總領，奎婁胃昴慣翻騰。斗牛女虛危室壁，心尾箕星個
個能。井鬼柳星張翼軫，輪槍舞劍顯威靈。停雲降霧臨凡世，花果
山前紮下營。

　　詩曰：

　　天產猴王變化多，偷丹偷酒樂山窩。只因攪亂蟠桃會，十萬天
兵布網羅。

　　故事集中發生在西王母的蟠桃園。又是一年蟠桃盛會。不過，這一次桃園
的主人遇到的是「受天真地秀，日精月華」而化的」「石猴」。王母於瑤池當中
作蟠桃盛會，偏偏漏計了剛入天空不久的石猴。調皮的猴子幾乎吃光了一整園
的桃子。他用精緻的惡作劇，詼諧地刺痛了王母的榮譽，一場浩劫般的災難醞
蘊而至。由西王母不可侵犯的蟠桃事件，竟然引燃了大鬧天宮的絕大戰火。因
為同情並欣賞猴子的緣故，自此世人開始厭惡那個只會華衣待暖以整個天宮
當自家之門的玉帝之妻西王母。猴子從此走上了一條不歸之路，而這條路的
最後，卻不是西王母出來隆重收場，收束這個結局的終極力量卻是同在西天且
無限渺遠的如來佛祖。西王母陳情的歷史線條，似乎為佛教的無尚開來，打開
了缺口。這個事件告訴世人，西王母主宰天命的歷史——「司天之厲及五殘」，
似乎已經終止了。

　　在《西遊記》裏，齊天大聖孫悟空正是因為攪了王母娘娘的蟠桃宴，最終
與眾神仙反目被鎮壓五指山下。至此，西王母已經不像唐人詩篇中描寫的那樣
綽約惟美，引人入勝了。這個被《山海經》紀畫的大荒神祇，從虎齒豹尾怪誕
形象中流溢出蠻野神性，再到青鳥環翔靜居瑤池，以長生之木秘湧神息，引來
穆王天子「樂之忘歸」。從西王母鬢雲霧裙，於九華燈下會真武帝，再到兩唐

詩人會領想像，於浪漫情結中試圖撩開神秘面紗以卓越詩性捕獲容顏絕世的西王母。至此，西王母神人的形象已經在她的傳說事蹟達到了難以企及的高度。惟在明清小說敘事的荒誕鬧劇中，西王母形象一落千丈，這個以娘娘諱稱的瑤池女仙，似乎再也不是詩人們脫不開的想像。

在對西王母事蹟追訪中，最初的西王母形樣怪誕因其「司天之厲及五殘」而令人膽寒。

到了穆王、武帝及東王公敘事中，王母不僅仙容為真而且彬彬有禮寬容和善，與穆王唱和優雅浪漫，向武帝傳道神秘曼妙，與東王公之會更是神鳥覆翼，風情翱翔；再回到通語俗話的民間故事裏，她卻變得嚴厲冷酷，宛然復回其「司天厲及五殘」的初始境地。這是一條摻合西王母形象流遷變轉的回歸線，彷彿其用金簪劃下天河，而將牛郎和織女遙隔河畔，造成人仙隔河相望的那一刻起，她的形象就在人間由仙真而變得高寒了。在牛郎織女傳說中，她拆散恩愛情侶，用金簪劃下天河，從此成了為鴛鴦情侶製造深淵的苦寒命運的劃定者。

西王母的綽約形象已經在人界沉淪了。反倒「牽牛」與「織女」這兩顆星辰，因西王母的介入成為了古典敘事中最淒美的愛情傳說。「維天有漢，監亦有光。跂彼織女，終日七襄。雖則七襄，不成報章。睆彼牽牛，不以服箱。東有啟明，西有長庚。有捄天畢，載施之行。」（《詩經小雅大東》）「迢迢牽牛星，皎皎河漢女。纖纖擢素手，札札弄機杼。終日不成章，泣涕零如雨。河漢清且淺，相去復幾許。盈盈一水間，脈脈不得語。」（《古詩十九首》）

這兩首最早的詩，都在用人的意向合會兩星遙隔的天景，豈知西王母后來卻被想像到了河漢洶湧的故事裏面，從此人間就有了人仙相戀的愛情母題，同時也多了西王母拆散姻緣的奪命故事。

在西王母故事溯源中，特別不能遺漏的是敦煌壁畫中關於西王母事蹟的載記。

1. 第 249 窟（北魏晚西魏初約公元 500 年前後）南披有《西王母出行圖》。

2. 北周至隋代洞窟中的西王母像，如第 296 窟，305 窟，均有自《山海經》以來西王母神性的集約綻示。

將這些壁畫痕跡在此之所以單獨請列出來，是因為西王母敘事在佛教光第中印然成痕。它的美學性和文化融流性都因為隱身在古老的佛光秘窟當中而具有精神示顯的獨特意義。這有助於我們進一步尋視神話語跡在多維度撒播存在的蹤跡。

（二）女媧—伏羲神話溯源

1. 女媧—伏羲的源起

女媧伏羲是人人熟知的上古神祇。女媧以搏土造人的故事而廣為流傳，另外還有煉石補天、斬鰲足以立四極等精彩傳說。伏羲則以「始作八卦」作為上古傳說的典範。相較於女媧，伏羲傳說神性張力較弱，有濃鬱的現實感和人文性。蓋伏羲的傳說是云連到「三皇五帝」的史性傳說當中的。「三皇五帝」作為華族正紀，雖為道傳，但卻多以史性筆觸流逸於後世實史的情景溯源當中，成為正本清源不可離絕的古脈，故而其說人言可觸，而少神性退思。流傳到伏羲身上的故事神性雖弱，但也足夠強大，《易•傳》便首給其說「古者包犧氏之王天下也，仰則觀象於天，俯則觀法於地，觀鳥獸之文與地之宜，近取諸身，遠取諸物，於是始作八卦，以通神明之德，以類萬物之情。做結繩而網罟，以佃以漁，蓋取諸離。」作為古「王天下」者，伏羲（包犧）始作八卦，可謂一畫開天，置婚作琴，教以禮樂，以尺度規矩範形天地，都是上古其他神祇無法比擬的傳說。女媧伏羲最初是分而述說的，後來在傳說中合婚連姓，伏羲女媧，不禁然已然被道說於一處，言及一必思及另一。事實上，從女媧搏土造人，到伏羲教人樂儀，從女媧煉石補天，到伏羲畫卦開天，規範天地，在神話鏡像中都有不可越逾的內在性。此內在性道穿於由人而世的存在之過渡。從天到地，從廣天到人間，從天命到性命，女媧—伏羲的傳說中張歙的其實是從神到人，從天道到人道的寓世哲學，是從天命處境中被領悟到的人的群分與自處，及人的在居與命運。女媧—伏羲神言傳說中的人文性就是在從天到地到人的事理判析中造始並給到的。伏羲被述為人文始祖，乃因「教」化有度而起禮樂。女媧搏土造人，亦因對人的造化及補天立極廓全人的處境而擁有天下始母的神話形象。伏羲之教，與女媧之造，都使野蠻處生的荒原性力量遭到減退，轉而在人的此居共處當中提升出了人的文明性。在儒家那裡，文明是在與蠻夷對起的禮教樂化的文質深度中顯示其意義的。所謂「質勝文則野，文勝質則史。文質彬彬，然後君子。」（《論語•雍也》）在此意義上，我們言述女媧—伏羲，事實上是在溯清華夏生民在寓世入世的道行間是如何擺置出那種可安身立命樂然在居的心性姿態的。在這蘁豐袤的神語土壤裏，從女媧—伏羲傳說所接應的史性道場，會使我們別具一格地想像到其與西王母神話景象大別的人間故事，與西王母廣大清虛的神話輪廓相比，女媧—伏羲的傳說似乎更像是在充實虛際裂開的人間，並教人在現實受感安頓心性。這是鑲合到神語景象中

的兩個各梳源流的思想廣角，有助於我們在它們彼此應聲的合弦上，聆聽至今在幽幽天地間彌散的回音。

（1）女媧的神話

女媧這位創世大神，不僅補天，立極，息洪，化育萬物；而且是搏土造人，置人類婚姻之制的第一位「皋禖之神」，業績和光輝決定了其在華夏神話中的始祖母地位。女媧之名最早見諸於《山海經‧大荒西經》和《楚辭‧天問》。《大荒西經》中有：「有神十人，名曰女媧之腸，化為神，處栗廣之野。橫道而處」之說；《天問》中則有：「女媧有體，孰制匠之」之問。之外，女媧事蹟又見於諸多文紀：

傳言女媧人頭蛇身，一日七十化。（王逸《楚辭章句》）

黃帝生陰陽，上駢生耳目，桑林生臂手，此女媧所以七十化也。（《淮南子‧說林》）

俗說天地開闢，未有人民，女媧搏黃土做人，劇務，力不暇供，乃引繩於泥中，舉以為人。（《風俗通》）

女媧禱祠神，祈而為女禖，因置婚姻。（《風俗通》）以其載媒，是以後世有國，是祀為禖之神。（《路史‧後紀二》）

往古之時，四極廢，九州裂；天不兼覆，地不周載；火爁焱而不滅，水浩洋而不息；猛獸食顓民，鷙鳥攫老弱。於是女媧煉五色石以補蒼天，斷鼇足以立四極，殺黑龍以濟冀州，積蘆灰以止淫水。蒼天補，四極正；淫水涸，冀州平；狡蟲死，顓民生；背方州，抱圓天。當此之時，獸蟲蛇，不匿其爪牙，其螫毒，有攫噬之心。考其功烈，際九天，契黃壚；聲被後世，輝薰萬物。乘雷車，服應龍，驂青虯，援絕瑞，席蘿圖，絡黃雲，前白螭，後奔蛇，浮游逍遙，道鬼神，登九天，朝帝於靈門，宓穆休於太祖之下。然而不彰其功，不揚其聲，隱真人之道，以從天地之固然。（《淮南子‧覽冥訓》）

當其（女媧氏）末年焉，諸侯有共工氏，任智刑以強，霸而不王。以水乘木，乃與祝融戰，不勝而怒，乃頭觸不周山，崩，天柱折，地維缺。女媧乃煉五色石以補天，斷鼇足以立四極，聚蘆灰以止滔水，以濟冀州。於是地平天成，不改舊物。（《史記補‧三皇本紀》）

女媧作笙簧。（《世本》）

　　透過這些文記，可見女媧角色的多重轉換，及由此衍生的神話形象。雖然屈子「女媧有體，孰制匠之」的天問，難探究竟，不過有關「女媧之腸」化作十個神人的雲圖暗示，已經顯示出女媧造化萬物的神話面積。東漢王逸《楚辭章句》為「天問」作注道：「傳言女媧人頭蛇身，一日七十化」。化即化變，多維度呈現世界的自生性力量。多維度示呈的世界作顯為萬物的出場與顯動。許慎《說文解字》釋「媧」為「古之神聖女，化萬物者也」，可見早在漢代，女媧已確切具有了化生萬物的始母神神格。

　　雖然女媧摶黃土而造人的神語事蹟，比起其他神跡更為灼目，然，就敘事文本對神語說傳的應性記錄，直到漢末應劭著的《風俗通義》中才首次出現女媧摶土造人的記載。在此之前，《淮南子・說林訓》雖已提到女媧生化，說「黃帝生陰陽，上駢生耳目，桑林生臂手，此女媧所以七十化也」，但似乎此「化」生「陰陽」、生「耳目」，生「臂手」，而非化化而俱化出整全的人類。且女媧具化是與諸神合作才生化，還不像是自己捏出個形狀，爾後吹一口仙氣從而創造性地造化出世界。有意味的是，女媧七十化不僅借桑林上駢化生臂手耳目，還借黃帝之手化生陰陽，手臂耳目與陰陽，一邊是可見的，一邊是不可見的，一類是顯形的，一類是隱匿的，這說明在女媧的化變神跡中，除能化生肉身實體外，在命運的體軀中還可灌注一道隱而不顯的形而上力量。看起來，這為女媧造化出的具有黃金品質的古人類作好了準備。

　　關於女媧的神話傳說，自漢以後大都進入了思想文人的解釋與討論當中，而這種基於神話原情試圖解釋事情本身的思想性努力，本身就在遞傳女媧神話的存在意義。王充在《論衡》中力駁女媧補天之誣，以天非石體、四柱難支；鼇雖長大、難及天地；女媧為人，難及天邊等理由，認為儒書所言、世間所傳的女媧補天說根本不能成立。南宋初年羅泌作《路史》。他雜取旁收，將文獻中本來並無多少聯繫的上古神話材料搜集到一起並加以排列，力圖作成一部上古史譜。其子羅蘋為書作注，更是旁徵博引，保留了不少神話塑材。《後紀卷二・女皇氏》可以說是各種女媧資料的總匯，書中還記述了不少地方遺存的女媧陵、女媧墓、女媧廟，這為探討古代的女媧信仰提供了豐厚的材料。羅泌在《路史》後面還附有其關於文史見地的劄記若干，其中《發揮》卷一《女媧補天說・共工有三》大概是我國古代唯一一篇專論女媧補天的文字。他認為「女媧補天」的真相在於她平定了共工氏作亂，於是「四土復正，萬民更生，此所謂補天立極之功也」，而俗傳「煉石成霞、地勢北高南下」之說，在他的

史學衝動中，又擅異為（純屬）昧者之談。

除《山海經》和《楚辭》外，關於女媧的記載都屬漢以後的資料。「女媧有體，孰制匠之？」這是攸關人的相體給出與被給出的原初追問。此追問的實質關乎人的賦形與構相。看來屈子問天時，女媧的形象還是顯耀在人間的，世間也或早就流逸女媧造人的始神傳說，否則「孰制匠之」也不可能從「女媧」之「體」始問。按說女媧是有可觀形象的，只是「女媧之腸」與「女媧有體」只給直白的輪廓，從中缺佚描白的形象。於是，這個腸化神人的始母教義反而顯得含糊神秘。然而，哪類化變，本身又不是不神秘的呢？山海經《南次三經》、《北次三經》等均載有一些「龍身人面」或「人首蛇身」的神靈記像，但並無女媧是此形象的肯定記錄。故而，歷來對女媧形象的爭議都持續不斷。澄清這個偉大始母的神話形象，也似乎是解答「天問」的隱形努力。除了通行的女媧也是人首蛇身的說法外，還有把女媧的形象看作葫蘆、鳥或巨大的女陰等極具美學跨度的想像的。

清人趙翼認為：「女媧，古帝王之聖者，古無文字，但以音呼。」（清・趙翼：《陔餘叢考》卷一九《女媧或以為婦人》，河北人民出版社，1990 年。）按《說文》釋，媧從女，咼聲。段注：媧之古音在十七部。按上，古音第十七部歌部有咼聲，而蛙字從屬支部圭聲，兩者可以相互通轉，所以媧即蛙。蛙與女媧，一時間在史前陶器中獲得大面積的聯想和支撐。蛙以其化變成形的生物生命性，無節制地被聯想到女媧的神奇事蹟中，甚有謂蛙即為女媧氏的生命圖騰。西北馬家窯是仰韶晚期的一個史前文化聚集場，其中出土了很多蛙形紋陶器。在青海柳灣也有出馬廠類型的人像彩陶壺，其腹部渾圓碩大，壺身有蛙形紋並有裸身人像。天水師趙村出土的史前彩陶，蛙首與身軀皆以圓形構圖。類似的還有陝西臨潼姜寨遺址出土的仰韶文化期彩陶盤，內壁兩條魚一上一下以腹相對，旁邊繪有一碩大渾圓之蛙。諸如此類的彩陶蛙紋以帶系狀分布於史前西北大地，不能不說是一種含蘊特異的史前現象。

近人意會，史前陶蛙表現了遠古時期女媧部圖騰形象。進而也有考證，黃河中游和部分上游流域是傳說中的女媧氏活動的一個中心區域，上述圖騰事例基本上都分布於這一地區或臨近地域。媧與蛙的想像與通義，備受世界關注。專門研究中國古代女神問題的美國漢學家 E・舍弗爾也從分析「媧」字本身是由限定詞「女」和語音部分「咼」組成出發，解釋女媧其名的語源。E・舍弗爾認為「咼」的獨立的意義是「變彎曲」，「歪斜的臉」，很明顯，語音在

這裡沒有加進補充的意義，但他又把複合詞「女媧」中「媧」與同音字其中包括「蝸」作對比，「蝸」的偏旁為「蟲」。因了「蟲」的意義屬向，這位漢學家援引了一系列同音或者近音字「窪」、「蛙」等，提出女媧最初可能是居住在上古潮濕地帶的水窪之神，蛙女神。（〔美〕E·含費爾：《中國古代女神和女神崇拜》頁 26～27，中國社會科學出版社，1991 年。）。」〔註23〕）

女媧的造始神形象無論與蛙扯不扯上關係，女神始人的「造生」意向似乎都可與蛙變合命體的生物性演示秘接在一起。就像蝴蝶從蛹到蝶的化相綻示，縈縈繞動在莊子領受大化的生命秘境裏。這一幅幅生物變形圖，宛然一個個古老的夢境，隱示著生命化成的妙機玄指。

傳說與史紀與史前物跡交相顯動，撲朔迷離，在有說與無說中道示著古老大地的悠久厚育與神秘性，山山水水間說在史性觸探與神語傳說中，構造出一幅蘊孕生機的思想秘境。神言之物可否證實，都不防礙其在天地物象間隱然伸息的自在神性。歷史大地就是在這些掠探無盡的神遊蹤跡間回味著那一代一代在劬勞滄桑中寓世渡世的古老詩意。

有意思的是，天水師趙村近毗的史前文化遺址大地灣廣域當中不但延脈著女媧傳說，而且山上還有女媧洞、女媧祠，而大地灣遺址周圍幅廣的山水大地，則又被傳說為伏羲生化之地。於是，伏羲與女媧在這個古老輪廓間還在不斷進入傳說。

（2）伏羲的傳說

伏羲的異名在上古的「三皇五帝」之中是最多的，有伏羲、伏犧、庖犧、炮犧、伏戲、慮戲、慮羲、伏犧等名示。古籍中最早記載伏羲的是出於戰國中晚期的《莊子》，《莊子》一書好談伏羲，所言伏羲，亦虛亦實，亦神亦人。其中關於伏羲的記載有五處：《人間世》、《大宗師》、《胠篋》、《繕性》、《田子方》。書中伏羲名號有三種寫法：「伏羲」、「伏犧」、「伏戲」，前後不統一，身份混亂，或人或神，在古帝王中序列不定，或在禹、舜、黃帝之後，或在其前，這說明在莊子時期，伏羲的傳說仍在理解、解釋或造置當中。伏羲在古帝序列中不定，也符合伏羲多世系流轉的身份，身份越不確定，說明流傳領域越廣。《莊子》書將伏羲納入古帝之列，這也從另一個角度加強了黃帝堯舜等古帝在伏羲一系神話中注脈，也就是說，作為神語一系道傳的伏羲事蹟，與古傳古說的三皇五帝故事，在思想層次上事實上處於同一軌道，這也就釋放著賴依伏羲母題

〔註23〕引自《伏羲女媧形象流變考》，李丹陽。

探源的神話工程，事實上與三皇五帝的半史性傳說本質上道白著一個同結構的思想語系。惟此，我們才能夠理解，由伏羲神話肇始的思想方式在非史性記述中有著似乎並未中斷的一致性。伏羲神話本質上回應的是華夏族何以如此思想並以此方式續展出一個被史性事蹟寫實的被教化與禮性充滿的世界。假如說，我們對神語世界的回應是要由之甄別何以至今我們對待日常世界的方式還處在這樣的隱性思辨中，那麼由神話應澈的思想的事情，自然也就是我們對這個世界原本的考慮。源與流是從從流溯源的思想逐探中漸次清晰的。在這裡啟示的是一條讓事情歸於事情本身的道路。

在傳世文獻中，關於伏羲的記載是在戰國中晚期以後，春秋以前典籍未見伏羲。戰國以至秦漢，時代越往後，關於伏羲的記載越詳細，伏羲勳業也越顯卓著，在古帝世系中的地位也越高。有關他的事蹟，多載記如下：

> 古者包犧氏之王天下也，仰則觀象於天，俯則觀法於地，觀鳥獸之文與地之宜，近取諸身，遠取諸物，於是始作八卦，以通神明之德，以類萬物之情。做結繩而網罟，以佃以漁，蓋取諸離。（《易·繫辭傳下》）

> 古者封泰山，禪梁父者七十二家……昔無懷氏封泰山，禪云云；慮羲封泰山，禪云云；神農封泰山，禪云云……。（《管子·封禪篇》）

> 自理國慮戲以來，未有不以輕重而能成其王者也。（《管子·輕重戊》）

> 文武之道同伏戲。（《成相雜辭》）

> 伏羲、神農教而不誅，黃帝、堯、舜誅而不怒。（《商君書》）

> 伏羲之世，天下多獸，教人以獵。（《尸子·君治》）

> 伏羲始畫八卦，列八節而化天下。（《尸子·卷下》）

> 伏犧制以儷皮嫁娶之禮。（《禮記·月令》）

> 伏羲作琴。（《琴操》）

> 伏羲造琴瑟。（《考經》）

> 伏羲臣芒氏作羅，芒作網，芒作綱。（世本·作篇）

伏羲王天下，會為太昊列先古帝之首。在先秦典籍中，太昊與伏羲並無任何瓜葛。西漢劉歆在《世經》（存錄於《漢書·律曆志下》）中，最早將太昊與伏羲並稱為一體。劉歆認為最古的帝王應是伏羲。按照他的五行相生五德終始的理論，帝王應從木德始。於是他從兩個方面找到依據，一是《左傳·昭公

十七年》載「郯子來朝」，昭子問少皞氏鳥名官，何故？郯子曰：「吾祖也，我知之。昔者黃帝氏以雲紀，故為雲師而雲名。炎帝氏以火紀，故為火師而火名。共工氏以水紀，故為水師而水名。大皞氏以龍紀，故為龍師而龍名。我高祖少皞摯之立也，鳳鳥適至，故紀於鳥，為鳥師而鳥名。」劉歆據此而推：「言郯子據少昊受黃帝，黃帝受炎帝，炎帝受共工，共工受太昊，故先言黃帝，上及太昊。」以太昊為古帝之首。二是從《易傳》中找到依據，《易傳》曰：「帝出乎震」，震為東方之卦，五行屬木。按五行相生之序，首為木，且太昊為東方之帝，「東方曰夷」，故太昊配木德。又《易・繫辭下》有言：「古者包犧氏之王天下也」，所以劉歆接著說：「炮犧氏繼天而王，為百王先，首德始於木，故為帝太昊。」伏羲就是太昊。「稽之於《易》，炮犧、神農、黃帝相繼之世可知。」太昊伏羲氏繼天而立，神農、黃帝皆繼太昊伏羲而立。

　　東漢班固的《漢書・郊祀志贊》和荀悅的《漢紀・高祖紀》對劉歆創立五行相生的新五德終始說的過程均有記述，荀悅言：「及至劉向父子，乃推五行之運，以子承母，始自伏羲；以迄於漢，宜為火德。其序之也，以為《易》稱『帝出乎震』，故太昊始乎震，為木德，號曰伏羲氏。」從此以後，太昊伏羲開始出現於典籍之中，隨著其地位的提升，關於伏羲出生的奇蹟，及其作為聖王的異貌，也不斷創顯出來。

　　伏羲被漢代文人推測為最古的帝王，而在其後理學說傳中，伏羲則被訓解並理證為萬物的「元神」，彌開天地的「混沌之氣」。這使伏羲在精神形象上更加具有了始源意義。東漢王充《論衡・談天》：「說易者曰：元氣未分，渾沌為一。」《說文》中釋「一」時說：「惟初太極，道立於一。造分天地，化成萬物。」《列子・天瑞》：「夫有形者生於無形，則天地安從生？故曰：有太易，有太初，有泰始，有太素。太易者，未見氣也；太初者，氣之始也；泰始者，形之始也；太素者，質之始也。氣形質具而未相離，故曰渾淪。渾淪者，言萬物相渾淪而未相離也。視之不見，聽之不聞，循之不得，故曰易也。」以未見氣時為太易，氣初為太初，形之始為泰始，質之始為太素，氣形質渾然一體而未分離的狀態稱之為混沌。這個混沌之物即元氣，元氣未分的狀態即太極。

　　《太一生水》（郭店楚簡）之所謂的「太一」，《老子》之所謂的「道」，《周易》所謂的「太極」，均為宇宙初始時混沌無形的元氣。《淮南子・天文》：「宇宙生元氣。」《淮南子・詮言》：「洞同天地，渾沌為樸。未造而成萬物，謂之

太一。」漢高誘注：「太一，元神總萬物者。」這個總萬物的「元神」，應該就是伏羲。

考索於文字訓詁可知，伏羲即為「元氣」，其字本義是「司氣」。《說文解字》釋「伏」為：「伏，司也，從人從犬。臣鉉等曰：司今作伺。」段注：「司者，臣事於外者也。司今之伺字。凡有所司者必專守之，伏伺即服事也，引申之為俯伏。」「羲」，《說文解字》釋為：「羲，氣也。從兮，義聲」。「羲」的義項可從「兮」字求索，《說文解字》釋：「兮，語所稽也。從八，象氣越虧也。」又釋「虧」為：「虧，於也，象氣之舒虧，從亏從一。一者其氣平之也。」「兮」字的本義是氣息緩慢延長、越來越弱（故常作為語氣詞，用於語末表達語氣）。因而「羲」的字義本源就是「氣」，「羲」字讀音也像吹氣之聲，所以段玉裁從音訓上注「羲」為「謂氣之吹噓也。」至於伏羲又寫為「伏戲」、「伏犧」等，皆為「羲」字的演化。

「太一」、「太極」形為「混沌」，宇宙起源於混沌。當伏羲被意會為隱伏於「混沌」深處的原始氣息時，似乎暗蘊著其化形世界的原生形象，其神理意向自泰始之初含蘊的混沌之氣中拋出，逐漸給出一幅世界由是生成的鴻蒙圖像。而這是伏羲所獨具的其他古帝所沒有的意向闡釋。伏羲義理性地出現到華族創世神話中，在他身上由之彙集出諸多開創性事蹟。

在《楚帛書甲篇》所記載的創世神話中，伏羲即生於混沌之中。而且《淮南子·精神》所描述的宇宙創生過程與《楚帛書甲篇》頗為相似：「古未有天地之時，惟像無形，窈窈冥冥，芒然漠閔，鴻蒙鴻洞，莫知其門。有二神混生，經天營地，孔乎莫知其所終極，滔乎莫知其所止息。於是乃別為陰陽，離為八極，剛柔相成，萬物乃形。」世界始於一團混沌之氣，後陰陽剖分，化生萬物。而導致世界從鴻蒙狀態顯晰萬物輪廓的這股化生性力量，似乎集約於伏羲的傳說。一畫開天，教示天下，是這一神系的聖事圖章。將伏羲溯為古帝，並與上古三皇五帝連屬一息，可見這個神人開化造世的圖騰鏡像。對照《楚帛書甲篇》，有人指出這裡的「二神」當指伏羲、女媧。二神從「鴻蒙鴻洞」中「別出陰陽」。從思想角度看，即分出陰陽兩儀；從神話角度上說，伏羲、女媧即為「經天營地」的陰陽二神。在漢墓壁畫、畫像磚石及敦煌早期壁畫（如第285窟）中，伏羲手捧太陽或日規，代表陽；女媧手捧月亮或月矩，代表陰。民間傳說伏羲、女媧結婚生育四子，才育有萬物，這是陰陽化育萬物的完整開始。

在原初神話和民間傳說中，創世之前的這個混沌體被形象地描述為葫蘆。

從混沌到世界的創生過程，被形象地表述為葫蘆從中央剖開，此一剖開即謂天地析判，陰陽離分。《詩經・綿》便有「綿綿瓜瓞，民之初生」的記載，這是古文獻所見把人之由來，追溯到葫蘆瓜的最早一例。而後在民間神話中，葫蘆剖判的母題中甚至衍生出葫蘆舟渡人的大洪水故事，宛然聖經裏面的諾亞方舟。葫蘆作為洪荒中漂流的容器成為人類再生的象徵，並進而將葫蘆擬化為人神，盤古、伏羲與葫蘆剖析的隱喻神說也似由此而來。在伏羲神話流傳最盛的甘肅天水就有一條以葫蘆作稱的「葫蘆河」。

盤古神話最早的文字記載是三國吳人徐整的《三五歷記》，此書已佚，《太平御覽》卷二引有其中一則文字：「天地渾沌如雞子，盤古生其中。萬八千歲，天地開闢，陽清為天，陰濁為地。盤古在其中，一日九變，神於天，聖於地。天日高一丈，地日厚一丈，盤古日長一丈。如此萬八千歲，天數極高，地數極深，盤古極長。後乃有三皇。」盤古開天闢地，成為華族耳熟能詳的創世神話。而對於盤古與伏羲的關係，也似乎有著意味深長的議論，前輩學者多有定論：盤古就是伏羲，二者皆由葫蘆（混沌）而出。1941 如常任俠在《沙坪壩出土之石棺畫像研究》一文中說：「伏羲一名，古無定書，或作伏戲、庖犧、宓羲、慮犧，同聲俱可相假。伏羲與盤瓠為雙聲。伏羲、庖犧、盤古、瓠，聲訓可通，殆屬一詞。」他並結合《述異記》有「吳楚間說，盤古氏夫妻，陰陽之始也」之說而論斷：盤古氏夫妻當即是兄妹自相婚配而繁衍人類之伏羲氏夫妻。伏羲女媧在漢畫像石中是人首蛇身交尾，與盤古龍首蛇身雷同，進一步證明盤古即伏羲氏。聞一多在《伏羲考》第五部分「伏羲與葫蘆」中，以大量古籍和民俗材料論證指出，盤瓠、伏羲乃一聲之轉，「明系出於同源」，伏羲與盤古都是葫蘆所生，或者說伏羲、盤古均為葫蘆的擬人化。伏羲盤古的擬聲形象，將由葫蘆而造形的原初世界被想像到史詩性的拋生造生當中，從而使伏羲這一神語符號擁有了命運始祖的別徵。

從音訓上說，「混沌」與「葫蘆」是對音關係，「混沌」猶言「糊塗」，「糊塗」在俗言俚語中轉為「葫蘆」。《紅樓夢》第四回回目《葫蘆僧判斷葫蘆案》，其意即為「糊塗僧」判斷「糊塗案」。而聞一多考論「葫蘆」即是「盤古」「伏羲」同聲之轉，故「盤古」又是「伏羲」。這樣，「混沌——葫蘆——盤古——伏羲」轉化演變的意音路徑似乎顯得十分清楚。

伏羲的神面形象，歷來說法較多。《列子・黃帝篇》曰：「庖犧氏蛇身，人面，牛首，虎鼻。」《路史・後紀》曰：「伏羲龍身。」《帝王世紀》曰：「蛇身

人首。」這些記載反向強化著我們對伏羲的印象，因為與神人同形的希臘諸神在民間的美學刻痕不一樣，「人頭蛇身」更像是一個傳說中的怪物。要接受這個形象，必須先消化此形象中隱蔽的意義。伏羲「人頭蛇身」，這個形象與伏羲乃雷神之子的傳說是一致的。《山海經·海內東經》曰：「雷澤中有雷神，龍身而人頭。」《淮南子·墜形篇》曰：「雷澤有神，龍身人首鼓其腹而熙。」按此，伏羲應該是居住在雷澤當中的大神，其形象更像是一幅龍蛇圖騰。

（3）伏羲與女媧的傳說

伏羲與女媧的關係，是古代神語文本及民間說傳中最令人迷饒的母題之一。此母題既載錄於古代文獻，又流盛於民間口說，還為相關的考古所應承。此母題既承載著人類繁衍的始語主題，又承載著大洪水時代人類瀕臨湮滅的救渡神話。此母題流傳廣大，不滯一隅，從西北到西南，皆見其跡。可以說是上古神話中流傳幅度最廣的神話。伏羲女媧神話以母體性結構在始語與拯救的雙重幅度中存在，可見其素樸流逸中充斥的張力。事實上，創始、洪荒與救渡，都是古代神話的思辨母語，此一系列完整的事件動態示曉著天命、神意及人的苦厄與瀕臨絕境的自救性。伏羲女媧神話母題性支撐著這種思辨過渡，內在地觸及著人事與天命在大荒越時代之後在居寓世的普通考慮。因此，伏羲女媧的故事，算得上是神話研究中非要觸及的重要問題之一，也是古文獻、民間口頭傳說及考古材料中時常見遇的主題敘事。據研究推斷，伏羲女媧的夫婦關係似乎在東漢時就已確定了，不過，文獻中載錄這一點卻很遲，直到唐代盧全《與馬異結交詩》才明確說「女媧本是伏羲婦」，在此之前，二人主要還當兄妹傳說，《路史·後紀二》注引《風俗通》說「女媧，伏希之妹」。伏羲、女媧二人以兄妹而夫婦的神話至今在不少民族尤其西南苗瑤少數民族中流傳，此傳說中甚至沉構著以兄妹婚配、再造人類為主題的大洪水神話。唐李冗《獨異志》載有伏羲女媧兄妹結婚繁衍人類的神語情節。

伏羲與女媧神話不僅傳諸民間口頭，而且形諸畫像石刻。從戰國楚先王廟堂畫到漢武梁祠石室畫像以及南陽、簡陽漢墓石刻畫像、隋高昌故地阿斯塔那墓室絹畫等，都有女媧或狀若伏羲、女媧二神的人首蛇身像。故而，從考古學角度來看，伏羲女媧神話又逆溯至先秦時代，就神話譜系的隱性傳遞來說，這事實上是不能忽略的文化事件。從清代瞿中溶《漢武梁祠石刻畫像考》到容庚《漢武梁祠畫像考釋》，都將考古資料與古典文獻結合起來，證說與伏羲交尾的另一對神為女媧。常任俠先生作於 1939 年的《重慶沙坪壩出土之石棺畫像

研究》第一次從考古學角度出發，結合現代苗瑤洪水神話來證說人首蛇身的對偶神即伏羲與女媧〔註24〕。文雖簡略，但其中提到古中原各族寓居雜糅，故伏羲女媧不僅拘於漢族神話。常文一說直接影響了聞一多作《伏羲考》以及諸多關於伏羲女媧神話的新討論。〔註25〕

〔註24〕 見《常任俠藝術考古論文選集》，文物出版社，1984年。

〔註25〕 《伏羲考》共分五個部分，第一部分概括介紹了記載伏羲與女媧的有關文獻、文物資料等；第二部分從伏羲女媧的人首蛇身談到龍與圖騰問題；首先講了人首蛇身神，接著講二龍傳說，最後講了圖騰的演變及龍圖騰的優勢地位。第三部分通過戰爭與洪水的論述給我們展現了伏羲所處時代的自然環境狀況，第四部分通過漢苗種族關係的分析說明伏羲與苗族、漢族之間的關係；最後一部分論述了洪水造人故事中的葫蘆及其伏羲女媧與匏瓠的語音關係。《伏羲考》通過以上五個部分的論述，主要說明了三個問題：

1. 伏羲女媧人首蛇身，是上古時代的圖騰遺跡。聞一多先生通過對伏羲女媧文獻載記分析，認定伏羲女媧是人首蛇身（或龍身），說明伏羲氏族是蛇部落或龍部落，他說：對伏羲女媧人首蛇身（或龍身）外表形象的神話傳說，「不但是褒之二龍以及散見於古籍中的交龍、騰蛇、兩頭蛇等傳說的共同來源，同時它也是那人首蛇身的二皇——伏羲女媧，和他們的化身——延維或委蛇的來源。神話本身又是怎樣來的呢？我們確信，它是荒古時代的圖騰主義的遺跡。」

2. 伏羲女媧是葫蘆的化身。在《伏羲考》中，聞一多先生在引用了伏羲女媧與葫蘆關係的各種傳說之後指出：「總觀以上各例，使我們想到伏羲女媧莫不就是葫蘆的化身。或仿民間故事的術語說，一對葫蘆精。於是我注意到伏羲女媧二名字的意義。我試探的結果；『伏羲』、『女媧』果然就是葫蘆。」為什麼這樣說呢？聞一多先生主要用民間傳說與民俗實例證明他的論點，並加以概括的：「至於為什麼以始祖為葫蘆的化身，我想是因為瓜類多子，是子孫繁殖的最妙象徵，故取以相比擬。當時由於伏羲的出生地成紀（今天水）的好多文物資料沒有被聞先生注意到，在《伏羲考》中沒有引用，例如大地灣新石器時代遺址、遺物；全國規模最大的伏羲廟；伏羲當年畫卦的卦台山；武山縣馬力鄉傅家門、甘谷縣西坪鄉西坪村、秦安縣大地灣等地出土的有人面鯢魚圖案的反映伏羲女媧形象的仰韶時期的彩陶器；離大地灣不遠的葫蘆河以及葫蘆河沿岸多種葫蘆的民俗習慣等。聞一多先生如果有這些文物證據，估計會用以佐證其說的。

3. 伏羲女媧是兄妹關係，在特殊情況下結為夫妻，使人類不斷滋生繁衍。聞一多先生不僅引用一些民間地方的傳說說明這一點，還引用《通志》、《三皇考》、《春秋世譜》、《廣韻》、《中華古今注》等書中的有關記敘說明這一點。我國著名學者呂振羽、袁珂、常任俠在他們寫的《中國社會史綱》、《古神話選釋》、《沙坪壩出土之石棺畫像研究》等書中都肯定了這一點。

此外，這一時期還出了一些有關伏羲女媧神話的書，其中以著名學者鍾毓龍寫的《上古神話演義》最為突出，此書4卷160回，出版於1936年。在第1卷第3回中寫了伏羲和女媧的一些動人神話故事，諸如「伏羲出世」「制定嫁娶之禮」「女媧氏摶土為人」「女媧斷鰲足以立四極」「女媧煉石補天」「女媧積蘆灰以止淫水」「女媧氏殺黑龍以濟冀州」等。20世紀30年代以前，中國上

古史的表述體系基本上是以傳說的三皇五帝順序為主線展開的，30 年代以後，以顧頡剛為代表的疑古派代替了上述信古派。受這種情況的影響，30 年代以後的很長時間裏，很少看到有關伏羲文化研究的論著。直到 80 年代，對中國遠古歷史的研究又開始活躍起來。

1980 年，作家、神話學家袁柯出版了《中國神話傳說》一書，在第三、四章中講了伏羲和女媧的傳說。1985 年又出版了他編的《中國神話傳說詞典》，關於伏羲女媧的故事就有 6 條之多。同年，又出版了孫良工編的《中國文藝辭典》，亦有伏羲氏的內容。在 1988 年至 1992 年出版的《辭源》《辭海》《中國大百科全書》《中國民間文藝辭典》《中華文化辭典》《中國風俗辭典》《歷代賦辭典》《中國文化史年表》等權威性的辭書中，都簡要介紹了伏羲的生平事蹟。袁軻是對我國神話學建設用力最勤、貢獻也最豐厚的學者之一，不僅是由於他傾注了大量心血整理、校注我國浩繁駁雜的神話資料，表現在他對不少神話提出了自己的見解。在女媧研究上的成就與貢獻也是多方面的。《古神話選釋》《中國古代神話》《中國神話傳說》《中國神話資料萃編》（與周明合編）《山海經校注》等一系列著作中，將散亂的古神話資料搜攏並連貫起來，用神話學的觀點予以新的解釋，將女媧研究置於穩固和科學的基礎上做出了貢獻。他在大量的神話注釋以及《古代神話的發展及其流傳演變》（《民間文學論壇》，1982 年創刊號）等論文、《中國神話史》（上海文藝出版社）等專著中表露出的對女媧神話的看法，該引起足夠的重視。這主要有三個方面：一，女媧「化」的新解釋。如對女媧日七十化」的「化」，一般解作「變化」，袁柯則認為應當釋為「孕育」、「化生」之意，頗新穎的說法。第二，女媧性質的認識。他認為補天的中心內容乃是治理洪水，女媧是治理洪水的英雄。籍上的兩次洪水實際上只是一次，且都與女媧相關。第三，女媧神話流傳、演變的認識。他認為：女媧造人神話反映了母權制氏族社會時期婦女孕育後代的事實，是原始時代最早產生的神話之一，稍後，大致在母權制向父權制過渡期，才有女媧兄妹結婚的神話，因為其中已出現了女媧的男性配偶神伏羲，其中的水情節大約是唐代或唐代以後黏附上去的，從而構成了洪水後兄妹再造人類神話。

袁軻對女媧神話的注解鉤沉工作是前無古人的，他對這一神話的性質及其演變的推斷也顯得合情合理。雖然從社會發展史角度來認識女媧神話並不自袁先生始，而且母權制和父權制是否普遍地存在，目前還有爭議，但袁先生的分析將原有的對女媧神話演變的研究明顯地推進了一步。遺憾的是袁軻在女媧神話上並無專文，他的更精深的觀點我們無從知曉。

鍾敬文先生對女媧神話一直懷有濃厚的興趣，雖然由於種種原因，他寫作長篇論文的願望一直未能實現，但在不少文章中，已多少表露出了他對此的主要見解，例如《馬王堆漢墓帛畫的神話史意義》（《鍾敬文民間文學論集》，上海文藝出版社）、《（中國神話故事論集）序言》（民間文藝出版社），尤其是《論民族志在古典神話研究上的作用》（《鍾敬文民間文學論集》）等。概括起來，這些見解和主張主要有：

1. 關於女媧在古典神話中的位置。這個問題在我們上述的不少研究者當中已有不同程度的涉及。但迄今為止，依然有人對女媧的神格性質認識不清。鍾先生一直明確肯定：女媧是我們古典神話中的一位大母神，是創造大神和文化英雄。這是研究了大量客觀材料後得出的正確論斷。

　　漢畫像磚石中有大量伏羲、女媧的圖像，兩神均為人首龍身，或高舉日月、或懷抱日月、或手持規矩、或相互交尾。

圖1 伏羲女媧　　　　　　　　圖2 伏羲女媧

　　兩神合形的畫磚形象，擁有「伏羲女媧」神序的特殊意義。首先，與日月的匹配，表明了伏羲、女媧執掌白天與黑夜更迭的時序。顯白著，一陰一陽的道體世界。伏羲女媧作為陰陽主掌神在畫域中顯動著他們的身份和地位。手執規矩亦象徵了他們具有尺度乾坤、整飭秩序、規範法度的權力。而相互交尾則體現了陰陽感交，生命合和的好生德性。二神在同體秘聯的神性彩圖中張示著合化生命的力量。可見，兩神當為調陰陽、法天地、化萬物的創始主神。

_____

2. 女媧與伏羲的關係。從清代瞿中溶對漢墓石刻畫像的揣測開始，到聞一多《伏羲考》，普遍認為伏羲和女媧乃是由兄妹而夫婦的二神，雖然這前後已有不少學者認識到二者的聯繫是有變化的（如茅盾、徐旭生、郭沫若等），但這種看法直到今天還影響著一些人的認識。鍾先生多次談到：女媧與伏羲很可能本是兩個不同部落、不同地域的大神（或神化了的首長），他們所代表的社會發展階段也不同，伏羲是漁獵時期部落首長形象的反映，女媧卻是初期農業階段女族長形象的反映，他們的神話原來各自流傳著，經過民族大融合後才或遲或速地被撮合在一起。這就從社會文化史高度將伏、女關係的變化進一步明晰化了，是對前期女媧神話的研究上的一個突破。

圖 3　山東臨沂白莊伏羲、　　　　　圖 4　山東臨沂白莊女媧、
　　　日輪畫像　　　　　　　　　　　　月輪畫像

　　傳統神話經典中，伏羲是人文世界的創始者。《易辭》、《拾遺記》等分別
提到了伏羲作八卦、結網罟、樹禮儀、改巢居、變飲食、造干戈、製瑟塤、造
書契、分晷景、定川嶽、立嫁娶等定分止爭，在人間向人給出生存輪廓及禮儀
邊界的人文始跡。

圖 5　女媧畫像　　　　　　　　　圖 6　伏羲畫像

　　與伏羲相匹配，女媧的神語事蹟，同樣源澈著人的在居與世界。其地位和功績，比肩伏羲，甚至比人文化的伏羲更能示神性。除《淮南子‧覽冥訓》中講到的「煉五色石以補蒼天，斷鼇足以立四極」的世界修復與正極外，《風俗通義》、《世本》等文獻還傳說了其摶土造人、配置婚姻、製作笙簧的人文業績。伏羲與女媧始創人文的傳說，事實上引流著更重寓世與教化的儒家學說。

圖 7 山東嘉祥武氏祠左石室畫像石（拓片）

圖 8 伏羲女媧 四川崇慶畫像磚

對於兩神的形象，王延壽在《魯靈光殿賦》中描述得非常清楚：「伏羲鱗身，女媧蛇軀。」宛然一幅龍蛇圖騰。可見兩神在漢代社會的影響力非常大，地位和威望也極崇高，《漢書・古今人表》開卷首列伏羲、女媧，有些漢代文獻甚至把他們數列三皇之中。

2. 女媧─伏羲的演變

（1）伏羲與女媧的關係

《路史後記》二注引《風俗通》說：「女媧，伏希（羲）之妹。」盧仝《與馬異結交詩》說道：「女媧本是伏羲婦。」在苗族神話中，也稱伏羲、女媧是兄妹，後結婚生民。

如此可見，伏羲、女媧在傳說中確是兄妹夫妻。然而在這裡，神話開始出現差異，兄妹結婚生民與女媧以黃土造人兩種神話顯然矛盾。

有人認為「女媧是唯我獨尊的大女神，是南方民族的總先妣。她的存在應古老於伏羲。」（蕭兵）在長沙馬王堆一號漢墓《帛畫》中，女媧就是以等同於日月的地位，高踞於畫面上方；而在東漢武梁祠石室畫像中，伏羲女媧手拿尺規（敦煌壁畫西魏大統四年，公元 538 年造 285 窟所繪壁畫女媧亦持規），蛇身相纏。前者女媧的地位明顯是後者伏羲女媧地位之和。被稱為大女媧或前女媧。大女媧應該是伏羲女媧兄妹的前身，伏羲女媧兄妹乃大女媧的分身。

關於大女媧和伏羲女媧兄妹的關係，也可以從另一方面來看。

伏羲女媧分執日月的造像出土很多，並不罕見，可見伏羲女媧曾經被人們尊為代表著日月的大神。不過在《尹子·盤古篇》中提到「女媧補天射十日」，這裡的女媧能射十日，其行為顯然凌駕於日神和月神之上。這裡的女媧應該就是與伏羲說為兄妹的女媧前身，即大女媧。之後，日月分有陰陽之別，伏羲女媧被傳說到了一起，伏羲為太陽神，女媧為太陰神。伏羲被稱為「太昊」，即為「大光明」之意。而女媧有陰性示生之臆，故伏羲女媧對偶到了一起。若類西王母在傳說流遷中與東王公的對偶。

（2）女媧─伏羲形象的轉化及圖騰

①伏羲女媧的人首蛇身造像及龍圖騰

遍覽有關伏羲、女媧的傳說與神話，不少人會發現「人首蛇身」這種描述是相當常見的。除前面提到過的東漢武梁祠石刻外，還有其他石刻或帛畫同樣繪有人首蛇身的圖像。在《洞神八帝妙精經》畫像中，明確著名兩個人首蛇身者「後天皇君，人面蛇身，姓風，名庖羲，號太昊，後地皇君，人面蛇身，姓雲，名女媧，號女皇。」伏羲女媧「人首蛇身」在古代文獻中的記錄比比皆是。而且，這「人首蛇身」圖騰像的出現，最早可以追溯至仰韶時期。然而，在另一處被認為是伏羲女媧發源地的南方苗族洪水神話中，我們無法找到有描繪伏羲女媧兄妹是人首蛇身的語句。在女媧造人及補天神話中，同樣沒有類似描繪。

其實人首蛇身並非只有伏羲女媧。《山海經》中有許多人首蛇（龍）身的記錄。如《南山經》稱南禺山「其神皆龍身人面」，《海內西經》稱：「窫窳者，蛇身人面，貳負臣所殺也。」《海外西經》稱：軒轅國人「……人面蛇身，尾交於首上。」《海內東經》說：「雷澤中有雷神，龍身而人頭」。

由於人首蛇身的神面造形，「圖騰說」從而此起彼伏。伏羲女媧人首蛇身及其神語跡事中的創造性力量，自然被解釋為圖騰演示的代表。龍圖騰說大概由此而起。目前發現的最早的龍形圖案來自 8000 年前的興隆窪文化查海遺址。

龍圖騰，被認為是以蛇圖騰為起源的，多種圖騰的複合。聞一多先生在《伏羲考》中說：「大概圖騰未合併以前，所謂龍者只是一種大蛇……後來有一個以這種大蛇為圖騰的團族兼併了、吸收了許多別的形形色色的圖騰團族，大蛇接受了獸類的四腳，馬的頭、鬣的尾，鹿的角，狗的爪，魚的鱗和鬚……於是便成為我們現在所知道的龍了。」「它是一種圖騰，並且是只存在於圖騰中而不存在於生物界的一種虛擬生物。因為它是由許多不同的圖騰糅合成的一種綜合體。」（聞一多：《聞一多全集·伏羲考》頁217，湖北人民出版社，1993年。）這種圖騰形象的多元合化，示顯著兼容並包的敞闊氣性，成為華夏族的精神標誌。

　②伏羲與鳥圖騰

　　圖騰說起興後，關於伏羲，除有龍圖騰之說外，還與鳥圖騰扯上了關係。伏羲，木德風姓，號太昊，也稱太皞，是最早的太陽神之一。伏羲作為的太陽，同時又有著另一種相關圖騰，即鳥圖騰。在古代神話中日烏（三足烏）是太陽的象徵，在后羿射日的神話中，之所以看到太陽一顆一顆地落下，是因為落下來的太陽就像鳥一樣從天空被射落了下來。后羿的神射形象是把太陽當作天空中飛翔的鳥來箭射的。這使他更像個神奇的獵人。鳥成為太陽的神喻，大概太陽每天東升西落，看起來就像一隻大的火鳥從天空飛過。從對鳥的領會意向中，似乎最能接近太陽的，還是雲空而上的鳥兒。古人把這個會神的形象給了生有三足的烏鴉，這種習慣盤飛到煙火穹頂的神秘生物，據說還能捕獲死者的靈魂。在神話形象中，這種神鳥被稱為日烏。

　　在古代代表太陽的鳥是否是現在我們常說的三足烏（日烏）呢？蕭兵先生在《楚辭與神話》中提到，洛陽西漢壁畫墓星象圖太陽畫裏除了常見的日烏外，下面的方格裏還有一隻飛鳥。這只鳥象徵著什麼呢？傳統神話中太陽神鳥除了日烏外，還有一種，即「陽離」。馬王堆帛畫的天空部分中，太陽裏就有一隻黑色的神鳥，但外形並不像烏鴉，也沒有三條腿。研究者認為，此鳥就應該是陽離。離，在八卦中代表了火，它代表了光明與火焰。

　　屈原《天問》有云：「陽離爰死？大鳥何鳴？」。「陽離，舊注一般都說成是『陽氣離絕』。」按照意象，三足烏代表太陽，陽離則代表火焰與光明，「陽離爰死」讓人能想到的便是日蝕。一隻火鳥，在烈焰中歸於黑暗，又從黑暗中復見光明──這不正是鳳凰涅槃嗎？郭沫若在他的《鳳凰涅槃》小序中提到《孔演圖》云：「鳳凰火精，生丹穴。」同樣是火精，同樣是火鳥，為何在今天沒有了陽離，只餘下了日烏呢？從鳳凰涅槃的會意中，我們發現「陽離」並

沒有消失，而是轉化為了鳳凰，成為了現今幾乎並行於龍的大神鳥。這就可以解釋，伏羲何以被冠以「風」姓？古文「風」即「鳳」，鳳即陽離，是日精，伏羲又是日神，所以這只神鳥就與伏羲扯上了關係。

作為古老的太陽神，伏羲形象中流說最廣的還是龍（蛇）圖騰，鳥圖騰之說多不流說。在古代真正代表鳥圖騰形象的太陽神，其實是帝俊。在《楚辭與神話》中蕭兵以為「竊嘗疑鵔鳥即俊鳥，俊鳳（俊風）為帝俊（帝舜）之所化，即鵔。其原型是錦雞，其父為鼓，實即瞽叟。」這裡除了證明帝俊原型乃是一隻俊鳳外，還有一個有意思的發現。「鼓」，《山海經·西山經》說：「其狀人面而龍身。」他與欽在崑崙山南殺了葆江，惹怒了黃帝，黃帝就把他們殺死了。死後，「鼓亦化為鵔鳥。」人面龍身的鼓為龍圖騰，變為鵔鳥後，又成為鳥圖騰形象的神秘意會。伏羲從龍圖騰之說轉而引流出鳥圖騰形象，大概與帝俊傳說有意向上的同合。就神話空間來說，帝俊之說在東夷，伏羲之說在西北，兩者皆為傳說中的日神，在神話流逸的腹地，這種跨時空的意向同合——兩個母題發生結構性交融，也並非不可思議。

③女媧與蛙圖騰

在四川出土的伏羲女媧人首蛇身交尾圖裏，伏羲多捧日輪，中有日鳥；女媧多持月球，內有蟾蜍。敦煌壁畫（285窟）中亦如是。日鳥作為伏羲化身，與東夷傳說意向同合。那麼蟾蜍作為女媧的化身，又是因為什麼呢？蟾蜍，也可當做蛙，有學者認為媧與蛙是相通的。但是單從字音上拉近二者關係，稍有些牽強。蛙圖騰在古代，多是祈雨圖騰。《春秋繁露·求雨篇》說：「旱時取五蝦蟆置方池中，進酒脯祝天，再拜請雨。」《易林·大過》云：「蝦蟆群坐，從天請雨，應時輒下，得其願所。」蛙與雨有關，或許是因古人見下雨時蛙聲陣陣，感覺蛙與雨有那種秘感聯繫。《春秋繁露》還提到：「雨不霽，祭女媧。」女媧與祈雨也有關係，也許能間接證明女媧與蟾蜍（蛙）是有一定關聯的。

二、從原文本神話到說傳留習的敘事樣圖

（一）西王母神話的流傳

1. 書紀

西王母的形象就如西王母的神話一樣處在文本或說傳的流徙當中。如今體會到的西王母事實上已經脫離了她早期的獸形神跡，處在了神仙美學的刻畫當中。最早在大約成書於戰國前後的《山海經》中，對西王母有多處記載，

如「西王母其狀如人，豹尾虎齒而善嘯。蓬髮戴勝（首飾），乃司天之厲及五殘（主災疫五刑殘殺）」，（《西次三經》）；「西王母梯幾而戴勝，其南有三青鳥，為西王母取食，在崑崙虛北」（《海內西經》）；（崑崙之丘）有人戴勝，虎齒，豹尾，穴處‧名曰「西王母」（《大荒西經》）。在山海經圖中被記載，說明在記載之前，神話傳說已經非常成熟。在這幅山海雲圖中，我們看到的西王母具有原初美學的濃烈痕跡，想像一位神「其狀如人，豹尾虎齒而善嘯」，才是存在美學被想像深度。西王母這個半人半獸的怪神面目，事實上擺置著作為靈異越脫被人性擺置的可能性。就像畢家索在諸神塑材中開釋荒誕夢境的圖畫一樣，在藝術美學上，這樣的存在形象才能最大可能地勾勒出神之為神的「非人類」存在。就如我們在希臘《神譜》（赫西俄德）中見到的那些還沒有被人形化了的荒誕老神一樣，其存在浸會於不可思議的道出當中，完全脫擺於人的想像，從而作為張力事件被領會。

戰國時從魏國墓中出土的《穆天子傳》裏，記載有西王母的故事，那便是周穆王會西王母的浪漫傳說。在這本書裏西王母是一個長於歌詠酬酢、擅於調任美食並善持禮儀的溫婉女王。到漢代，西王母被世俗神化，地位日高，朝野盛祭。道教興起後，西王母為道教神仙說借用而仙化，演化成可主長生的命神，有不死之藥給羿，有了食之長生不死的靈質草藥神果仙桃。以《漢武帝內傳》為表，西王母成為女仙之首、道教第一尊神元始天尊之女，且年輕化為了「三十許」，一副神貌仙容，進而有了西華西王母與東華東王公陰陽二氣化生承合萬物之在的仙家傳說，在世俗眼角裏西王母與東王公對性合偶以人間意義被結為了「夫妻」。到了唐代以後，這種東西對偶的神話關係又被升格為王母娘娘與玉皇大帝的流雲合配，並以此流傳於民間和道教經典及神異小說、石窟壁畫、墓土畫磚中。西王母符合人性美學的神化形象早於漢前的《穆天子傳》就已經嬗化了。那個人獸合約的始神形象，已經脫離其原始巢穴而靚現於不受荒誕裏挾的人性風景中。事實上，從這時起那個神秘始神自脅的美學風暴──那種在存在的被給出性當中給予存在的非人類之美已經息聲退影了。但基於原初神性所奠基的高冷形象，卻始終載馳於這個愈見莊重的人間之神。她越來越成為人間祭壇上活躍的力量。

2. 古祀

對西王母的祭拜〔註 26〕古已有之，古代不少地方都建有西王母寺廟，如

〔註 26〕周春生輯校注考：《吳越春秋》，上海：上海古籍出版社，1997 年，第 151 頁。

《吳越春秋》云：「立西郊以祭陰，名西王母」。較早記載西王母崇拜的諸子文獻還有齊人的作品《管子》，其《輕重己》云：「以春日至始，數九十二日，謂之夏至，而麥熟。天子祀於太宗，其盛以麥。麥者，穀之始也。宗者，族之始也。同族者人（入），殊族者處。皆齊，大材，出祭王母，天子之所以主始而忌諱也。」〔註27〕「王母」當即西王母，夏至祭王母，這可能是戰國時代東部西王母崇拜所留下的惟一確鑿可憑的文獻線索。《太平御覽》卷一百二十四引崔鴻《十六國春秋》：前涼《張駿錄》曰「酒泉太守馬岌上言，請在酒泉南山立西王母祠，張駿從之。」到漢代，由神仙熱散溢出的追求長生的熱度，從士林流變到民間，不僅對西王母尊奉有加，更有專門的祭祀之禮：「祭西王母於石室皆在所，二千石、令、長奉祠。」（太平御覽，卷五二六引《漢舊儀》）各地都設有西王母祠，地方官任親自主持祭祀，可見西王母在時人心目中的地位和人間對她的重視程度。西王母如是成為民間大眾崇奉的偶像。漢代民間祭祀西王母的習俗非常盛行，聚會歌舞，以求不死，極為隆重。《漢書·哀帝紀》記載：漢哀帝建平「四年春，大旱。關東民傳行西王母籌，經歷郡國，西入關至京師。民又會聚祠西王母，或夜持火上屋，擊鼓號呼相驚恐。」《漢書·五行志》中云：「哀帝建平四年正月……京師郡國民，聚會里巷阡陌，設張博具歌舞，祠西王母。又傳書曰：『母告百姓，佩此書者不死。不信我言，視門樞下，當有白髮。』」《漢書·天文志》亦有載：「（哀帝）建平……四年正月、二月、三月，民相驚動，讙嘩奔走，傳行詔籌，祠西王母……。」

西王母的祠廟信仰在隋唐時期也頗為興盛，西王母的道教形象隨之為更多的人（包括道徒和一般眾生）所熟知。據《舊唐書·高宗紀下》所載，唐高宗在永淳二年遣使祭西王母，可見西王母被列入統一國家的祭祀體系之中。據《隋書》卷七十一《誠節傳》載，張祥於隋開皇中遷并州司馬，仁壽末，漢王諒舉兵反，遣其將劉建略地燕趙至井陘，縱火焚燒城郭，「（張）祥見百姓驚駭，城側有西王母廟，祥登城望之」，再拜，請神降雨相救。言訖，廟上雲起，須臾驟雨，其火遂滅。其他地區亦多建有西王母廟，較之前代明顯增多。見於史籍者有華山王母觀、恒山王母祠、泰山王母祠以及徑州回山王母宮等，而且這些宮觀多建於名山，在一定區域內都具有相當的影響力。西王母的道教形象借助宮觀的影響使其實體形象（即宮觀供奉的王母神像）深入人心。

〔註27〕管曙光：《諸子集成》第二冊，長春：長春出版社，1999年，第237頁。

3. 回屋

唐人段成式《酉陽雜俎》稱：「西王母姓楊，諱回，治崑崙西北隅。」此西北隅，傳有回山之屋。當地民間至今仍然盛傳西王母故事，甚至說傳此處便是穆天子與王母秘會之地，「回山」傳在今甘肅涇川，據載漢元封年間所建的西王母宮曾在回山之上。涇川，至今有回屋、有瑤池、天池故址等諸多遺存。因《穆天子傳》記載，周穆王與西王母歡會數日臨別，為紀念此行，「乃紀基（其）跡於弇山之石」，弇山因被「曰：西王母之山」。後世多佐弇山即回山。周穆王所銘題的石碑早已不見，但回山腳岩壁上卻由今人補豎起的一尊題刻有「西王母之山」的甲骨文巨碑。

據現存於涇川回山距今 1000 餘年的宋代重修王母宮頌碑刑部尚書、宋開國元勳陶穀親撰碑文，及《太平安寧記》記載。西漢元封年間（公元 107 年左右），西王母乘五彩雲降訪漢宮，後來漢武帝便 6 巡迴山，望彩雲祭祀王母，之後在回山興建了西王母宮。此宮在清同治年間，火毀於民族紛亂之中。所幸在清光緒 7 年（公元 1881 年）《共成善果》一書中留下來西王母宮盛境全圖。涇川王母宮由此造興。每年都有人到西王母宮廟會朝拜。[涇川民間傳有「回屋」，其山建有王母宮。此間山水脈延崆峒山，西王母傳說的履跡看似轍合著一幅散播古代道教氣息的神仙地理。

西王母傳說從崑崙之墟到「回山之屋」，在民間散堂中四面廓伸。在清代，廣州也「多有祠祀西王母，左右有夫人，兩送子者、兩催生者、兩治痘者，凡六位，蓋西王母弟子。相傳西王母為人注壽、注福、注祿，諸弟子亦以保嬰為事，故人民事之惟恐。[註28] 可見西王母及其弟子專司送子、催生、治痘、福祿壽後。壁上多繪畫保嬰之事，名『子孫堂』。」因王母主命善生。故而在文化形象上，西王母成為一個民間求子的偶像，她會賜給人們善子，今山西陽城王屋山還有王母祠，河北房山也有王母祠，在這些祠堂中，來向西王母求子，求保嬰的事例，仍時常可見。現代民間各地仍築有西王母（王母娘娘）廟，如甘肅涇川縣西王母宮石窟、新疆天池西王母廟等，廟宇雋永壯觀，王母娘娘坐神其中，享受著虔男信女們的香火祭祀。西王母神話流傳之地均有祭祀西王母的民俗活動，比如，每逢農曆三月二十日，涇川王母宮都要舉行傳統的西王母廟會。俗習流風向來是神話慰貼的道傳路徑，民間儀式特有的力量似乎維繫了這個老神隱性的活力。

〔註28〕屈大均：《廣東新語·神語》，北京：中華書局，1985 年，第 208 頁。

4. 文傳

據考西王母傳說甚古，殷卜辭中已有「西母」的記載。西周青銅器銘文也出現了「王母」之名。「西母」、「王母」與後世的西王母，雖然在名稱上有相通處，但由於可資確認的自殷代到戰國〔註29〕（西王母之名，始見於戰國）時期的中間走廊材料匱乏，是否有直接續承關係，尚難以確言。古籍，如《莊子》、《荀子》、《山海經》等有記王母，而記載西王母神話傳說最多的古籍是成書於戰國、又經秦漢人增刪的《山海經》，如《西次山經》中記載：「玉山，是西王母所居也。西王母其狀如人，豹尾虎齒而善嘯，蓬髮戴勝，是司天之厲及五殘。」《海內北經》云：「西王母梯幾而戴勝。其南有三青鳥，為西王母取食。在崑崙虛北。」《大荒西經》亦載：「西海之南，流沙之濱，赤水之後，黑水之前，有大山名曰崑崙之丘。有神——人面虎身文尾皆白——處之。其下有弱水之淵環之；其外有炎火之山，投物輒然。有人戴勝，虎齒，豹尾，穴處，名曰西王母。此山萬物盡有。」漢代淮南王劉安及其門下士所撰的《淮南子》，晉武帝太康年間汲人從魏襄王墓中發掘出的《穆天子傳》，六朝人借班固之名而撰寫的《漢武故事》和《漢武帝內傳》，另外，司馬遷的《史記》，班固的《漢書》，魏晉南北朝時借東方朔之名所撰寫的《神異經》和《十洲記》，晉人張華的《博物志》和干寶的《搜神記》等等都涉及到了西王母神話。北宋四朝元老、翰林學士陶穀所撰，大書法家上官佖書的碑刻《重修回山王母宮頌》、明代嘉靖壬午年五月（1522）由當時的太子太保、兵部尚書、蘭州人彭澤所撰的《重修王母宮記》、甘肅文人張維（鴻汀）的《隴右金石錄》收入與西王母或王母宮有關的7塊古碑拓片，均記載有關西王母的神話和重修王母宮的經過。

王母傳說歷古迄今，有口說，有記文，有金石碑刻，有廟山遺址，無論俗文還是道經，都延異著她特居的儀式和形象，已經承傳為無以湮跡的人間現象。就古代而言，王母神形象與道教精神諱莫如深。道教經書《雌一寶經》、《大有妙經》、《八素真經》、《三九素語玉精真訣》、《紫度炎光神元變經》、《太平經》、《老子中經》、《真靈位業圖》、《元始五老赤書玉篇真文天書經》、《度人經》、《洞神八帝妙精經》、《大洞真經》、《靈寶五符和真文天書經》等等都有西王母持有和傳授經訣的記載，這使西王母由神話女神不期然間就轉變成為道教仙真。在唐和北宋的齋醮科儀書中，尚未將西王母列入啟請神靈名單，至南

〔註29〕羅燚英：《從神話女神到道教女仙——論西王母形象的演變》，中山大學研究生學刊，2007 年第 2 期。

宋始被列入。如南宋道士仲勵《祈嗣拜章大醮儀》，在啟請的長串神靈名單中，於第二十位列西靈金母元君。南宋道士金允中《上清靈寶大法》卷三十九《散壇設醮品上》所開三百六十位真靈名單中，於第十一位列西王母（即白玉龜臺九靈太真金母元君）。西王母作為仙真形象在道系神說中列忝，更是促進了這個神秘老神的廣大傳播。

與忝列到道系神說中的仙真形象相比，西王母最領會動人的曼妙傳說卻是古代文藝作品的意向圖案。

歷代文人將西王母神話傳說作為古意加以聯想，寫進自己作品的為數不少。如詩詞賦方面，有曹植的《仙人篇》：「驅風遊四海，東過王母廬。」陶淵明的《讀〈山海經〉》：「翩翩三青鳥，毛色奇可憐。」張衡的《思玄賦》：「聘王母於銀臺兮，羞玉芝以療饑。」王維的《贈東嶽焦師》：「遙識齊候鼎，新過王母廬。」李白的《上元夫人》：「上元淮夫人，偏得王母嬌。」杜甫的《玄都壇歌》：「子規夜啼山竹裂，王母晝下雲旗翻。」李賀的《浩歌》：「王母桃花千遍紅，彭祖巫咸幾回死。」蘇軾的《坤成節集英殿宴教坊詞致語口號》：「欲採蟠桃歸獻壽，蓬萊清線半桑田。」李商隱的《瑤池》：「瑤池阿母綺窗開，黃竹歌聲動地哀。」兩漢著名的賦家司馬相如在《大人賦》中把西王母描寫成「皓然白首」的老壽星。揚雄的《甘泉賦》也說：「想西王母而欣然上壽兮，屏玉女而卻宓妃。」這些詩詞賦都極目王母女神靈真曼妙可為生死問的可思形象。唐代詩人胡曾《回中詩》也說：「欲問生前躬祀日，幾煩龍駕到徑川。」詩人此道，一是王母可問生前，二是王母隱身回屋。

口說王母，民間依舊，《王母洞》《老天奶奶分家》《牛女》《老天難當》《黃帝修城》《嫦娥下凡》等等眾多的西王母神話口說文本，無不示顯著她的巨大力量。人們把西王母敬奉為善神、吉神、美神、生育神加以供奉膜拜，很多地方建有西王母廟，每年舉行各種祭祀西王母的活動。傳說印真率性，今天但提西王母，人人也都會想到牛郎織女跨不過去的王母河和美猴王參加不上的蟠桃會。

（二）女媧─伏羲神話的流傳

1. 敦煌遺書──四件殘卷記載三段重要文字

敦煌遺書中有關伏羲、女媧的神話記載，是迄今為止，伏羲、女媧兄妹配偶型洪水神話在我國古籍中最早的文字記載。這部題為《天地開闢以來帝王紀》的「遺書」遺有問答體殘卷四件。其中有一本僅缺開頭數十字，相對比較

完整，而有些殘缺十分嚴重，無首無尾，字數較少。以其中一本為底本，與其餘三件寫本殘卷中有關伏羲、女媧兄妹配偶型洪水神話，相互參證校對，形成三段比較重要的文字：

（1）「復遙百劫，人民轉多，食不可足，遂相欺奪。強者得多，弱者得少，地肥神聖，化為草棘。人民饑困，遞相食噉，天知此惡，即下洪水蕩除，萬人死盡，唯有伏羲得存其命，進稱天皇承后。」

（2）「爾時人民死，惟有伏羲、女媧兄妹二人衣龍上天，得存其命。恐絕人種，即為夫婦。」

（3）「伏羲、女媧因為父母而生，為遭水災，人民死盡，兄妹二人，依龍上天，得存其命。見天下荒亂，惟金崗天神教言可行陰陽，遂相羞恥，即入崑崙山藏身，伏羲在左巡行，女媧在右巡行，契許相逢則為夫婦，天遣和合，亦爾相知。伏羲用樹葉覆面，女媧用蘆花遮面，共為夫妻。今人交禮戴昌妝花，因此而起。懷娠日月充滿，遂生一百二十子，各認一姓。六十子恭慈孝順，見今日天漢是也；六十子不孝義，走入叢野之中，羌敵〔六〕巴蜀是也，故曰得續人位。」

這三段文字可說是迄今為止，伏羲、女媧兄妹配偶歷劫大洪水神話在我國古籍中最早的記載。其中一卷的卷尾寫著「天地開闢以來帝王紀一卷，唯大唐乾佑三年庚戌正月二十五日寫此書一卷終」字樣。說明此件抄錄於五代十國時期的後漢（隱帝劉承佑）乾佑三年。文中大唐的「唐」字係「漢」字之誤，因唐及後唐均無此年號。後漢乾佑三年，正是庚戌年，即公元 950 年。其時，約在曹氏歸義軍統治敦煌時期。而它的寫作時間，有學者考證說「可能是晉隋間的作品」，頗具說服力。以前，學者們普遍認為，我國伏羲、女媧兄妹配偶型洪水神話最早的文字記載當屬唐代李冗的《獨異志》，而敦煌遺書中這些記載的發現，則將其著錄時間追溯到了六朝時期，大約提前了四百年左右。

從這些記載中可以看出，大洪水產生的原因，是人民饑困，遞相食噉，天知此惡，即下洪水蕩除」，天洪作興，乃天刑人之惡的緣故。爾時人民死，惟有伏羲、女媧兄妹二人衣龍上天，得存其命。恐絕人種，即為夫婦。伏羲女媧偶合結生的神話被先初性地置入「恐絕人種」的拯救維度。而其「衣龍上天，得存其命」則對「伏羲龍身，女媧蛇軀」的古代圖像又添了想像。

從三段文字所表來看，此「遺書」時代已流傳著伏羲、女媧是大洪水天劫「人民死盡」後，起源華夏生民的始祖之說。以伏羲女媧為華夏共祖的情節，

不僅多見於後來流傳於各族的活態神話中，而且也是楚帛書中關於伏羲、女媧
生四子的母題神話的說傳延續。文中「伏羲用樹葉覆面，女媧用蘆花遮面」，
大概就是後來李冗在《獨異志》中述伏羲女媧「乃結草為扇，以障其面」的原
情情節。

在這部「遺書」中基於拯救意識而播揚的救渡性力量，「見天下荒亂，惟
金崗天神教言可行陰陽，遂相羞恥，即入崑崙山藏身，伏羲在左巡行，女媧在
右巡行，契許相逢則為夫婦，天遣和合，亦爾相知」，才是這個神話圖形的核
心畫面。

在莫高窟第 285 窟東披，我們會看到伏羲、女媧之間，繪有蓮花和摩尼寶
珠。摩尼寶珠兩側的伏羲、女媧，皆人首蛇身，頭束鬟髻，著交領大袖襦，披
長巾；胸前圓輪中分別畫金烏、蟾蜍，象徵日月。伏羲一手持矩，一手持墨斗；
女媧兩手擎規，雙袖飄舉。在此這對人類始祖，因「教言陰陽」，已經步形為
日月之神。畫面下部力士北側有飛廉、開明，南側有烏獲、飛天諸神靈，再下
部著繪山巒與叢林，有野獸出沒其間，兩側各有四身禪僧居岩習禪。這是一幅
將伏羲女媧的人文神話攏歸釋入的一幅變經禪境。

「伏羲一手持矩，一手持墨斗；女媧兩手擎規，雙袖飄舉。」是自漢以
來盛傳已久的人文勝景。值得注目的是，漢代石刻中已有伏羲持矩、女媧擎
規的神語造形，但以「金烏」和「蟾蜍」，示喻日月的形象，卻不多見，而且
磚像石刻伏羲女媧多為交尾相對；但在敦煌壁畫中伏羲女媧則是胸佩日月，
兩兩相對。

漢語神話中，伏羲、女媧兄妹相婚而始人，傳伏羲教民生，結網罟漁，笙
簧，制卦。又傳說女媧用黃土造人，煉五色石補天，斷鼇足以立四極，積蘆灰
以治洪水等。他們的事蹟，似乎都關切著民人寓世渡世的死與生。

敦煌畫壁中的伏羲、女媧，應命而成了創造日月星辰的菩薩。隋唐之際名
僧道綽撰《安樂集》卷下引《須彌四域經》：傳說天地初開之時，沒有日月星
辰，民人生活在黑暗之中，於是阿彌陀佛便派遣他的兩位菩薩，一名寶應聲，
一名寶吉祥，即伏羲、女媧前往第七梵天處取來七寶，創造日月星辰二十八
宿，以照天下，並定春、夏、秋、冬四季。

漢語神話人物，移形佛教故事，道說著神語開敝的敘事魅力。佛教石窟中
繪入漢語神話人物，窟眼四壁繪有風、雨、雷、電、飛廉、開明、烏獲等華夏
神靈，宛然一個諸相顯開的文化道場。這是儒釋道多元共融輕逸流脈的共生

氣象。支撐其景象共存的力量本質上源自天地神人心源共屬的寓世向度，是存在被喚向存在的意義歸靠。沒有這種敞朗的經由世界自身許讓的維度，在莫高窟西魏第 285 窟中，將伏羲、女媧分別繪在摩尼寶珠兩側，並在其胸部佩上日月標誌，將這兩位始祖神造化為日月之神將是不可思議的。伏羲女媧從人類始祖到日月之神，在石窟經變的事件哲學中強化了其存在的回聲與轉渡。這種思想造境自行闡述著神話命運被延異撒播的存在路徑。

2. 甘肅流傳三篇伏羲女媧的神話

《中國民間故事集成・甘肅卷》（2001 年 6 月北京出版）中，收錄了三篇流傳在甘肅張家川縣、天水市和徽縣的有關伏羲、女媧兄妹洪水後婚配的神話。傳說樸實可愛，都有大洪水悲劇後再造人類的創世母題。

張家川篇：上古時發生了一場大洪水。兄妹倆爬在一段朽木上漂浮於水面得以活命。兄妹倆到處找不到人煙。兩人商議成婚傳人種之事。兩人上山頭用滾石磨的方法占婚。石磨果然相合。兩人結成夫妻，繁衍了人類。

天水篇：古時世上只有一個老婦。一天，她看見一個大腳印便踩了上去。不料竟懷了孕。老婦生了一男一女兩個娃娃。老婦死後，兄妹二人靠採集、狩獵為生並長大成人。兄妹二人商量當兩口之事。用石磨相合占婚，從卦台山滾石磨果然相合。兄妹成婚後繁衍了人類。相傳天水一帶夫妻一方亡故後哭喪時互稱兄妹之舉即來源於此。

徽縣篇：古時有老兩口以種瓜為生。一個白鬍子老頭送給他們一粒倭瓜籽讓他們去種。秋後，別的瓜都摘光了，唯有這個長得像磨盤大的倭瓜還在地裏。大倭瓜裂成兩半，跳出來一對男女，把老兩口叫爹娘。兄妹長大成人後突發大雨，洪水泛濫，老兩口將兄妹二人推入浮在水面的倭瓜皮裏，任其漂流而去。洪水後世上只剩兄妹二人，為繁衍人類，便商量婚配之事。從兩個山頭分別扔下針和線來占婚，線果然從針孔穿過。又用石磨滾山坡占婚，仍相合。兄妹成婚後，妹妹生下一個肉疙瘩。肉疙瘩被剁成一百塊，掛於各處樹梢，變成了一百個男女。掛在楊樹上的姓楊，掛在柳樹上的姓柳等等，這就是後來百家姓的來歷。

在許多地方，都流傳著女媧正月初一造雞，初二造狗，初三造豬，初四造羊，初五造牛，初六造馬，初七才造人的傳說。故民間過春節有「人七」的說法。有的活態神話還說女媧的肉體變成了土地，骨頭變成了山嶽，頭髮變成了草木，血液變成了河流，就像創世的盤古大神一樣。這些活態神話，聽起來像

一篇篇逸出史性的天真童話，但卻是古老信仰延習民間的黃金腳本。神話是從大地中長出來的花朵，怒放著令人驚詫的土性生命，是日常深度中畫出來的世界夢境。古人認為雞、狗、豬、羊代表春夏秋冬四季，牛、馬代表地和天。所以班固《漢書・律曆志・上》中才說：「七者，天地四時，人之始也。」這是把正月初七叫「人日」的來源之一。許慎《說文》中也強調：「媧，古之神聖女，化育萬物者也。」這就是說，女媧不但是煉石補天的造人女神，還是一個化育萬物的神聖者。

3. 伏羲活動區域

（1）伏羲在葫蘆河流域的活動

書傳「伏羲生於成紀，徙治陳倉。」葫蘆河流域是伏羲在成紀的傳說領域。葫蘆河發源於寧夏西吉縣月亮山南麓，經西吉、隆德、靜寧、莊浪，自好地鄉李河村進入秦安縣境內，自北而南流經好地、安伏、葉堡、興國、西川、鄭川六鄉鎮，在鄭川廟咀村出境，於北道區三陽川匯入渭河。從葫蘆河到渭河，流貫出一幅伏羲傳說的地形圖。

葫蘆河上游有清水河、莊浪水洛河等支流，其中清水河源於隴山，清澈見底，著名的大地灣遺址就在清水河南岸。在這裡伏羲擁有非常豐富的傳說。傳說他鑽木取火、造網漁獵、事耕織紡、畫八卦、立占筮之法、創造書契以代結繩記事、制嫁娶，以儷皮為禮、立九部、設六佐、作歷度、定節氣，並且按照節氣事產、嘗百藥、制九針、制琴瑟、作樂曲，彈網罟之歌等。譙周《古史考》中所說的伏羲「制嫁娶，以儷皮為禮」說的就是伏羲在婚姻禮制方面以對偶婚制禮儀男女的古史傳記。此外還傳有伏羲造干戈，修城堡，定姓氏，習禮教，祭先人，築居製陶，刀耕火種、植培物種等，至今大地灣遺留的史前築居藝術，還傳有伏羲部落的神性手筆。作歷法、創文字、造琴瑟、定律法，伏羲在他的傳說中宛然一個活生生的人文聖人，而其倡導教化的禮樂生活更像是後世先儒推崇景慕的太康景象。

在清水河流域離大地灣不遠的隴城鎮，至今還有用風姓命名的風溝、風臺、風塋，村民們說風溝是因伏羲同父異母的妻子女媧生於此地而得名，風臺是因女媧長於此地而得名，風塋是因女媧葬於此地而得名。隴城鎮至今還有媧皇、鳳尾、龍泉等村名，都和紀念女媧有關。隴城鎮北門外，有一口泉水，至今泉水旺盛，人們一直叫它龍泉，當地興傳女媧捏土造人用的就是這個泉的水。隴城鎮北山上建有女媧祠，據明代《秦安志》載：「隴城鎮之北山，有建

於漢代以前的女媧祠。」隴城鎮北街曾有「媧皇故里」牌坊。

清水河是葫蘆河的一條支流，伏羲女媧的傳說不僅流傳清水河，而且沿清水河而下，葫蘆河經流的廣大流域似乎就是伏羲女媧傳說的流帶。在靜寧劉家河一帶，就有這樣的傳說，傳說上古有一個女子，在河邊看到一個大腳印，她好奇地睡在大腳印裏，結果懷孕了，生下一子，取名伏羲；就在伏羲生下不久，又有一個女子跳下水中游玩，結果變成蝸牛，後來從蝸牛殼中跳出一個女娃娃，取名女媧。女媧和伏羲成婚後，捏土作人，再造人類。這裡的傳說與華胥女足履巨人腳印後有娠，生伏羲的神話傳說母題同位。

當地之所以流傳伏羲女媧的傳說，自與「伏羲生於成紀」的古史傳說連扯。據《靜寧縣縣志》在劉家河東南 500 米處，有古成紀始遺址，史書上說的古成紀，西漢置，北魏廢，北周復置，北宋移至今天水。（見《中國歷史地名辭典》，上海復旦大學地理研究所編）

伏羲在葫蘆河流過的安伏一帶，也傳有伏羲女媧故事，安伏人相傳：伏羲、女媧二人成婚後生四男九女，長大後分居各地。大兒子曾在伏家峽生活過；二兒子曾在伏家灣生活過；三兒子曾在伏家媧生活過；四兒子曾在伏家川生活過；三女兒曾在白鹿生活過，其他幾個女兒離開安伏去了別的地方。之所以叫安伏，名字也和伏羲女媧有關，安指女媧，伏指伏羲。

（2）伏羲在渭河流域的活動

葫蘆河從秦安縣城西南入新陽崖，和渭河會合。傳說伏羲畫過八卦的卦台山就坐落在與葫蘆河交會不遠的渭河之濱。渭水經卦台山北繞曲而過，沿經倒柳山，與卦台山環抱三陽川，形成一幅美麗的伏羲八卦造境的地理傳說。

順渭河而上，經甘谷，在離甘穀城十多里路的白家灣鄉古風臺村南邊半山腰上有一個洞，村民叫「伏羲洞」。傳說伏羲在這個洞生活過，就在這個白家灣，鄉民有做伏羲八卦形鍋臺、伏羲八卦形雞罩的民間習俗。傳說中的伏羲是人面魚尾或人面蛇尾、人面龍尾，在甘谷出土的彩陶瓶上就有「人面長尾」的古神形象。在甘谷大象山上還建有太昊宮，在甘谷華蓋寺石窟中還有伏羲廟。當地至今還流傳著不少伏羲的傳說，譬如：不要看伏羌（唐代把甘谷叫伏羌）地方碎，伏羲皇帝頭一輩。桑葉兒衣裳臉上黑，伏羲爺生在古風臺。

伏羲傳說還從渭水漫延到古時成紀管轄的仇池山。在古代著名的讖緯書《太平御覽》中的《遁甲開山圖》裏講道：「仇夷山，四絕孤立，太昊之治，伏羲生處。」在《路史》中也講到：「伏羲生於仇夷，長於成紀。」仇夷山，

又叫仇池山，在甘肅西和城南。西和古時歸轄成紀。仇池山既「四絕孤立」，地勢險要，在山上有池，似復壺，有瀑布，四周環水，奇異險絕。自古至今，地形、地名沒有根本變化，至今山上有伏羲崖、西石勺、小有天、神魚洞、麻姑洞、無根水等景觀，供有伏羲兒時塑像，當地有不少關於伏羲的傳說。一些學者還認為離仇池不遠的雷壩（今屬禮縣鄉名）是雷澤旁邊的和雷澤有關的伴生地名。《山海經‧海內東經》曰：「雷澤中有雷神，龍身而人頭。」《淮南子‧墜形篇》曰：「雷澤有神，龍身人首鼓其腹而熙。」雷澤，是山海經傳說的伏羲現身之地。濃鬱的伏羲說傳之地出現「雷壩」，似乎顯論伏羲就顯於此處。

（3）伏羲女媧傳說從成紀傳往各地

伏羲生於成紀，但其傳說蹤跡卻流遷而徙，不惟一處。其傳說就像因風流襲的種子一樣在歷史地理上擴散，這恰恰就是神話自書的精神面積。除成紀古說外，伏羲傳說還從古成紀流達陝西陳倉。榮氏《遁甲開山圖》中寫道：「伏羲生於成紀，徙治陳倉。」清代馬《繹史》也延榮氏之說，認為伏羲生於成紀，後徙陳倉，即現在陝西寶雞。寶雞現在還有不少關於伏羲的傳說。伏羲女媧故事繼寶雞東遷，還經陝西臨潼。在臨潼後人還修有女媧陵、女媧廟。經臨潼伏羲女媧傳說又散至河南孟津、洛寧等地。在孟津，流行著伏羲龍馬負圖的傳說，當地修有負圖寺，在洛寧有洛神廟，洛神指的是伏羲之女宓妃。傳說宓妃很美，渡洛水而溺，成了洛水女神。洛神之美，可見曹子建千古名賦《洛神賦》。

在伏羲女媧流遷事蹟中，河北新樂一帶伏羲女媧傳說甚勝。《魏書‧地形志》載：「中山郡領縣七新市有羲臺城，新市城藺相如家。」新市就是今河北新樂市，西漢所建，隋開皇年間易市為樂，稱新樂至今。傳說伏羲生於成紀，徙於陳倉，遷於新樂，故在新樂有卦臺城。由於新樂是一望無際的平地，沒有山崖洞穴，臨河傍水，伏羲先民們為了防水防獸，壘土築臺。後人為紀念伏羲，就在傳說伏羲居住過的土臺上建了伏羲臺。

伏羲臺呈八角形，似像八卦，高一丈八尺，東西寬十五丈，南北長二十五丈，臺上建有羲皇古廟，奉祀伏羲女媧，人稱「人祖廟」。新樂舊縣志言此「旭日初升，紅光照映，獨先後復繞浴水，稻田錯列，誠一方之勝概也。名公登遊，多所題詠。」（《新樂縣舊志彙編》）

伏羲臺所在的新樂市何家莊北邊相傳有一池一河，池叫浴兒池，河叫洗兒河，和伏羲女媧育生有關。傳說伏羲女媧到新樂不久，女媧分娩了，生下一個能跳能躍的大肉蛋，伏羲女媧很驚奇，拔了旁邊的草葉把肉蛋割開，小孩出來

了。伏羲女媧把孩子抱到池子裏洗浴，結果把池子的水染紅了，流到河裏把河水也染紅了，伏羲女媧用來割肉蛋的草葉也成了半邊紅半邊綠的割胞神草了，至今在浴兒池邊還能看到這種葉子半邊紅半邊綠的割兒草。

在新樂，到處流傳著「伏羲生於成紀，長於新市（即新樂）」的說法。清代同治十二年（1873 年），生員劉燕《重修伏羲臺碑記》亦記有此說：「伏羲生於成紀、長於新市，茲固生人之處焉。故浴河有流紅之瑞，兒河記芳草之祥，載在史志，於今為烈，後人思慕不已，故立廟以祀之，報功德也……。」

每年農曆 3 月 18 日，新市都有祭祀伏羲的風俗。清代順治吏部左侍郎王崇簡於順治十七年（1660 年）記載了當地祭祀伏羲的景象：「自庖羲氏至今四千六百有餘載，若此其遠也；每歲暮春十有八日（印按：傳為伏羲誕辰），新市一百有八村之人咸牽車牛、治粢黍，赴羲臺，如聞親戚姻婭，厥初生子，雖農忙之際，必奔趨以相賀，又若次其近，何也？報其生，報所養，雖千萬年猶一日……。」

伏羲離成紀，徙陳倉，遷新樂，那麼最後終於何處？傳說伏羲後居淮陽地界，死後葬於此地。春秋時代還存在陵墓遺跡。漢代時，在陵墓旁建了伏羲祠堂。之後各代雖戰亂不斷，但對伏羲陵墓沒有多大破壞。唐王李世民還於公元630 年（即唐太宗貞觀四年）下詔令保護陵墓，禁止百姓在陵園打柴放牧。公元 962 年（即建隆三年），宋太祖下詔重建陵墓，在頒布的「修陵奉祀詔」中定於春秋二祀以太守祭。古代皇帝親臨伏羲陵墓祭祀的記事不在少數，如明皇帝朱元璋於 1371 年（即明太祖洪武四年）親寫祭文祭祀伏羲陵墓。以後的明、清皇帝多次下詔擴修伏羲陵園建築，形成了現在看到的規模相當大的皇陵建築：墓頂是圓穹，墓底方基，墓前豎有「太昊伏羲之墓」的大碑。伏羲陵前建有午朝門、道義門、先天門、太極門，玉帶河上建有三座玉帶橋，太極門上掛著「太昊伏羲之陵」的匾額，門兩邊有鍾鼓二樓，門後是統天殿、顯仁殿、泰始門。陵園分內城和外城，城中間東西側分別是岳王觀、真武觀、太清殿和女媧觀、玉泉觀、三仙觀。統天殿塑有伏羲聖像，高一丈五尺有餘，手托八卦，身穿獸皮樹葉，神偉莊重。陵墓最後是蓍草園。相傳二月初二、三月初三是紀念伏羲的廟會，每年這一天，數省百姓萬人雲集，紀念人文始祖伏羲。

伏羲女媧事蹟不僅流經河北新樂，還經山東嶧山、微山，又從山東流傳到河南淮陽、宛丘，再到湖北房縣，相關傳說還經流四川到達雲南等地。所經之地多有卦臺陵廟。如前在新樂建有伏羲臺，在嶧山建有人祖廟（又叫伏羲廟），

在微山建有太昊陵，在淮陽修建了伏羲陵、伏羲女媧陵，在湖北房縣有伏羲女媧廟，考古學家還在山東、河南、四川等地的出土文物中發現了刻有伏羲女媧形象的畫像石。

聞一多先生在《伏羲考》中把考古學家發現的關於伏羲女媧石刻和絹畫兩種圖像進行了仔細研究，分出石刻類有 5 種：武梁祠石室畫像第一石第二層第一圖；同上左右室第四石各像；東漢石刻畫像；山東魚臺西塞裏伏羲陵前石刻畫像；蘭山古墓石柱刻像。這些石刻畫像石是伏羲女媧傳說的見證。這些傳說，似乎在它的歷史經緯線上將伏羲塑造成了一個華夏古族的領袖，他帶領著一支精神上不斷啟蒙的遠古部族正通過他的黃金期不斷繁衍壯大，由成紀向陳倉、中原和其他地區擴張和流動。因是，在華夏大地上都處都留有他們的遺跡、風俗和傳說。

雲南、貴州省少數民族居住的一些地方，廣泛流傳著伏羲女媧的傳說。例如袁珂在《中國神話傳說》中講道：南方經常發生水患，一天，雷公給兄妹兩個孩子一顆牙齒，叫拿去種在土裏，兩個孩子聽了雷公的話，把牙齒種在地裏，說也奇怪，牙齒種下不久就長出嫩芽，到中午長出葉子，傍晚開花結果，第二天，果子長成了一個很大很大的葫蘆，兄妹二人用鋸子鋸開葫蘆蓋，挖掉葫蘆里長的密密麻麻的牙齒，鑽進葫蘆裏玩了一會兒，記住雷公說的能用它避難的話，把葫蘆抬到僻靜地方存放起來。第三天，天氣突變，洪水大漲，兄妹二人鑽進葫蘆隨水漂流，其他人被水沖走了，惟獨兄妹二人活著，男的取名伏羲，女的取名女媧，結為夫妻，繁衍後代，成為再造人類的始祖。故事說傳的同構性在不同地域結構性擴散，可見伏羲女媧影響之大。這些傳說雖然不能說明伏羲女媧出生在雲南、四川等地，但能說明伏羲氏族到過雲南、四川等地，那裡居住有伏羲氏族的後裔。

從西往東從北往南四處地擴散的傳說路線，其跡是否被實證，已不重要。重要的是傳說之風，風行草偃，無形地傳遞著這位創生老神對大地世界的人文造化，並相因相襲地已然落成了那些移除不了的精神慣性——民間習俗，就像一團神秘的血液在他的神性河道中默然湧動。它出示著一種日常可感的生活景象，暗示著自古流息的人文天道。這種地基性的力量揭示著寓世在世的生人本質，以及命體領會和精神嚮往，是在不可覺知的命運瞬間向人提示到的生存的回落與存在的轉變，惟此，才在更隱晦的精神敘事中顯白出寓生向世的日常形態。這是神話與傳說不隨時移，但又暗自變遷的原情張力。正是在這幅地形

圖上，我們也才能更加樸素地看出源脈相襲的歷史地理如何在這塊看似冷靜的人文版圖上生動地說話。

　　從文本到說傳，作為西北神話中軸兩脈的西王母神話和伏羲女媧神話，承續著一條從原說到流傳，再從流傳到澄清原說的現象學道路。惟其作為文本自顯的事件方式才當然流淌出作為說傳流轉變遷的敘事樣圖。而恰恰又是這些溢流人間的事蹟樣圖轉而供舉出事情本身綻出自身的存在線索。正是循著這些事蹟方式和展開線索，我們才一步接一步地應向古代神話在其開端處幽幽出示著華夏思想源起的源流和道路。其綻開的事蹟越是繁茂，我們從中獲取事情真相的線索也就越是密集，最終我們回歸事情本身的可能性也就越為可靠。

第二章　從事情到結構──作為事件性結構自現的西北神話敘事

一、主體形象的原初造形

（一）西王母及西王母神話當中的主體形象及原初給予

1. 西王母造型的演變

提起王母娘娘時，大部分人腦海裏或許會浮現出這樣一個畫面：一位雍容華貴、氣度威嚴不凡的中年女神，身後跟隨著兩列仙姿逸韻的妙齡女仙，王母的居所金碧輝煌，寶閣瑤臺，玉宇瓊樓，更有瑤林瓊樹，金花玉萼，再看那往

來的賓客皆是三界中的大神，五彩繪金的桌上擺著珍饈百味，異果佳餚，還有那一顆顆酡顏醉臉的仙桃，這仙桃可來之不易，三千年一開花三千年一結果。仙桃的主人微笑著看著群仙……。

這樣的王母和我們所熟知的《西遊記》中所展現的王母形象是差不多的。那麼王母這一形象在其產生的源頭處又是什麼樣的呢？讓我們隨著歷史的痕跡，溯流而上。

從《漢武帝內傳》的描述中，我們已經得知：「漢武帝劉徹即位後，喜好長生之術，常常祭拜名山大川。元封元年正月甲子，武帝「祭嵩山，起神宮。帝齋七日，祠訖乃還。至四月戊辰，帝夜閒居承華殿，東方朔、董仲舒侍。忽見一女子，著青衣，美麗非常。帝愕然問之，女對曰：『我墉宮玉女王子登也，向為王母所使，從崑山來。』語帝曰：『聞子輕四海之祿，尋道求生，降帝王之位，而屢禱山嶽。勤哉！有似可教者也。從今百日清齋，不閒人事，至七月七日，王母暫來也。』」根據這段文字我們知道是武帝求道的虔誠打動了王母，王母決定在七月七日這一天來見武帝。

武帝「於是登延靈之臺，盛齋存道……燔百和之香，張雲錦之帳，然九光之燈，設玉門之棗，酌蒲萄之酒，躬監肴物，為天官之饌。帝乃盛服立於陛下，敕端門之內，不得妄有窺者。內外寂謐。」〔註1〕

王母如期出場了：「至二唱之後。忽天西南如白雲起，鬱然直來，徑趨宮庭間。須臾轉近，聞雲中有簫鼓之聲，人馬之響。復半食頃，王母至也。縣投殿前，有似鳥集。或駕龍虎，或乘獅子，或御白虎，或騎白麟，或控白鶴，或乘軒車，或乘天馬，群仙數萬，光耀庭宇。既至，從官不復知所在。唯見王母乘紫雲之輦，駕九色斑龍，別有五十天仙，側近鸞輿，皆身長一丈，同執彩毛之節，佩金剛靈璽，戴天真之冠，咸住殿前。王母唯扶二侍女上殿，年可十六七，服青綾之褂，容眸流眄，神姿清發，真美人也。王母上殿，東向坐，著黃錦袷襦，文采鮮明，光儀淑穆。帶靈飛大綬，腰分頭之劍。頭上大華結，戴太真晨嬰之冠，履元瓊鳳文之舄。視之可年卅許，修短得中，天姿掩藹，容顏絕世，真靈人也。」〔註2〕

從漢儒野史的這段形繪中，屬於王母形象的描寫雖然短短幾句，但在古傳形象中卻是「天姿難掩，容貌絕世」。在《神異經》一書中，西王母沒有見漢武帝，而是和東王公相會，文中所體現出的，也是一種濃鬱的道家神仙氣息：

〔註1〕漢班固：《漢武帝內傳》，守山閣叢書本，第1頁。
〔註2〕漢班固：《漢武帝內傳》，守山閣叢書本，第2～3頁。

「崑崙之山。有銅柱焉。其高入天。所謂天柱也。圍三千里。周圓如削。下有回屋。方百丈仙。人九府治之。上有大鳥，名曰希有，南向張左翼，覆東王公，右翼覆西王母，背上小處無羽，一萬九千里，西王母歲登翼上，會東王公也，故其柱，銘曰崑崙銅柱，其高入天，周圓如削，膚體美焉，其鳥銘曰：有鳥希有碌赤，煌煌不鳴，不食，東覆東王公，西覆西王母。王母欲東登之自通陰陽相須唯會益工。九府玉童玉女，與天地同休息，男女無為匹配，而仙道自成，張茂先曰，言不為夫妻也，男女名曰玉人。」〔註3〕

在同樣託名東方朔的《十洲記》中，雖無西王母外形的描寫，可是關於西王母的住所以及周遭景物，卻描寫詳盡：「金臺、玉樓，相鮮如流，精之闕光，碧玉之堂，瓊華之室，紫翠丹房，景雲燭日，朱霞九光，西王母之所治也，真官仙靈之所宗。上通璇璣，元氣流佈，五常玉衡。理九天而調陰陽，品物群生，稀奇特出，皆在於此。天人濟濟，不可具記。此乃天地之根紐，萬度之綱柄矣。是以太上名山鼎於五方，鎮地理也；號天柱於瑶城，象網輔也。諸百川極深，水靈居之……」〔註4〕

《漢武帝內傳》、《神異經》及《十洲記》等古志怪中西王母及其在處，始終飄逸著一股托烘道家神仙世界的原初神秘和氤氳仙氣。在《西遊記》中，眾生悉熟的王母的居所、陳設、飲食無不顯示出了世俗的富貴和尊榮，《西遊記》第五回「亂蟠桃大聖偷丹　反天宮諸神捉怪」中蟠桃盛宴極盡奢華：「瓊香繚繞，瑞靄繽紛。瑤臺鋪彩結，寶閣散氤氳。鳳翥鸞翔形縹緲，金花玉萼影浮沉。上排著九鳳丹霞絜，八寶紫霓墩。五彩描金桌，千花碧玉盆。桌上有龍肝和鳳髓，熊掌與猩唇。珍饈百味般般美，異果嘉肴色色新。」

相比於蟠桃宴上的「龍肝鳳髓」、「熊掌猩唇」，在《漢武帝內傳》中的王母作宴情形可沒有這般奢侈腥暈。文中這般描述王母待武帝之膳：「母自設膳，膳精非常。豐珍之肴，芳華百果，紫芝萎蕤，紛若填樏。清香之酒，非地上所有，香氣殊絕，帝不能名也。又命侍女索桃，須臾，以盤盛桃七枚，大如鴨子，形圓，色青，以呈王母。母以四枚與帝，自食三桃。桃之甘美，口有盈味。」王母與武帝所食雖是畛食，但卻帶著氤氳仙氣的超世感覺，絲毫沒有重濃的人

〔註3〕酈道元：《水經注》，《四部備要》第47冊，中華書局出版社1989年3月第一版，第56頁下。按〈神異經〉一書託名東方朔，實並無確鑿證據。《漢書·東方朔傳》並無此書，但可證該書作在漢時。

〔註4〕東方朔：《十洲記》，《正統道藏》洞玄部紀傳類，第11冊54頁。按《十洲記》一書同樣託名東方朔。

間的煙火氣息。「芳華百果」、「清香之酒」，外加幾顆桃子，這樣原生態的飲食恐怕很難讓俗世的饕餮之士滿意。

除了著名仙界的蟠桃宴和王母見武帝之外，王母傳說中最有名的故事，當屬《穆天子傳》中所記：「吉日甲子天子賓於西王母。乃執白圭玄璧以見西王母。好獻錦組百純、口組三百純。西王母再拜受之。口乙丑，天子觴西王母於瑤池之上。西王母為天子謠，曰：白雲在天，山陵自出；道里悠遠，山川間之；將子無死，尚能復來。天子答之曰：予歸東土，和治諸夏，萬民平均，吾顧見汝，比及三年，將復而野。」〔註5〕

這些情致並茂且謠歌秘語的傳說使西王母的形象停留在古人對神仙逸事的想像裏，但打開更古老的畫卷，我們在《山海經圖贊》看到的西王母卻是：「西王母：天帝之女，蓬髮虎顏，穆王執贄賦詩交歡，韻外之事，難以具言。」西王母（也就是後來所說的王母娘娘）居然是「蓬髮虎顏」，這在形象上不免讓人吃驚。《山海經・大荒西經》同有表述：「有神人，面虎身有文，有尾皆白處之，其下有弱水淵環之，其外有炎火之山。投物輒然。有人戴勝虎齒，有豹尾穴處，名曰：西王母。」《山海經・西次三經》中又述：「西王母，其狀如人、豹尾虎齒而善嘯，蓬髮戴勝，是司天之厲及五殘」。《山海經》關於西王母形象的表述顯然已經劃破了我們在古典往事的跟蹤中試圖對西王母的美學儀態保留美好的渴望，此形象事件已經逃掉現代美學對古老始神的脆弱想像，從而散發出一股濃鬱的令人惟畏的原始性來。

除過對西王母溯源形象，發生了這種與認知傳說相異的原初事件，那麼西王母的出場及其棲居的世界又有什麼樣的變化呢？

〔註 5〕王天海：《穆天子傳全譯》，貴州人民出版社 1997 年 8 月，第 62～63 頁。

　　《山海經‧大荒西經》裏說西王母住在玉山，而且「此山萬物盡有」。那麼萬物盡有之山是什麼樣子的呢？是不是和瓊樓玉宇的仙宮一般美好？《山海經‧西山經》這樣說：「其木多棕，其草多竹，淫水出焉，而東流注於渭。」

　　「西海之南，流沙之濱，赤水之後，黑水之前，有大山，名曰崑崙之丘。……其下有若水淵環之，其外有炎火之山。投物輒然。」〔註6〕由這些表述我們可以看到，雖然西王母的居處「萬物盡有」，可是在現代人的眼中，完全是一副洪荒圖景。

　　《山海經》中的西王母形象野蠻粗鄙，漢傳史說中的王母形象典雅高貴，但皆在神仙世界的理路中安棲。然而，在另一種類人學視野中，西王母似乎不再是人們想像中的神了。她被釋解為了尚古西方的一位部族首領。明代胡應麟說，西王母「蓋以外國之君」。清代紀昀也有過類似的表達：「所謂西王母者，不過西方一國君」〔註7〕，「西王母」既是一個部族的名字〔註8〕，也是對這個部族首領的稱呼。故而，西王母其實究竟是男是女，是人是仙在歷史筆野中也是不能貿然確定的。

　　如果說之前我們關於西王母的形象是溯流而上的，那麼，現在我們再次出發，順流而下，又會尋探到什麼樣的情境變化呢？在《山海經》中，西王母最早出場的形象是：蓬頭亂髮，戴著玉勝，長著老虎的牙齒，豹子的尾巴，整體外形還像人。她的身份是一位主管「天之厲及五殘」的女神，「天之厲及五殘」是指災疫和刑罰。她住在玉山之上，玉山雖然一派流水茂林的景致，但視角上仍感十分荒蕪，人類文明的痕跡很少。到《穆天子傳》中，西王母的形象已經不再是「蓬頭亂髮」的怪神形象了，當周穆王「執白圭玄璧以見西王母。好獻錦組、百純組三百純」〔註9〕時，西王母懂得「再拜受之」〔註10〕，而且西王母還向周穆王唱了一首溫暖的歌謠，盡現禮儀樂教之態和可解人間風情之美。再到《漢武帝內傳》中，西王母已由蓬頭怪神徹底變成了靈盈女仙：「(王母)著黃錦袿，文采鮮明，光儀淑穆。帶靈飛大綬，腰分頭之劍。頭上大華結，戴

〔註6〕　袁珂：《山海經全譯‧大荒西經》，貴州人民出版社，1991年12月第1版，第300頁。
〔註7〕　《四庫全書總目》卷一四二，小說家類三《穆天子傳》，第4頁。
〔註8〕　《穆天子傳》西晉郭璞注曰：「斛竹在北，北戶在南，西王母在西，日下在東，皆四方昏荒之國次四極者。」
〔註9〕　引《穆天子傳》，同上。
〔註10〕　引《穆天子傳》，同上。

太真晨嬰之冠，履元瓊鳳文之舄。視之可年卅許，修短得中，天姿掩藹，容顏絕世，真靈人也。」這樣的形象事件已經具有了凡人望想仙神的美妙氣質。野獸神的基礎特質此時在西王母的身上已是蕩然無存。西王母也不再悅合謠歌，而是向武帝講授了大段大段的仙道之術。在《神異經》中，雖然沒有《漢武帝內傳》中的斐然文采和道家觀念的大段描述，但是讀來會意，也是仙氣縈繞，美妙可旨，可以看出西王母氣質徹底仙化的改變。

直至《西遊記》等神話志怪小說中，西王母，也就是王母，不僅和玉皇大帝結為了夫妻，而且還成為了仙界女仙的領袖，一副堂皇成熟的典貴神態。她雖然生活在天宮，但是處處能反澈世俗的情調。西王母的住所也由遙遠荒涼、地處西極的「崑崙山」搬到了晶瑩可感的「瑤池」。

從半人半獸的怪神形象，到擁掇仙道氣象的成熟女仙，再到射影俗道的玉帝之妻女仙之首，西王母在她的造形板塊上過渡並完成了愈具知性氣質的天庭神母。顯然，這是一個從「非人類之美」被「人類之美」逐漸剔除並陶冶的造形過程。這道被交付到人文會意中的原始進化，使西王母的故事也在禮性文化的跟進中不斷被拓展並演繹。

2. 西王母神話中男性主體的形象演示

除西王母自身的形象演變外，在西王母的神話事蹟中，我們還看到了四個傑出的男性形象：周穆王、東王公、漢武帝和玉皇大帝。如若按照之與西王母共同出現的敘事文本的先後做一個排序，那就是：周穆王、東王公、漢武帝和玉皇大帝。

（1）周穆王

這個擁有神性傳說的古代帝王，他駕八駿西巡，拿著白圭玄璧去見遙在西極的西王母。周穆王用自己的傳說遭遇神跡，但在歷史敘事中，卻是「欲恣其心」、「不恤國事」，想像一下，他可是個不苟朝政、肆意遠遊的浪漫天子。

《左傳·昭公二十年》中說：「昔穆王欲恣其心，周行天下，將皆有車轍馬跡焉，祭公謀父作《祈詔》之詩，以止王心……」在《列子·周穆王》中記載：「王自以居數十年不思其國也……王大悅。不恤國事，不樂臣妾，肆意遠遊。」《國語·周語上》記載：「穆王將征犬戎，祭公謀父諫曰：『不可，先王炫德而不觀兵……今自大畢、伯士之終也，犬戎以其職來王……』王不聽，得四白狼、四白鹿以歸。自是荒服者不至。」這些史傳國紀都不同程度地揭批了周穆王在國事方面的恣意態度和不思其國、荒者不服的政治玩性。

在《竹書紀年》中，周穆王卻似乎又有一些史詩般的力量：「穆王西征，還里天下，億有九萬里。」「穆王南征，君子為鶴，小人為飛鴞。」「穆王東征天下二億二千五百里，西征億有九萬里……。」這裡的周穆王不僅個人能力超強，就算是他的馬和狗都是十分厲害的。《穆天子傳》：「天子之馬走千里，勝人猛獸，天子之狗走百里，執虎豹。」至此，遙對一個半人半獸的西王母，我們又似乎看到了一個半人半神的周穆王。

（2）東王公

較之半人半神的周穆王，而東王公的情形又如何呢？《太平廣記》中《集仙錄》卷十「西王母」條：「在昔道氣凝結，湛然無為，將欲啟迪玄功，化生萬物，先以東華至真之氣，化而為木公。木公生於碧海之上，蒼靈之間，以主陽和之氣，理於東方，亦號東王公焉。又以西華至妙之氣，化而生金母，金母生於神州伊川，厥姓堰氏，生而飛翔。以主元，毓神玄奧，與渺莽之中，分大道醇精之氣，結氣成形，與東王公共理二氣，而養育天地，陶鈞萬物……。」

《仙傳拾遺》卷五「張子房」條：一兒曰「著青裙，入天門；揖金母，拜木公」……此東王公玉童也。所謂金母者，西王母也；木公者，東王公也。此二尊，乃陰陽之父母，天地之本源，化生萬靈，育養群品，木公為男仙之主，金母為女仙之宗。長生飛化之士，昇天之處，先覲金母，後拜木公，然後升三清，朝太上矣。

《仙傳拾遺》卷一「木公」條：「木公，亦曰東王公，亦東王父……九靈金母，一歲再遊其宮，共校定男女真仙階品功行，以升降之……。」

從以上描述中，我們可以看出東王公是，理於東方，主陽和之氣，與以西華至妙之氣化生為金母的西王母，共理「陰陽」二氣的仙界大神。這位有「木公」之名的神，分管眾仙，為男仙之主，有定神仙階品，司升降之職權。

我們再回到託名東方朔的那部《神異經》，這裡面我們看到了西王母和東王公在「鳥翼」上相會的古今說傳中最神奇也最浪漫的場景：上有大鳥，名曰希有，南向張左翼，覆東王公，右翼覆西王母，背上小處無羽，一萬九千里，西王母歲登翼上，會東王公也。這一場景自然也會讓我們想起周穆王和西王母相會的故事：穆王籍神奇八駿，執白圭玄璧以見西王母。但是東王公神性湛然，並非周穆王可比，不過周穆王貴為天子，比東王公可是更多了人間權勢。這裡我們看到，東王公才是幸對女仙之宗西王母的那個幸運男神。

（3）漢武帝

到了《漢武帝內傳》中，和西王母相會的可就是鼎鼎大名的漢武帝劉徹了。漢武帝雖然「好長生之術，常祭名山大澤」，但是他的神性並不能和能令狗馬昇天的周穆王相比，遑論以鳥翼覆會西王母的東王公了。不過，作為一個開拓空前大帝國的歷史皇帝，他的人性事蹟能被編入仙會故事，可是穆天子和東王公也沒有預料到的。

（4）玉皇大帝

到了玉皇大帝這裡情形又如何呢？

在《西遊記》裏玉帝高居天宮，經營著他那看似萬列十全的神仙國度。人們總是帶著極度複雜的問題與這個仙話人物相處，他到底有何法力可令百仙臣服？而孫猴子翻鬧天宮的童性故事卻又起於想與之齊天的僭越跳騰。而最終收服小猴子的卻不是玉帝，而是遙在西天的如來佛祖。而看起來佛祖也意願為這個仙界國王施給力量，沒有絲毫藐視之意。玉帝的形象及在神界中一直讓人看不到的法力，不斷挑釁著人們對神仙皇帝的複雜想像。是佛祖的大全修成之高呢，還是玉帝位存於斯的神話命運，注定了他在那裡巋然不動。

古往今來，人們又如何道說並理解這個複雜形象的？

傳說人間無賴子張堅竊取天位成為天宮之帝，稱張天翁。(《酉陽雜俎》卷十四《諾皋記》)「天翁姓張，名堅，字刺渴，漁陽人。少不羈，無所拘忌。常張羅得一白雀，愛而養之。夢劉天翁責怒，每欲殺之，白雀輒以報堅，堅設諸方待之，終莫能害。天翁遂下觀之，堅盛設賓主，乃竊騎天翁車、乘白龍，振策登天。天翁乘余龍追之，不及堅。既到玄宮，易百官，杜鑫北門，封白雀為上卿侯，改白雀之撒〔裔〕，不產於下土。劉翁失治，徘徊五嶽作災，堅患之，以劉翁為太山太守，主生死之籍」。天帝如此上位，與道教中全奉的高神在理解上又形錯位。這位玉皇大帝，在道教中可是最高的神，全稱「昊天金闕無上至尊自然妙有彌羅至真玉皇上帝」，亦稱「玄穹高上玉皇大帝」。宋代道教徒造作的《高上玉皇本行集經》介紹玉皇大帝的情況，大體是說光嚴妙樂國王靜德、王後寶月光，王和後禱遍諸聖，生了太子，這太子終竟捨棄王位，去普明香岩山學道修真，輔國救民，度化群生歷三千二百劫，始證金仙，號清淨自然覺王如來如是修行，又經億劫，始證玉帝。(《古今圖書集成·神異典》卷九)

如何理解玉帝，那是個看似也被歸淡遺忘的話題，而奇妙的是隨著玉帝的虛位隱機，王母娘娘也似乎隱居深宮幾難素面。《西遊記》故事裏面的西王母

已經偶對玉皇大帝。與東王公在鳥翼上覆會的神秘化意相比，此時的西王母已經濃縮為一個成熟太后，她那主歷生死的張力原形，已經被美命美奐的七仙女縈繞其側而徹底消除，不過照生仙桃子的長生本能卻極其趣味地遺留到孫猴子屢犯天條的記事簿上，令玉帝徹底動怒、執意執拿，並作出懲罰，離不開這齣以天宮桃園為側幌的命運鬧劇。在西遊記裏，王母隱形緘言，除了滿園宴仙的神桃被猴子糟蹋了一地而隱聲而忿外，也似乎沒有放出哪個寵物或法器埋伏到西天路上刻意為難孫猴子。這是一個越體會就越會生趣的故事。無論西王母如何隱晦不露，但在天宮裏面與運馭天勢的天界之主玉皇大帝對而為女仙領袖卻是不變的。而這個神話地位，自東王公開始就已經奠定。佛教中有天帝釋，又稱帝釋天或簡稱帝釋，佛教護法神之一，民間奉信的玉皇大帝就是這類護法。玉皇大帝在儒家構想中，更像是從人間投射到天上去的一個理想皇帝。其複雜性於此，看起來永遠都會是個話題。

從周穆王到東王公，再到漢武帝，最後到玉皇大帝，我們看到這些和西王母有著事件交集的男性形象，總體來說是與西王母不可沖流的仙首位度相匹配的。西王母作為女仙之首以越來越隱沉的氣息格外別致地落歸於華族神譜當中，無聲地闡釋著由女性神隱蔽致導的那股陰性力量，而西王母從崑崙墟到回屋再神秘垂臨武帝延靈之臺，最後在蟠桃敘事中顯朗那出大鬧天宮的神話戲劇，聽起來更像一部從高冷到浪漫仙會並退向隱蔽的交響曲。而從周穆王到玉皇大帝這些男性存在者扮飾的事件形象，若非西王母的出席或在場也似乎在神語道場中支墊不出來。她領越著解讀帝王事蹟的神秘優勢，惟此，那些求仙、遇仙的美好故事，才在他們身上獲得了放大。

3. 西王母神話流傳中的羿和嫦娥

西王母神話一直在顯白敘事與隱形敘事中存在。前者如在穆天子仙會、武帝內傳以及東王公故事中，西王母出席且在場。後者西王母在場但不出席，比如「嫦娥奔月」。

最早記載「嫦娥奔月」神話的是戰國時的《歸藏》：「昔嫦娥以西王母不死之藥服之，遂奔為月精。」和《月賦》中記載的「昔嫦娥以不死藥奔月」，是兩則最早的關於嫦娥奔月的神話。後世蓋據此傳說而將羿引綻其中。

《淮南子·覽冥訓》：「羿請不死之藥於西王母，姐娥竊以奔月，悵然有喪，無以續之。」高誘注：「嫦娥，羿妻。羿請不死之藥於西王母，未及服食之，嫦娥盜食之，得仙，奔入月中為月精也」。高注始稱嫦娥為羿妻，《淮南子》原

文本無此說。

劉彥和《文心雕龍・諸子》:「按《歸藏》之經,大明迂怪,乃稱羿斃十日,嫦娥奔月。殷《易》如茲,況諸子乎?」郭景純詩:「偏偏尋靈娥,眇然上奔月。」

嚴可均《全上古三代秦漢三國六朝文・全後漢文》輯錄張衡《靈憲》:「羿請不死之藥於西王母。妲娥竊之以奔月。將往,枚占於有黃,有黃占之曰『吉。翩翩歸妹,獨將西行,逢天晦芒,毋驚毋恐,後且大昌。』妲娥遂託身於月,是為蟾蜍。」

《開元占經》卷1引《靈憲》曰:「羿請無死之藥於西王母,妲娥以之奔月……」

今人袁珂《嫦娥奔月神話初探》就「嫦娥奔月」說到,嫦娥奔月是因嫦娥與其夫羿不睦,故而背夫竊藥,奔月為精。當然這藥是西王母賜給羿的。

在這個淒美的神語敘事中西王母隱而不現,但其賜不死之藥,卻是整個事件劇烈生發的緣由。如果沒有西王母的不死之藥,嫦娥奔月的離情事件似乎不會進行下去。羿請無死之藥於西王母,妲娥竊之以奔月,是這一整幅事蹟發生的原情道說。得了不死之藥,為何竊吃了之後居然會飛到月亮上去呢?這又是這個故事的關鍵。西王母攜擁永生之物,事實上是整個神話的開端。居住在大地上的生靈必有一死,這是自古以來人所具有的普遍經驗,何以不死,成為對此必死性命運的靈魂性糾扯,顯然「不死」事關靈魂不朽。何若靈魂不滅不死,不死不滅的靈魂顯然有其無生無滅的寂然道境。此道境寓何?在嫦娥故事裏面,此不朽滅的道境顯然被意向到高冷廣大的月亮裏面。

為什麼會在月亮裏面?拿到不死之藥的美麗嫦娥為何單單奔向清無塵煙的廣寒宮呢?

《楚辭・天問》:「夜光何德(得),死則又育?厥利維何,而顧菟在腹?」《孫子・虛實》謂曰:「月有死生。」夜光(月)之能「死則又育」。月有死生,死則又育,是這昧不死之藥通向月境的終極答案。惟在不死之地,此可死之疾才能藥到。廣寒宮冷澈得足以冷掉詩意。這是千古以來人們對月望月歎月思月寄月的詩性夜話。月亮美的可見而又不可觸及。其美於圓成,又美於殘缺。在這個神話廣地,不死的意蘊偏偏就被勾扯了出來。那面又清又澈的懸天之鏡,不僅用來照拭心境,而且隱隱綽綽地顯出一棵長生樹來。不死之藥因是而成為月亮光芒下的神奇造物。從不死之藥到不死之樹,一個勾連等合的往通道境由此開敞。相同之物必然迎向相同之在。不死之物當在不死之境。月亮裏面生長

的這棵不死之樹便是人瞳中畫出來的神奇桂樹。

　　《酉陽雜俎》引「異書」（《山海經》）言：「月桂高五百丈，下有一人（吳剛）常折之，樹創隨合。」月桂因為是不死樹，所以「樹創隨合」。晉傅玄《擬『天問』》：「月中何有？白兔搗藥。」漢代石刻畫像，就有月裏蟾蜍搗藥圖。白兔或蟾蜍，似二實一，更像是嫦娥到不死之境後向人示顯的存在化境。

　　白兔或蟾蜍所搗的藥乃不死之藥。嫦娥竊不死之藥而離世，往那不死之境奔去。這是由不死性使喚到離死背生的意義尋視再往不死之境遷棲的滑翔式過渡。死亡成為人間的一種疾病，需要搗藥而救治。《初學記》引《淮南子》佚文，於嫦娥奔月後，便謂其「託身於月，是為蟾蜍，而為月精」。

　　嫦娥奔月的淒冷往事在不死性意境中獲得了安置。但奔月離世，更像是一場轉身而去的離情事件。在這個事件中，傷害最大的似乎就是最終擔起彎弓射月的后羿。西王母向其配置的不死之藥，卻沒有往他身上應驗。似乎在命運中已經埋伏下了他射月的本質──殺死月亮──取消不死之境。正是其有殺死月亮的人間性，所以命運才在這個神秘事件中作為命運而發作。而引發這場命運轉折的正是測繪命運輪廓的那道人神間居的中性力量──占筮。姐娥竊不死之藥，「將往，枚占於有黃，有黃占之曰『吉。翩翩歸妹，獨將西行，逢天晦芒，毋驚毋恐，後且大昌。』姐娥遂託身於月」。張衡《靈憲》（輯本）說，嫦娥奔月前「枚筵於有黃」，受到女巫有黃的挑唆，才有奔月的絕然之舉。於是，在神性細節中，有黃成為助推這個事件的隱蔽禍手。

　　西王母在這個故事中，只成為了一個象徵，一個幾乎看不到的符號，她的外形究竟是半人半獸還是仙姿飄逸，都是無法看出來的。現在讓我們返回出事畫面，看看事件影響中最痛的人物后羿。他何以去請「不死之藥」？

　　據考證，后羿這個神話人物，來自兩個古說原型，一是上古時期的射九日的大羿，一個是夏朝有窮國的國君后羿。《山海經‧海內經》記：「帝俊賜羿彤弓素繒，以扶下同。羿是始去恤下地之百艱。」〔註11〕可見羿是帝俊派下來為人去艱除患的天神。於是羿，誅猰貐、鑿齒，殺九嬰、大風，斬封豨、修蛇，為民除害，一時間聲望遍地。因十日連天，民不甚其苦，故羿力射十日，最終射九日而留一日。而這十個太陽恰是帝俊之子。帝俊無法接受羿射殺自己兒子的行為，對羿的處罰也是想見的。《隨巢子》中記載：「幽厲之時，奚祿山壞，天賜玉塊於羿，遂

〔註11〕袁珂：《山海經全譯‧海內經》，貴州人民出版社，1991 年 12 月第 1 版，第336 頁。

以殘其身，以此為福而禍」，羿受難被棄貶為凡人。為此，屈原也不禁發問：「馮珧利決，封豨是射。何獻蒸肉之膏，而後帝不若？」〔註12〕后羿因射日致禍，被貶凡間。此時，人間正是夏太康時代。夏太康乃大禹後代，是個昏主。后羿因射九日、平三怪，從而獲信百姓，百姓擁他為戴，推翻太康之治，自立為帝，改國號為有窮，其治南到長江、東起遼東、西迄隴西，足見其王天下的本領。天下太平後，他又漸漸地驕滿起來，不問國政，經常到山中打獵為樂，把國家事務都委託給了宰相寒浞。結果射獵回家的路上被寒浞射死。嫦娥奔月的故事，蓋在羿貶為凡人後，為昇天避死，而「請不死之藥於西王母」的。

在現代敘事中，后羿被描述為了一個功勳卓著的大英雄，後因與嫦娥不睦，心中煩悶，故常漫遊野外而無歸，嫦娥不堪守寂，故竊「不死之藥」離情而去。

羿成了一個世性墮落的悲劇英雄，而嫦娥則成了國人意向的美學情節。古往今來，關於嫦娥的詩詞美篇不計其數。

范仲淹《和葛閎寺丞接花歌》詩云：「竊藥嫦娥新換骨，嬋娟不似人間看。」李曾伯《水調歌頭·庚申十六夜月簡陳次賈》詞：「想嫦娥，應笑我，鬢蒼然……問訊廣寒宮殿，悵未了塵緣。願賜長生藥，換我骨為仙。」「寒風繞我夢魂去，飛揚直上蓬萊宮。蓬萊宮殿女如玉，霓裳羽扇環簥櫳。月娥留我宴珠翠，珧筵間列花叢叢。酒酣萬象羅心胸，舉杯話別殊匆匆。青鸞命駕下空闊，一聲踏瑕名丁東」（華嶽《記夢》）……詩人們在嫦娥的天月意境中出塵遐想，宛然走進另一幅紅塵。

嫦娥在詩情畫意中擔當了一個美麗動人而又遙不可及的理想女性。在這起神語事件中，人們似乎並不追問嫦娥身上的道德過錯，而是將所有的想像都投入這個靈光閃耀的美學邊境。美作為一個更積極也更中性的精神事件，引燃

〔註12〕《楚辭今注》，湯炳正等注，上海古籍出版社，2012年9月第2版，第93頁。

了人們離境出世的超然想像，其存在本身已經脫出史性重量及道德歸罪的所有估計，就像在諸神世界與阿瑞斯偷情的美神阿芙洛狄忒，諸神嘲笑的並不是這個逾越邊界的愛欲形象，而是斯淮斯托斯試圖採取道德歸罪的笨拙行動。美在此變得自由而可愛。嫦娥奔月事件本身已然以存在的方式將美渡向存在的河岸。而這個事件之所以在人間的詩情畫意中被童話，就因為西王母神話的道真意向以更符合事情本身的方式允讓了這個人性事件在神語天空的駐紮。羿的世俗外形被冷落了，他沉重而煩悶地留在了人間，而嫦娥則脫離肉身的沉重輕靈曼妙地飛到天上去了。

4.「夸父追日」的神語造形

「嫦娥奔月」的故事可以算是西王母神話座標中最動人的事件之一，而「夸父追日」的神話，也似乎是西王母神話版圖中令人遐思的事件。這個神話故事和西王母又有什麼關聯呢？

「夸父追日」的神話出自《山海經》。《山海經·大荒北經》記：「夸父不量力，欲追日景（影），逮之於禺谷。將飲河而不足也，將走大澤，未至，死於此。」〔註13〕

「夸父與日逐走，入日。渴欲得飲，飲於河、渭，河、渭不足，北飲大澤。未至，道渴而死。棄其杖，化為鄧林。」〔註14〕

關於這個神話龔維英先生在《「夸父追日」神話新釋》有著非常精彩的解讀：現在，讓我們看看夸父死時，棄杖化成的鄧林，該是什麼呢？

《山海經》畢源《注》「鄧林，即桃林也，鄧、桃音相近。蓋即《中山經》所云，夸父之山，北有桃林矣。」正是畢源自注，夸父逐日的神話不經然地就與西王母神話有了聯繫。《山海經》屢記各神山有桃或類桃之果。如《西山經》云，不周之山「爰有嘉果，其實如桃，……食之不勞」。郝舞行《注》引《太平御覽》卷九六四的異文是，「其實如桃李，其華食之不饑。」此類「嘉果」，其實如桃，不禁讓我們聯想起《西遊記》裏王母娘娘的蟠桃。蟠桃乃仙桃，吃了可以長生不老。而這種蟠桃樹則是神話傳說中不死樹的一種。《海內十洲記》云：「東海有山名度索山，上有大桃樹，蟠屈三千里，曰蟠木。」《漢武帝內傳》記西王母賜漢武帝四枚仙挑，並說：「此桃三千年一生實，中夏地薄；種之不

〔註13〕袁珂：《山海經全譯·大荒北經》，貴州人民出版社，1991年12月第1版，第318頁。

〔註14〕袁珂：《山海經全譯·海外北經》，貴州人民出版社，1991年12月第1版，第214頁。

生。」看來，鄧林之桃也當是這類仙桃嘉果的仙化。

夸父不僅和西王母有了牽涉，而且和嫦娥的故事也有了聯繫。前說「羿請不死之藥於西王母，姮娥竊以奔月。」（《淮南子・覽冥訓》）嫦娥竊取了不死之藥，奔月而為月精（月神），此不死之藥既然來自西王母，當是西王母的仙桃或以仙桃嘉果合化之物。這已經與鄧林之桃有了關聯。嫦娥奔月，乃因月亮裏面生有不死之樹。此不死之樹就是月桂。「月桂高五百丈，下有一人（吳剛）常折之，樹創隨合。」月桂因能「樹創隨合」，故為不死樹，而月桂殆鄧林所衍變。漢樂府古辭《董逃行》云：『「採取神藥若木端，白兔長跪搗藥蝦蟆丸。」若木（扶桑）為神樹，亦仙桃（鄧林）、月桂之屬。可見，隨著時間的推移，月亮內的不死之樹成了月桂，而月桂則又為夸父杖化的鄧林所衍化。

西王母掌握著不死之藥，她本是「司天之厲及五殘」的主瘟神（《山海經・西次三經》）。殺人的瘟神卻掌握使人永生的不死之藥，這和夸父身死而所棄之杖化為不死之樹（鄧林）的母題具有同樣的張力。「死則又育」，這是對生死託喻的張力性思辨。夸父逐日渴死，棄杖化為桃林——不死之木，似乎這不死之木才是有死性誇張的意義過渡。死亡再次作為一種疾病，在神話的混喻中，需要一種不朽的良藥得到克服。月圓又缺，這種景象，更像是望生而歎的些許靈病。但奇妙的是它又從殘缺甚至死寂中往復於再現和圓成並因之活過來了。圓成之月不僅從那靈病神態中痊癒了，而且神氣飽滿如新生了一般。就如食了新生良藥，重新從寂滅中復活了一樣。何以死則又育？那明澈寒境中呈示出了什麼？那裡面一定生長著一棵可以使此的長生之樹。死而又生，就如夏華冬木，這是被時間突然刻意拉長的時序過渡。去了又來，宛若春暖花開，是必死性在有死的顯跡中再度發生與重複的事件過渡。

神話語境將生與死在嚴肅緊張當中貼靠起來，似乎要從有死必死的殘歷當中指認出一種在生在世的強烈意蘊。這種意蘊是通過對死的歷及與對望中張示出來的。它成全著在世好生的本真意向。而且，籍此，將死亡改判到可往無死性過渡的死亡練習和精神秘境當中去了。這是強大的意向昭示，也是透過希望與意願先行籌劃到的欣然在世。作為必死之在寓於世界當中，世界之物總歸會在欣然迎向中拋顯出來，而在此往來復回生生不息的物語暗示中，死亡就不再是輕生的維度。死亡之疾在這向生而在的實際中被消除了。無論穆天子，還是東王公，無論武帝仙會，還是嫦娥奔月，在西王母寥闊的神語版圖上，向生去死的意向都被恰適地觀照到了。這既是西王母神話的原初給予，也是神語

事蹟中拋露出來的思想方式。愛生貴生超越死亡嚮往永生的人間本能，不禁間已然成為西王母綿延遺送的神性風度。

（二）女媧伏羲及女媧—伏羲神話當中的主體形象及原初給予

女媧作為西王母神話外女性神話的一支，其造人補天的女神形象，無論古代道說，還是民間崇拜，都與她圍繞補天造人而被溯述的神話造形相匹配。女媧常常是與伏羲一同被道說的，伏羲女媧並稱，與西王母與東王公或玉帝相比，伏羲女媧算是一對比較穩定的對偶神。「昔宇宙初開之時，只有女媧兄妹兩個，在崑崙山，而天下未有人民。議以為夫妻，又自羞恥。兄即與妹上崑崙山，咒曰：『天若遣我兄妹二人為妻，而煙悉合，若不，使煙散。』於煙即合，其妹即來就。兄乃結草，為扇以障其面。今時人取婦執扇，象其事也。」〔註15〕唐代詩人盧仝在《與馬異結交詩》中，以女媧為伏羲婦。梁玉繩《漢書人表考》中，《通志》引《春秋世譜》云：「華胥生男子為伏羲，女子為女媧。」〔註16〕

伏羲女媧是創世大神，神史地位極受尊崇，《春秋運斗樞》《淮南子》和《路史》中均提到「伏羲、女媧、神農為三皇」。《淮南子·原道訓》裏面說：「泰古二皇，得到之柄，立於中央，神與化遊，以服四方。是故能天運地滯，輪轉而無廢，水流而不止，與萬物始終。……其德化天地而和陰陽，節四時而調五行……。」文中奉伏羲、女媧為「泰古二皇」。

伏羲女媧雖然後來並稱，但一開始女媧和伏羲卻並無交集而是分開道說的。我們先看女媧。

1. 女媧的形象

屈原在《天問》中問到：「女媧有體，孰制匠之？」屈原的這個問題看起來是在追問女媧形象的原初給予——「孰制匠之？」而要澄清她的形象原初，就要溯及她被說傳的蹤跡來由。從文本載記看：

《山海經·大荒西經》「有神十人，名曰女媧之腸，化為神，出栗廣之野，橫道而處。」

《山海經·大荒西經》郭璞注：「女媧，古神女而帝者。」

《列子·湯問》「天地亦物也，物有不足，故昔者女媧煉五色石以補其缺，斷鼇之足以立四極。其後共工氏與顓頊爭為帝，怒而觸

〔註15〕唐李冗：《獨異志》，商務印書館，1937年12月，卷下第51頁。
〔註16〕梁玉繩：《漢書人表考》，商務印書館，卷二，第36頁。

不周之山。」

《淮南子‧太平御覽》:「俗說天地開闢未有人民。女媧摶黃土作人,劇務,力不暇供,乃引繩與絙泥舉以為人。故富貴者,黃土人也;貧賤凡庸者,絙人也。」〔註17〕

《淮南子‧覽冥訓》:「往古之時,四極廢,九州裂,天不兼覆,地不周載;火爁焱而不滅,水浩洋而不息;猛獸食顓民,鷙鳥攫老弱。於是女媧煉五色石以補蒼天,斷鼇足以立四極,殺黑龍以濟冀州,積蘆灰以止淫水。蒼天補,四極正;淫水涸,狡蟲死,顓民生。背方州,抱圓方……當此之時,禽獸蝮蛇,無不匿其爪牙,藏其螫毒,無有攫噬之心。」

《說文解字》「媧,古之神聖女,化萬物者也。」

《路史‧後紀二》「以其(指女媧)載媒,是以後世有國,是祀為皋媒之神。」

《世本‧作篇》「女媧作笙簧」

從《山海經》到《世本》女媧傳說的事蹟大體已全:造人、補天、治水、化物、置婚、作簧、撫民。因其事蹟大巨,故而女媧在身份上也被謂為「古之神聖女」,是「古神女而帝者」。女媧神事蹟巨大,但關於她形象的描述,卻不如西王母那般清楚。所以,近人多是通過神語想像和古代辭考,以明瞭其形象。

圖1 天水趙村彩陶

吳詩池:《原始藝術》頁53,紫禁城出版社,1996年。

〔註17〕《太平御覽》卷七十八,王部三,引漢代人應劭《風俗通義》。

圖 2　青海柳灣

青海文物考古研究所：《青海柳灣》116 頁，文物出版社，1984 年。

如前清人趙翼認為「女媧，古帝王之聖者，古無文字，但以音呼。」（清·趙翼：《陔餘叢考》卷一九《女媧或以為婦人》，河北人民出版社，1990 年。）按《說文》媧從女，咼聲。而蛙字從屬支部圭聲，兩者可以相互通轉。故有女媧是蛙圖騰之說。因女媧氏圖騰說之故，人們關於史前彩陶出現的蛙紋蛙圖聯想不已。其中個案舉不勝舉。數類旁多的神秘蛙紋彷彿成了人們關於女媧氏形象的神秘猜想。上古傳說女媧沒有祭出可觀外形，而是以聲部呼名抑為其不可知的外形，於是乎，女媧便與蛙不可思議地結合到了一起。漢學家 E·舍弗爾援引一系列同音或者近音字『窪』、『蛙』等，提出女媧最初可能是水窪之神，即蛙女神（〔美〕E·含費爾：《中國古代女神和女神崇拜》頁 26～27，中國社會科學出版社，1991 年。）〔註18〕

神話的意境如此，多於此說者也不甚了了。但重要的是其從聲部呼至的外形可否嫁接於其造化萬物的神奇。就勘探到的女媧事蹟來說，女媧神到底突出於何樣造形都不是闡釋女媧神族的重點。

「蛙」的形象似乎可以認為是女媧的原初造形，正如那個半獸半人的西王母。和西王母一樣，女媧的神話形象也在她的流傳中被闡釋和延異。直到伏羲

〔註18〕李丹陽：伏羲女媧形象流變考〔J〕，故宮博物院院刊，2011 年。

出現，女媧與伏羲共同的形象才在神秘畫板上以蛇身人面的神話構圖清晰地出現。但初始形象的意義終究是巨大的，雖然它在漫長的歷史河道中湮沒無聞，寂靜地綻放在那個神秘的源頭處，但人們只要認識還要想那個在神話時間不斷被消融的容顏，就會有股神秘自喜的感覺。這樣的感覺恰如瑪格麗特·杜拉斯在《情人》中那段著名的描述：「這個形象，我是時常想起的，這個形象，只有我一個人能看到，這個形象，我卻從來不曾說起。它就在那裡，在無聲無息之中，永遠使人驚歎。在所有的形象之中，只有它讓我感到自喜自悅，只有在它那裡，我才認識我自己，感到心醉神迷。」〔註19〕

就史前陶器上呈示的條紋圖畫而言，瑪格麗特的這段用來領會「情人」的描寫，似乎也在適空的位格上可以用來體會那些史前陶器上造形的「神秘之眼」，那些無解的美學繪圖，那些通過線條流波以及非具象物造構的圖畫空間，似乎熟悉，但又說不清楚。有種神秘的親近，甚至令人心醉神迷，但它又從這種親近感中恍然閃逝，自處在那個似乎永遠走不進去的時空當中。它出示著世界的初始線條，但又盤鎖著那個原始的密碼。一直以來，各種形式的文化似乎都無法心領神會地介入這個空白。而對古代神話的閱讀，某種鏡像上也似乎停留在這種神秘的表面，但似乎又覺得它正在更古的時空下昭示著一個澈朗的屬心的區域，並努力緩解著那些不可思議無法真實但又綿延說傳著的近乎荒誕的尷尬。宛然一道意識的暗流，在不可解知的荒誕邊緣，更內深地要求著人的尋視和思考。假如女媧的原始怪形就那樣貼到陶面上，古樸原始而又在喚使著生命性湧動的提示中冷靜駐紮在燧古的時空中，那麼它所貼近的就是尚未公開也永遠不會被公開的意向之河。它們依然是當下依舊無解的存在之謎。

2. 伏羲的形象

伏羲的予名很多，有「伏羲」「伏犧」「庖犧」「炮犧」「伏戲」「慮戲」「慮羲」「伏犧」等等。古史中最早記載伏羲的是出於戰國中晚期的《莊子》，前文已說《莊子》中所言關於伏羲的記載有五處：《人間世》、《大宗師》、《胠篋》、《繕性》、《田子方》。

《莊子·人間世》云：「是萬物之所化也。禹舜之所紅也，伏羲、兒逨之所行終，石況散禹者乎？」《莊子·大宗師》：「伏羲氏得之以襲氣母。」《莊子·

〔註19〕〔法〕瑪格麗特·杜拉斯：《情人》，王道乾譯，上海譯文出版社，2013年，第5頁。

田子方》云：「古之真人，知者不得說，美人不得濫，盜人不得劫，伏戲、黃帝不得友。」

稱包犧者，見《易・繫辭下》云：古者包犧氏之王天也……。

《漢書・古今人表》注作忒羲。云：帝宓羲氏。

《史記・三皇紀》作忒犧。

《荀子・成相》：文武之道如伏戲。

《商君書・更法》：伏羲、神農教而不誅，黃帝、堯、舜誅而不怒。

《管子・輕重戊》：自理國慮戲以來，未有不以輕重而能成其王者也。

古說關於伏羲的事蹟，多被集在《世本・作篇》中：

> 伏羲始畫八卦，列八節而化天下。
>
> 伏犧制以儷皮嫁娶之禮。
>
> 伏羲作琴。伏羲造琴瑟。
>
> 伏羲臣芒氏作羅。
>
> 芒作網。〔註20〕

晉代皇甫謐在《帝王世紀》中記載：「太昊帝庖犧氏，風姓也，蛇身人首，有聖德，都陳。作瑟三十六弦。燧人氏沒，庖犧氏代之。繼天而王，首德於木，為百王先。帝出於震，未有所因，故位在東方，主春，象日之明，是稱太昊。制嫁娶之禮，取犧牲以充庖廚，故號曰庖犧，後世音謬，或謂之宓犧，一號黃熊氏。在位一百一十年。」

在宋代羅泌的《路史》中記載：「伏羲制砭。」

而所有古載中莫若《易・繫辭下》中的記說最為有名：「古者庖犧氏之王天下也，仰則觀象於天，俯則觀法於地，觀鳥獸之文與地之宜，近取之身，遠取諸物，於是作八卦，以通神明之德、以類萬物之情。」

從上述可以看出，伏羲的主要功事：一、作結繩而為網罟，以佃以漁。二、創造男聘女嫁的「嫁娶之禮」，三、始造書契，用於記事，取代了以往結繩記事的方式。四、發明琴瑟等樂器，將音樂帶入人們的生活，使得人們「修身理性，反其天真」。五、將其治地分而治之，即所謂「列八節而化天下」。六、創造了八卦和九針。七、創制古代曆法。

我們之前提到女媧的事蹟，造人補天正極平水，其事蹟顯越出震古爍今的開端性，世界與人皆在新成、塑造與給出當中，而伏羲的傳說，則更像是在

〔註20〕《世本十卷本・作篇》，清嘉慶二十三年琳琅仙館刻本。

啟示已經生成的人如何渡越這個已經開端好了的世界。伏羲與女媧連袂一處，更像是在承繪一幅從開端到實現的世界圖像。與女媧相比，伏羲的形象更直觀更刺激。就像西王母的原初形象一樣，伏羲在這一點上更符合在非人類意義上對老神形象的體會。惟此，伏羲才可移出由人形象的人學模式而被古老的神性畫譜所寫意。完全在人的鏡像中測度神的顯像並不是對古神形象的真正體會，在人的維度上縮寫神祇形象，事實上是對原初領會的削弱。這幅由人造構的美學簡譜，雖然更符合人對神的近處與視角，事實上已經丟失了人對神的想像。古神造形野蠻荒誕甚至完全超出人對造形的想像，恰恰意味著神人相則的存在界限以及神性抱示的可能性以及不可能性。這是從單維向多維跳躍的美學挑釁，也是撕破人的界限而向前充實世界的存在性力量。惟此，神才不是單向現形的人的塑造。它更像一幅通結靈魂的雲圖夢境。

《帝王世紀》曰：「蛇身人首。」

《路史·後紀》曰：「伏羲龍身。」

《列子·黃帝篇》曰：「庖犧氏蛇身，人面，牛首，虎鼻。」

伏羲是「人頭蛇身」。這樣一個形象同樣出現在《山海經》和《淮南子》中，《山海經·海內東經》曰：「雷澤中有雷神，龍身而人頭。」《淮南子·墜形篇》曰：「雷澤有神，龍身人首鼓其腹而熙。」雖然在《山海經》和《淮南子》中並未明說這一形象者就是伏羲。但從那一道道神話鏡影中，人們還是以為，伏羲就是雷澤的大神，其形象人首蛇（龍）身。

伏羲人首蛇（龍）身，直接引發的就是古人關於「龍」的想像。這個「只存在於圖騰（Totem）中而不存在於生物界中的一種虛擬的生物，它乃以蛇為主體，嫁接上獸的四腳，馬的頭，鬣的尾，鹿的角，狗的爪，魚的鱗和鬚等。」（聞一多：《聞一多全集·伏羲考》頁217，湖北人民出版社，1993年。）聞說直白龍的合成影像。東漢許慎在《說文》中的解釋：「龍，鱗蟲之長，能幽能明，能細能巨，能短能長，春分而登天，秋分而潛淵。」許說兜點出龍的神性。能分時登天，在時潛淵，能幽能明，能巨能細，能長能短，顯然這個莫須有的生物被鏡像於一個只能作意義領會的神性作品。

伏羲人首蛇身，多被後人意會為龍族圖騰。至今，在河南淮陽當地仍流傳著伏羲是大龍，女媧是小龍的說法。每年祭祀二氏的古廟會也被稱之為『龍花會』。」〔註21〕

〔註21〕引自李丹陽《伏羲女媧形象流變考》。

3. 伏羲女媧競合的形象

很長一段時間裏，伏羲女媧兩位大神各自創造著自身的神跡，不相往來，兩位神的交集大致出現在漢代。最終伏羲女媧成為了對偶神，在神話背幕中喜結連理。

《淮南子・覽冥訓》：「伏戲、女媧不設法度而以至德遺於後世，何則？至虛無純一，而不喋苟事也。」《列子》卷二《黃帝篇》曰：「庖犧氏、女媧氏、神農氏、夏后氏，蛇身人面，牛首虎鼻，此有非人之狀，而有大聖之德。」《列子》伏羲、女媧並列為古聖王的觀念已經得到相當程度的認同。至唐代，伏羲女媧兄妹結婚繁衍人類故事已在民間得以廣泛流傳。除了前始引述的李冗的《獨異志》中兄妹成婚的故事外，敦煌寫卷 P4016 號卷子《天地開闢以來帝王紀》殘卷中三次提到伏羲、女媧兄妹成婚之事：「伏羲、女媧，人民盡死，兄妹二人……見天下荒亂，唯金崗天神，教言可行陰陽，遂相羞恥。即入崑崙山藏身。伏羲在左巡行，女媧在右巡行。挈許相逢，則為夫婦。天遣和合，亦爾相知。伏羲用樹葉覆面，女媧用蘆花遮面，遂為夫婦。」〔註22〕

伏羲女媧成為對偶神之後，「人首蛇身」的形象事實上達到了極化。在漢代造像中，女媧和伏羲的連體形象出土很多。

圖 3　馬王堆 1 號墓帛畫局部

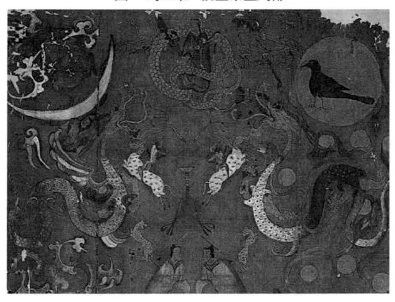

〔註22〕劉進寶：《敦煌學通論》，甘肅教育出版社，2002 年版。

圖4　河南洛陽卜千秋墓室壁畫之《伏曦女媧》

圖5　山東嘉祥武氏祠左石室畫像石（拓片）

圖6　甘肅省高臺駱駝城出土伏羲女媧畫磚

　　值得注意的是伏羲女媧人首蛇身的連體形象大部分都來自墓葬，而且很多伏羲女媧是以蛇身交尾的形象而存在的。有人認為，伏羲女媧交尾畫像或許寄予著死後男女依然享受著現世生活的快樂，也或許以此表達「起死回生」的觀念。就如古印度「時母在濕婆身上跳舞」，時母頭戴蓮花冠，一手提著人頭，一手持劍上舉，一手上托，站在濕婆身上，濕婆左邊是骷髏和朽骨，老鼠正啃噬腿骨，右下邊一鷹正啄食腿骨，這個死生相交的畫面，寓意著死中有生，生中有死。伏羲女媧人面蛇身合於人們對原初始神的想像，而兩尾交媾則構成畫面的主旨。「在葬祭死者時，將男女交媾的畫像或伏羲女媧的交尾畫像置入墓壁上，寄託著期望死者盡快新生、轉世的哀思。」〔註23〕

　　也有人認為，伏羲女媧的交尾畫像，「還是與靈魂升仙有關係。在漢代的文獻裏有大量的方仙道房中術的內容，這些方仙道房中術在今人看來僅是一種肉體的滿足，可是在漢代卻有長生和升仙之意……作為人類始祖的伏羲女媧，為人類的進步確實做出過突出的貢獻，並得到後人的頌揚，並由最初的紀念其功績到圖騰崇拜，把他們畫成人獸蛇身的形象，視之為龍的傳人，視之為神仙，祈求保佑。而後當道教房中術普及，伏羲女媧在人們心目中的形象又隨著現世信仰的變化而發生了巨大變化，從而賦予伏羲女媧新的職能——他們不僅僅是人類的英雄，也不僅僅是能保護人類的神仙，在當時道教房中術盛行的時期，他們又是道教中修煉成仙的楷模，這是人類始祖崇拜的結果……總之，盛行於墓室之中的伏羲女媧人獸蛇身交尾圖像在漢代才開始出現，這顯然與漢代的社會背景有著密切的關係。」〔註24〕

　　伏羲女媧在那些墓葬畫中的位置一般都是堆成的，一男一女，身體的姿態、動作通常也是對稱的，伏羲女媧手中之物，也構成一種對稱，伏羲執規，女媧執矩，伏羲捧太陽，女媧手捧月亮，除了面部、髮式等局部區別外，整體形象大部分都是一樣的。

　　從伏羲女媧交尾合像推釋生中有死，死中有生，生死相交的古代觀念帶有強烈的道教意味。事實上，終漢一代，對於長生和求仙的強烈渴望都沒有衰減過。這從前節我們關於西王母神話的尋探中完全可以看出。需要強調的是，蛇身交尾在抽象美學中可解釋出濃鬱的生命性來，但人手擎規舉矩又宣化著

〔註23〕鄭先興：論漢代的伏羲女媧信仰〔J〕，寧夏師範學院學報：社會科學版，2008（4）：60。

〔註24〕卜友常：《漢代伏羲女媧交尾畫像淺議》，鄭州輕工業學院學報（社會科學版），第 13 卷，第 5 期，2012 年 10 月。

在世的日月和規則。從如此普遍的造像中，事實上是能夠體會到古代世界在面向現世和對影世後的態度中儒道交融的日常氣氛。

女媧的形象從最初的「蛙」變成了「人首蛇（龍）身」，成為了伏羲的一個對稱形象而存在。如果仔細觀察史前彩陶繪形的蛙紋，我們還能從蛇尾相交的構圖中聯想出那股原始的生命詩意。

自漢以後，伏羲女媧的形象逐漸向人類性美域遷化。到了魏晉時期，伏羲女媧的形象已經徹底被人類性美化了。比如顧愷之的《洛神賦圖》中，女媧「氣若幽蘭，華容婀娜」，完全成為了美貌動人的神女形象。張僧繇是梁朝時期的著名畫家，他的《伏羲‧神農》中，伏羲也已然是擬人化了。顧愷之在《魏晉勝流畫贊》中說：「《伏羲》《神農》雖不似今世人，有奇特而兼美好，神屬冥芒，居然有得一之想。」雖然說「不似今世人」，但是也沒有說長得「荒誕」，「奇特而兼美好」，應該說是古代藝術以人鏡瞳畫神境的舒適想像。

從傳世的資料來看，對伏羲、女媧的信仰在漢以後很長一段時間趨於減弱，其實際的地位或者說其受崇奉程度不高，黃帝的地位相比之下要更崇高些，因此更受到上治者的青睞。從唐朝開始，伏羲、女媧開始引起史家的關注。到了宋朝，通過官方的倡導，伏羲、女媧的地位開始緩慢回升。至明太祖朱元璋到高峰期，官方祭祀日隆。北宋對包括伏羲、女媧在內的三皇的祭祀已很重視，宋太祖趙匡胤於建隆元年（960），詔三年一祭，牲用太牢，製作專用的祭器，祭祀時間沿襲唐制。元朝時，每年三月三和九月九用太牢祭祀三皇，禮樂仿孔廟。明初，沿襲元制。洪武元年，朱元璋專門到河南淮陽的太昊伏羲陵祭拜。宋代以後的伏羲女媧像顯示出完全的人形。如宋代馬麟所繪伏羲圖，畫面上的伏羲表現為中年人的模樣，面龐清秀，長著鬍鬚，長髮散開，身著翻毛獸皮長袍，腳上蓋著虎皮，虎皮下露出光腳板，腳趾甲長似獸爪。明代王圻編撰的《歷代神仙通鑒》中，伏羲身著樹葉做的衣服，表現為普通人的模樣。而女媧被畫成美女的樣子，以佛教菩薩的姿態坐著。可見，宋代以後，伏羲女媧開始以人化的形象出現並相對固定了下來，宋以前頻頻出現的人首蛇身形象卻鮮為民間信眾所知了。」〔註25〕

伏羲女媧人首蛇身交尾，這種造像觀念形成的另一實際，就是那個曾經造人、補天、正極、平水的始神女媧，在神界的地位一落再落。女神從她震古爍今的古老傳說中逐漸隱於安靜，這大概與男性話語權在俗世明面上穩定

〔註25〕引自李丹陽《伏羲女媧形象流變考》。

抬升相涉。這是一種可以想見的神話政治。女媧按其功業、影響，理應列入「三皇」之位。而事實是，相比於伏羲，女媧的地位已經滑落，越來越退居到民間信仰的地圖中去了。作為女性部族神，女媧在父權話語中自然遭到了冷遇。直至到了道教信徒手裏，女媧便一步一步退於非常次要的地位了。「直到後來，女媧在道家『一切諸神，咸所統攝』的神譜裏，便完全被廢除了。比如在河南淮陽的太昊伏羲陵為中心的廣大地區，關於伏羲（人祖）的神話特別多，而女媧的神話反而大大減少。也由於女媧的功績和與伏羲的關係，在淮陽一帶女媧雖被尊為『人祖奶奶』，但在太昊陵大殿，卻沒有女媧的神位，反而居於偏殿。可見，女媧的地位已受到大大的降格，只不過是個陪襯的角色而已。」〔註26〕

女媧由「蛙」變成「人首蛇身」，最後變成了美貌神女。就如西王母由虎頭豹尾的恐屬原形逐漸被構造成一位雍榮華貴的帝族女仙。這是從不可析解的神語造圖中通過人的參與而將其可說性往人間史性中挪移的，這是神話圖騰從初生的言說意向中通過被「解釋」的餘地，必然往世俗世界降格的意向變遷。她的地位由功勳卓著的創世大神，最後逐漸淹沒，地位一降再降，甚至在道家「神譜」中已無立錐之地。伏羲由人首蛇身最終變成了普通中年人的形象，不過相對於女媧，他的地位並沒有太大的跌落。想像落潮了，那些橫隔在前時空說傳當中的原始張力，在解釋的引向教說的屏蔽中已經失去了思想的魅力。當那些無法通過解釋方向溯清原初發生的神語事件跌落到歷史性家譜當中的時候，其實，她們就已經與常人估量的時空演示沒有差別了。她們沒有了可再行解釋或言說的餘地。或者說，那個跳躍著原初力量的意向之河，從本源上已經失去了生機。她們從給予，已經現成為被給予的了。她們以令人樂賞的美仙故事登場了，但再也無法從中領會到那個從原初的造形光芒中騰空闢開並允讓入流的存在之天了。在人史及與其應流的世俗道穿中神語事蹟已經被擠出了屬於它的時間。由此震響的世界的可世界性邊畔也自然遺失了其闊大寂寥的越鄉的回音。意向構造的原初自由性因被非造生性事蹟充滿而徹底降低了。就像希臘人原初神語圖像中漫遊的詩，已經變成了可追理闡釋的人間事情。由此開張的藝術道歌，已經殞落為道德亦或價值的浮音。神意退場了。人的存在性也就被各像造圖的文化力量解釋性地灌輸、制控並綁架了。

〔註26〕引自李丹陽《伏羲女媧形象流變考》。

二、主題事蹟的結構性呈現

（一）西王母神話當中的神話母題及敘事結構

現在且將我們的思路從伏羲女媧的測想中收回，再度去探訪那個居於幽遠崑崙的母神：西王母。從西王母本身及與之相關的神話敘事中，可以歸結出諸多極具結構性意蘊的母題事蹟。這種結構性敘事可分為：以西王母為主題的結構性事蹟，比如「穆天子八駿會西王母」、「西王母七月七日現身會漢武」等等；不以西王母為主題但與之攸關的母題性神話事蹟，比如「嫦娥奔月」、「夸父追日」等等。而在事件敘述方式中，我們又可以看到從直觀描述中當場呈現的事蹟，和從事蹟追訪中不斷尋視到的隱蔽性事蹟。

直觀描述中當場呈現的事蹟，主要體現在《山海經》中，在那裡，西王母是作為一個半人半虎的「人獸」形象出現的，她形象怪異，散發著濃鬱的始神氣息，她是一位主管著災疫和刑罰的女神。西王母的身邊還有三青鳥（鳥）為她取食。「西王母梯幾而戴勝（杖），其南有三青鳥（鳥），為西王母取食，在崑崙墟北。」〔註27〕在這些描述性語境中反復呈現的還有那座眾神寓居的神山：崑崙山。這些直觀道白，看似西王母在神祇畫譜中似乎是孤獨的，她身邊棲息的也只是為其覓食的孤獨的青鳥。在通往探訪西王母隱蔽性事蹟的過程中，西王母的存在則出顯了具有隱逸道仙的母題本質。穆天子神馬匹乘與之在崑崙之丘（崑崙，渾淪，在語詞的爍閃中合化著虛空渾沌的意向意境，提示著原初神寓的寥闊空虛）相會。東王公與西王母的相會則是在大鳥「希有」的神背上。在與武帝內會的事蹟中，西王母已經離開了虛曠縹緲的崑崙山，直接來到了武帝的宮中。漸離「崑崙」的西王母自與世上皇帝相會後，在玉皇大帝浮撐的凌霄天庭，其居所已經搬到「瑤池」當中了。「崑崙」、「瑤池」這些仙寓處所，供舉著在居者空放清靈的出世氣象，隱喻性地標指著處居的超越性意義。在此之中，焉不越令世與時的羈束與牽絆？豈又不是向精神示喻的逍遙化同去遠消隔的靈性翱翔？

除「崑崙」、「瑤池」這些仙寓棲所外，呈現西王母事蹟的母題意向還包括：仙桃及不死樹或不死之藥。仙桃的意向在與漢帝內會的隱秘事蹟中已經出現。到後來，仙桃（蟠桃）的形象幾乎是成了西王母現身到場的代名詞。不死樹或不死之藥則在崑崙神話及嫦娥神話中作為裂點強勢出現的。在更進一

〔註27〕袁珂：《山海經全譯‧海內北經》，貴州人民出版社 1991 年 12 月第 1 版，第253 頁。

步的敘事中，西王母已然成為了女仙之首，玉帝之妻，最後竟成為了世俗皇后在廣天當中的理想倒影。

歸結起來，西王母敘事中的神話母題主要如下：

1. 崑崙山

學者袁珂認為，「在《山海經》中記載有一座像希臘神話中奧林匹克斯山那樣的大山，就是崑崙山，那是『帝下之都』。是『百神之所在』的地方」。〔註28〕

《淮南鴻烈解·地形訓》中這麼介紹崑崙山：「崑崙之丘，或上倍之，是謂涼風之山，上至登之而不死；或上倍之，是謂懸圃。登之乃靈，能使風雨；或上倍之，乃維上天，登之乃神。」位於人間的崑崙山通向神靈之界，是登天之途。崑崙山眾神群居，可由崑崙山登上天界，成為像「奧林波斯神族」一樣的神仙。

希臘諸神的仙寓在他們移遷的神都奧林波斯山上。奧林波斯山在希臘半島終年積雪的北方。而這個神奇的崑崙山又在哪裏呢？從古到今，學者們眾說紛紜，莫衷一是。清代著名地理學家陶保廉曾實地考察過河西走廊的山川地理，根據古籍記載列舉崑崙凡七處：一在海外，一在西寧，一在肅州，一在新疆，一在青海西南，一在衛藏之北，一在北印度。〔註29〕著名歷史地理學者岑仲勉先生對此作了辨析，提出了『崑崙一元』說。他認為這七處『崑崙』實為一體，之所以分為七處，實則為七支，並認為『陶氏列為海外、新疆、衛藏及北印之四崑崙，皆即古崑崙，非徒名稱如一，地點亦未有異。西寧、肅州兩崑崙者，古崑崙之東支』；「崑崙山」即漢言之『南山』，曰『崑崙』者用彼方之土語〔註30〕。較『海外崑崙說』、『印度崑崙說』等眾多說法，『酒泉（肅州）崑崙說』最切合神話傳說中崑崙的文化內涵和地理方位。『酒泉崑崙說』首見於崔鴻《十六國春秋》：『酒泉太守馬岌上言：酒泉南山，即崑崙之體也。周穆王見西王母，樂而忘歸，即在此山。此山有石室王母堂，珠璣鏤飾，煥若神宮。』〔註31〕『酒泉崑崙說』多受到歷代歷史地理學者們的認可。唐代李泰的《括地志》、李吉甫的《元和郡縣圖志》，宋代樂史的《太平寰宇記》，清代顧

〔註28〕袁珂：中國神話史〔M〕，重慶：重慶出版社，2007：48。

〔註29〕陶保廉著、劉滿點校：《辛卯侍行記》卷5，蘭州：甘肅人民出版社，2002年，第318～320頁。

〔註30〕岑仲勉：《崑崙一元說》，《中外史地考證（外一種）》，北京：中華書局，2004年，上冊，第46～47頁。

〔註31〕李昉等：《太平御覽》卷38《地部三·崑崙山》引崔鴻《十六國春秋》，北京：中華書局，1960年，第183頁。

祖禹的《讀史方輿紀要》等地理名典都認可此說。張守節《史記正義》凡提到崑崙必引馬岌、李泰之言。著名歷史學家顧頡剛先生曾對『酒泉崑崙說』作過詳盡的論證。〔註32〕李並成先生也認為：「『崑崙』的大體位置：它在古居延海之南，流沙近旁，怒江、瀾滄江之後（北），為弱水（黑水）發源之地，其外側（西邊）還有火焰山。顯然其地望應為今祁連山西段及其周圍一帶。」〔註33〕趙逵夫先生更明確地說：「神話中崑崙山之原型，乃今之祁連山。河西走廊自上古為東西方民族交流的通道，文化比較發達。祁連山在河西走廊以南，很多神話傳說與它有關，是自然的。」〔註34〕祁連山終年積雪，山頂白雪皚皚，又有冰川奇觀，這可能就是神話中崑崙懸圃的『瓊玉之樹』。酒泉崑崙山之一支脈，又稱崆峒山。相傳黃帝見廣成子就在此山。《元和郡縣圖志》云：「崆峒山，在（酒泉福祿）縣東南六十里，黃帝西見廣成子於崆峒。」〔註35〕《離騷》中屈原神遊西方，曾經來到了屬於崑崙神話文化圈的懸圃、崦嵫、窮石、流沙、赤水、西海、不周山等地。傳說中的西王母之邦、大禹導弱水之地、后羿有窮國、有娥氏部落也在此區域內。〔註36〕

朱文引用了大量文獻和前人的研究成果，通過綜合與分析，認同了「崑崙酒泉說」。其實崑崙山早就不僅是哪一座山了，它的上面居住著神人，養育著神物，演繹著神話。它是一個意義母題，是華夏精神運流張望汲源的古老概括，喻示著華夏族民崇尚超越的湛然神性，從中讓人領會著華族古民澎湃原初的生命熱情。當希臘人敬仰他們北望的奧林波斯神山的時候，他們的世俗構造和城邦精神以及在其中繁榮的詩與思的爍光都能在那個超越性存在中溯源澄清。同樣，面對這座在遠古意向中被鋪墊的神性山嶺──崑崙山的時候，複雜紛呈的文化望思也似乎能在這個遺留到人間的地理脈息當中由神秘走向敞朗並達至正本清源的澄清。

2. 半獸人

西王母最初的形象是半人半虎的。這一王母形象恐怕是信任過王母娘娘道仙形象的人們所不能接受的，雖然源頭神話中的半獸人的形象很多。我們之前

〔註32〕顧頡剛：《酒泉崑崙說的山來及其評價》，《中國史研究》1981年第2期。
〔註33〕李並成：《「崑崙」地望考》，《敦煌學輯刊》2006年第3期，第142頁。
〔註34〕趙逵夫：《崑崙考》，《屈騷探幽》，成都：巴蜀書社，2004年，第364頁。
〔註35〕《元和郡縣圖志》卷40《隴右道下》，中華書局，1983年，第1024頁。
〔註36〕朱瑜章：《先秦河西走廊神話傳說考略》，《敦煌學輯刊》2009年第2期。

述析的伏羲就是人首蛇身的。窫窳也是人首蛇身。「（崑崙）開明東有巫彭、巫抵、巫陽、巫履、巫幾、巫相，夾窫窳之屍，皆操不死之藥以距之。交床者，蛇身人面，貳負臣所殺也。」〔註37〕這些出現到山海雲圖當中的神語力量，也是人獸形象。這是原初神話的描述志趣。透過天空和大地給出神奇之物以非人類化的造形力量，用巨大的事件印象示現出神話存在者的非人類之美。這是詩性美學真正面向天空的圖紙。赫西俄德《神譜》中歌吟的老神，其先也並非如後來的奧林波斯神族那樣完全給出與人完形的形象。原初之神的非人類性逐漸在人的美學視線中與人同構，彷彿諸神已經滲透到人世間從而成為人間參照的敘事性力量。神離人越來越近，直到其神性完全消失。諸神之像在人間廟堂顯擺升位，看似在極致的美學塑造中獲得了「進化」，實事上原初神語示到的存在的張力，逐漸退馳並衰落了，直至跌落成了人的單維想像。神完全成為人觀念的對象物。這樣的神自然會遭遇「人性」的危機，並極有可能被拉下「神壇」，作為惡或不善的元素被處死。西王母的人獸形象，一開始就使這個老神占居了屬嚴絕極的力量形象，擁有了純屬神語的天文尺度，她獨處在受其神語攤派的出示領域中，並未與人的美學改造掛起鉤來。如今，我們之所以構造不出她作為非人類之美占居的原初意向，是因為那片荒古的神域已經被人性的晚霞遮蔽了。

3. 不死之樹或不死之藥

在西王母的神域——崑崙山上，似乎「萬物盡有」。《淮南子·地形篇》中還說到：「不死樹在而其（崑崙）西。」

在「夸父追日」的神話例題中，我們似乎看到這個神逐日而竭，他的「死亡」時機到了，其杖棄而化木，「化為鄧林」，鄧林似乎就是逐日而西的「不死之樹」。這片神奇的樹林自然也在王母妙占的西天神域之內。夸父神杖化生的「不死之樹」，與「嫦娥」得不死之藥後於廣寒宮裏所倚的月中桂樹，因西王母的存在而獲得了神奇的聯繫：夸父死後所化的鄧林也就是西王母的不死之樹，而這不死樹後來又成為了「嫦娥奔月」中的月中之桂。

不過，在「嫦娥奔月」的神話例題中，我們看到「羿請不死之藥於西王母。」〔註38〕，這裡出現的是「不死之藥」，而不是「不死樹」。「藥」相對

〔註37〕袁珂：《山海經全譯·海內西經》，貴州人民出版社 1991 年 12 月第 1 版，第 244 頁。

〔註38〕嚴可均：《全上古三代秦漢三國六朝文·全後漢文》卷五十五輯錄張衡《靈憲》，民國十九年丁福保影印清光緒二十年黃岡王氏刻本。

於「樹」，似乎出示出這個靈神強大的「造物」性來，似乎神秘之物不再是完生於天地之間的，那種野生野長的東西了。而是王母神親自造化出來的隱蔽物質。

當然，西王母的不死之樹和不死之藥所說的「不死」才是這個事件母題需要思辨的張力。「不死」是對「死」的試圖取消或否定，而「不死」又源在於「死」，就如「非存在」是基於「存在」而被道說的。西王母最初的神話身份是一位主管「天之厲及五殘」的女神，如前示，「天之厲及五殘」是指災疫和刑罰，也就是痛苦和死亡。這樣的一位女神卻又擁有著不死之樹和不死之藥。在死與不死的強烈對馳中，我們似乎能夠觸探到神話初民對在世的畏怯和死亡的恐懼，而恰恰又在這深極的恐懼的深淵中拋出了對生命的強烈熱愛。

4. 仙桃（蟠桃）

仙桃（蟠桃）出現在《漢武帝內傳》、《西遊記》等故事中。在《漢武帝內傳》中，西王母贈漢武帝四枚仙桃，「桃之甘美，口有盈味」，武帝藏好桃核，想留待以後好種桃樹。西王母說：「此桃三千歲一生實耳，中夏地薄，種之不生如何！」在這裡，我們沒有看到仙桃絕對讓人不死的藥性（如果有，武帝也不會駕崩了），可是仙桃「三千歲一生實」，相對於方生方死的人世，這又是多麼延邁的抱世。這寫意著讓人活下去，一直活下去的（待望著的）世界快樂。《西遊記》第五回「亂蟠桃大聖偷丹　反天宮諸神捉怪」中描述的蟠桃，「三千年一熟的蟠桃，人吃了成仙了道，體健身輕：六千年一熟的蟠桃人吃了霞舉飛昇，長生不老；九千年一熟的蟠桃，人吃了則更是與天地同壽，日月同庚。」「三年年一熟」、「六千年一熟」、「九千年一熟」，這個精轉的時輪，留越於長遠的回音，似乎一步一步地要將人渡向「不朽」。這是大年與小年，神時與人時對說的時間圖像。這種時間圖像在中國古人那裡，甚至認為跳出人歲慕往天時，三千年也好，八千年也好，比起地老天荒，也不過一瞬爾。王母時間中構造的物種，需要更具神性的精神地土，這是往精神空間駐紮的物語，是神的無限性往人的思辯空地充盈的意向的超越性流逸。

將以上母題及其敘事綜合起來，我們看到西王母神話中，最重要的母題事實上就是關於「生死」回遊的意向結構，其直觀敘事所達到的神語邊界事實上拋投著「向死而生」的隱匿敘事，而其從直觀到隱匿再到呈現的敘事道說，在澄清神語發向的原初意向的同時，由之生發並衍生出民間理世望生並由之行

動待期的思想方式，從中我們又可以看到神語意向在綿延說傳中延異並因之撒播著的思想痕跡。從而在事情本身與解釋視域雙向融合的變焦線上，西王母神話對於後來華夏文明思維方向及精神生活的築形與引申供具了不可否認的結構性支撐。

　　如果將西王母神話的事蹟流變比作是一部電影，這部電影是按照時間之軸單線敘述的。電影片頭一片混沌蒼茫，暮靄之中一座大山聳立，這山綿延浩蕩，氣勢逼人，散發著濃鬱的神秘氣息。陣陣清風拂過，彷彿可以看到山間的怪禽異獸，奇花異木。而神人們在山的最高處居住，衣袂飄飄，感受著自天際刮來的罡風。電影的女一號是西王母，穆天子、東王公、漢武帝、玉皇大帝都不能構成嚴格意義上的男一號，他們是西王母不同時間遭遇到的不同角色，每次的相遇都是對西王母神話母題的一次闡釋，是「生」之向生的美妙旋律。但是每次的相逢又都不盡相同，穆天子的傳奇天子風範，東王公的神秘仙道氣息，漢武帝的人間帝王霸氣，玉皇大帝的仙家尊榮，這一切都顯示出觀眾對一號主角西王母所訴請到的變化。而西王母在每次相遇中的形象也是不斷變化的，從半獸半人充滿原始氣息的怪神，變成了「修短得中，天姿難掩，容顏絕世」的女仙，最後變做了威嚴華貴的女仙之首玉帝之妻。相對於「生」之為生的主曲旋律，這些可以算作是協同「世俗」之變的協奏曲。而且，這部電影中還有兩個精妙的小插曲，一個是「嫦娥奔月」，一個是「夸父追日」。

（二）女媧—伏羲神話當中的神話母題及敘事結構

　　前文中，我們將西王母神話的流變比作了一部以時間之軸單線敘述的「影像」，如果我們再將伏羲女媧神話比作是電影的話，它的結構可要複雜很多，並非簡單的單線敘述了。它首先是雙線敘述的，所謂「花開兩朵，各表一枝」。但是當電影進行一段時間之後，分舵而行的兩條線索又將在龐大的人間廟堂合流共渡，以至於最終兩個時間——人時和神時同時迭合的時軸在它曲變幽微的轉動中，尋視性地將這個複雜的故事敘述至劇終。我們先來看看女媧。

1. 女媧神話中的母題

（1）化腸為神

　　女媧化腸為神人似乎並不如我們下面所說的「搏土造人」、「煉石補天」、「治水」等故事出名。《山海經・大荒西經》云：「有神十人，名曰女媧之腸，

化為神，處栗廣之野，橫道而處。」這裡女媧所化的是「神人」。不過，在這裡這還不是重點，重點在於女媧之「化」的天命性道顯。

《楚辭·天問》：「女媧有體，孰制匠之？」東漢王逸注：「傳言女媧人頭蛇身，一日七十化，其體如此，誰所制匠而圖之乎？」在此「化」作「化生」、「孕育」解〔註39〕，東漢許慎的《說文解字》（卷十二）也解釋道：「媧，古之神聖女，化萬物者也。」

化十神與化萬物，將「化」這一古典秘語強烈地提示了出來。「化」的語義含聯的初始性及所引置的理解世界的力量，可以說，至今尚未得到清釋。在女媧這裡，「化」可以說是世界走向世界的綻出性準備。

（2）摶土造人

女媧「摶土造人」在華族歷史中可以說是無人不知無人不曉了。此傳說來自漢代文紀。《淮南子·太平御覽》：「俗說天地開闢未有人民。女媧摶黃土作人，劇務，力不暇供，乃引繩與絚泥舉以為人。故富貴者，黃土人也；貧賤凡庸者，絚人也。」〔註40〕

女媧用什麼造人估不追究。在這個事件中，核心述謂乃「作」，即實現—完成對人的創造。「作」本質上是已經準備到的世界的完形。

（3）補天治水

關於女媧補天治水的神話載出多處，儘管細節有相同，但敘事的實質是一樣的。

除《淮南子·覽冥訓》亦有記載外：「往古之時，四極廢，九州裂，天不兼覆，地不周載；火爁焱而不滅，水浩洋而不息；猛獸食顓民，鷙鳥攫老弱。於是女媧煉五色石以補蒼天，斷鰲足以立四極，殺黑龍以濟冀州，積蘆灰以止淫水。蒼天補，四極正；淫水涸，狡蟲死，顓民生。背方州，抱圓方……當此之時，禽獸蝮蛇，無不匿其爪牙，藏其螫毒，無有攫噬之心。」

《列子·湯問》最早記載：「天地亦物也，物有不足，故昔者女媧煉無色石以補其缺，斷鰲之足以立四極。其後共工氏與顓頊爭為帝，怒而觸不周之山，折天柱，絕地維，故天傾西北，日月星辰就焉；地不滿東南，故百川水潦歸焉。」

〔註39〕依袁珂先生觀點，見袁珂《古神話選釋·女媧》，人民文學出版社1979年版，
　　　　第16頁注。
〔註40〕《太平御覽》卷七十八引漢代人應劭《風俗通義》，見前注。

《論衡・談天》亦云：「儒書言：『共工與顓頊爭為天子，不勝，怒而觸不周之山，使天柱折，地維絕。女媧銷煉五色石以補蒼天，斷鼇足以立四極。天不足西北，故日月移焉；地不足東南，故百川注焉。』此久遠之文，世間是之言也。」

「補」是對已然存在在非正義襲侵中失去原初完整而需要或被要求到的原初性修復或彌合。「補」有恢復修復的精神痕跡在裏面，提請的是高維的藝術和熱情。女媧補的不是普通物體，而是開裂的蒼穹，她本質上彌合的不是有形的實體，而是無形之天。而「天」更像是華族心向的精神家園。

（4）作笙簧，置婚姻

《世本・作篇》記「女媧作笙簧」。《路史・後紀二》記有「以其（指女媧）載媒，是以後世有國，是祀為皋媒之神。」後唐馬縞《中華古今注・問女媧笙簧》說：「問曰：上古音樂未和，而獨制笙簧，其義云何？答曰：女媧，伏羲之妹，蛇身人首，斷鼇足而立四極，欲人之生而制其樂，以為發生之象。其大者十九簧，小者十二簧也。」此諸事蹟出示著人的人間儀軌——樂性與合婚，本質上申度著禮樂人序的儒家示範。從這裡開始，將女媧納入先儒源說的古代輪廓，就已然有了往生的信任與魅力。故而為女媧神話與先儒精神契印相造遺下了實筆。

2. 伏羲神話中的母題

在前文中我們已經說過，女媧造人補天正極平水，都顯示出了動盪的世界圖景中不朽的豐功偉績。在這平面圖上，伏羲的勞績則是與之相融的另一種景象，如果說女媧能示於「武功」，那麼伏羲則見越於「文治」。伏羲母題大致如下：

（1）作八卦

「作八卦」是伏羲最顯赫的事蹟。如前八卦之說始於《易・繫辭下》：「仰則觀象於天，俯則觀法於地，觀鳥獸之文與地之宜，近取之身，遠取諸物，於是作八卦，以通神明之德、以類萬物之情。作結繩而為網罟，以佃以漁。」司馬遷在《太史公自序》中記說：「余聞之先人曰：伏羲至純厚，作易八卦。」〔註41〕揚雄在《解難》中又說：「是以宓羲氏之作《易》也，綿絡天地，經以八卦，文王附六爻。孔子錯其象而彖其辭。然後發天地之臧，定萬物之基。」〔註42〕

〔註41〕司馬遷：史記〔M〕，北京：中華書局，1975年。
〔註42〕引自《揚雄傳》（班固：漢書〔M〕，北京：中華書局，1983年。）

「觀象於天」、「觀法於地」，從自身到諸物，顯就出一個尺度廣深的形而上世界。這在開端處就完備著世界的先行構造。此世界之顯就顯就於天地人神的到場與聚集。這是被傳說指引到的伏羲造世的恢弘手紀。就史性線索，從伏羲到文王再到孔子，在八卦作演繹到解釋形成一道涇渭分明的現象之路。這有助於我們形象地領會從伏羲到周孔不覺然形成的一條思想相襲的道路。而這條道路正是歷史儒家源源追蹤的精神道路。

（2）與開化有關的事蹟

伏羲作八卦始，因傳出一系列浩大的人文開化事蹟。如前晉皇甫謐在《帝王世紀》中記載：「太昊帝庖犧氏，風姓也，蛇身人首，有聖德，都陳。作瑟三十六弦。燧人氏沒，庖犧氏代之。繼天而王，首德於木，為百王先。帝出於震，未有所因，故位在東方，主春，象日之明，是稱太昊。制嫁娶之禮，取犧牲以充庖廚，故號曰庖犧，後世音謬，或謂之宓犧，一號黃熊氏。在位一百一十年。」宋代羅泌的《路史》中記載：「伏羲制砭。」許慎在《說文解字敘》中引用了《易·繫辭下》中的一段文字，說：「古者庖羲氏之王天下也。仰則觀象於天，俯則觀法於地。視鳥獸之文與地之宜，近取諸身，遠取諸物，於是始畫八卦。汲垂憲象。及磚農氏結繩為治。頑統其事，庶業冀鯀。飾偽萌囊。黃帝之史倉頡。見鳥獸跪這之跡，知分理之可枏別異也，初造書契。」如前，《世本·作篇》（《世本·作篇》，載「世本八種」，商務印書館，1957年。）等還列敘：「伏羲始畫八卦，列八節而化天下。」「伏犧制以儷皮嫁娶之禮。」「伏羲作琴。伏羲造琴瑟。」「伏羲臣芒氏作羅。」「芒作網。」等等。可見，除了作八卦以外，伏羲的還有：教民作網用於漁獵，教民馴養野獸；創造男聘女嫁的「嫁娶之禮」；始造書契，用於記事，取代了結繩記事的遠古習慣；發明琴瑟等樂器，將音樂帶入人們的生活，使得人們「修身理性，反其天真」；積累出分而治域的政治智慧；創造九針，等等無尚業績。這個歷史傳說中的聖人從思入世界的開端時就已經在那個被歷史述古的荒原時代掀起了一場場震古爍今的造文運動。這無不顯就他對蒙昧天荒的巨大開化。

3. 伏羲女媧兄妹成婚的神話母題

至今傳說中，伏羲女媧幾乎是以姻婚合體為人間道述的。基於伏羲女媧接源先儒的先聖傳統，伏羲女媧合體為婚，似乎更能擺置出儒家以世家為基所坐墊的家國禮性。顯然，在我們的溯述中，伏羲女媧最早是獨立的兩位大神。在二神從單神走向姻親的路史傳說中，最早傳說他們是兩代人。司馬貞云：「女

媧氏，亦屬風姓，蛇身人首，有神聖之德，代宓犧立，號曰女希氏。」〔註43〕至唐代伏羲女媧兄妹成婚神話傳說，似乎開始大面積拓展開來。唐李冗《獨異志》卷下云：「昔宇宙初開之時，只有女媧兄妹兩個，在崑崙山，而天下未有人民。議以為夫妻，又自羞恥。兄即與妹上崑崙山，咒曰：『天若遣我兄妹二人為妻，而煙悉合，若不，使煙散。』於煙即合，其妹即來就兄。」

敦煌寫卷 P4016 號卷子《天地開闢以來帝王紀》殘卷中有三次提到伏羲、女媧兄妹成婚之事：「伏羲、女媧，人民盡死，兄妹二人……見天下荒亂，唯金崗天神，教言可行陰陽，遂相羞恥。即入崑崙山藏身。伏羲在左巡行，女媧在右巡行。挈許相逢，則為夫婦。天遣和合，亦爾相知。伏羲用樹葉覆面，女媧用蘆花遮面，遂為夫婦。梁玉繩《漢書人表考》說：「華胥生男子為伏羲，女子為女媧。」

伏羲女媧兄妹合姻，並在大洪水事件中成全了人類的繁衍，某種意義上強化了伏羲女媧對人與人間的救渡形象。而這本質上又符合仁者愛人的先聖觀念。說白了，親親至仁的儒學源旨，需要兩位大神在神跡合融的意義聯想中取得「人化」上的一致。自然在此意向構合中會拋送出伏羲女媧兩體共生的類母題觀念，而且這一觀念又被擺置到洪荒細節中置送了出來。

綜合其母題性敘事，我們看到伏羲女媧神話中，其中最具要義的母題結構是關於「教化」的，相比於西王母更具隱匿氣質的敘事結構，伏羲女媧神話明顯帶有傳播文明張揚教化的顯白力量。這顯然與其通過直傳箴言導引生民生活的明性結構分不開的。

三、神話敘事中的意義呈現

（一）西王母神話當中的意義呈現

在前文西王母神話當中的母題意蘊及敘事結構中我們提及西王母神話的母題意向建構於向生而在的精神變奏。必死者渴求長生並在在生言死的現實張力中超越在生言生在死言死的「生死」邊界，從而在仙會圖畫中求出一幅永恆的神性，彷彿為死亡作好了準備。凡人渴求長生，超越生死，俗界眾生通過得道修仙攏靠仙界，是通過神話題項交付生感的意義變奏。而這顯然是原初觀念作為意義景象在神話敘事結構中的呈現和流露。作為意義呈現的「現象」過程，我們從中可以看出西王母神話對華夏生人如何對待此生與在世的內向折

〔註43〕司馬貞：《補史記·三皇本紀》，清乾隆四年武英殿校刻本。

射。而正是從這裡體現著一種特殊的思想方式。

西王母原初的形象是半人半獸，她的神職是「司天之厲及五殘」。我們之前已經見閱，「天之厲及五殘」是指災疫和刑罰，也就是痛苦和死亡。西王母司職死亡但神跡不顯的存在張力本質上卻是好生的。人們不禁好奇，西王母原初喻像當中是否就有生死合構的消融意向呢？

我們再回味一下西王母的形象：「有神人，面虎身有文，有尾皆白處之，其下有弱水淵環之，其外有炎火之山。投物輒然。有人戴勝虎齒，有豹尾穴處，名曰：西王母。」（《山海經‧大荒西經》）「西王母，其狀如人、豹尾虎齒而善嘯，蓬髮戴勝，是司天之厲及五殘」。（《山海經‧西次三經》）西王母半人半虎的形象中，「虎」的形象是否含有特殊意蘊呢？有人認為：「西王母實為一虎神，體現的是先民的虎崇拜。據劉堯漢先生的實地考察，今雲南楚雄彝州楚雄城西山有「西靈聖母廟」，相當於漢民族的王母娘娘廟。內立一女性塑像，彝族人稱其為「西膜」。按彝族風俗，每三年要舉行一次對虎神的大祭。條祀儀式中，女祭可扮作「西膜」神，頭戴老虎面具，接繫虎尾，學虎嘯。而在《穆天子傳》中，西王母亦稱為『西膜』。如卷二載：『（穆王）甲申至黑水。西膜所謂鴻鷺，丙辰至於苦山。西膜之所謂茂苑，天子於是休獵於是，食苦。」卷四又載：「丙寅，天子東征南還，己巳，至於文山，西膜之所謂口，摘天子於文王，西膜之人乃獻食，馬三百，牛羊二千，穄米千車。」〔註44〕

以獸形膜面這是可以意會的圖騰敘事，人間形會「西王母」的祭祀事蹟，在意向上往巨大神意靠近的同時，也張馳著一種通過激情驅馳命運感的超越性力量。在人間空地上騰留神性，某種意義上就是對生命力量的原始回扣，是往敬虔與召喚中將生存界域往可能性中廣大的在世與渡過的命運品質。

《易‧乾‧文言》：「雲從龍，風從虎。」顧炎武解釋為：「雲從龍則曰乾為龍，風從虎則為坤從虎。」古人有龍虎作鼎的傳統，假如虎為坤勢，龍為乾勢，則龍虎之會又可形喻為天交地合之會。西王母半形當中虎的意向，或許正意味著那種飽滿生長的生命性。

前次說到，不僅僅西王母神話中，《山海經》中描述了很多人獸同體的形象。也就是說人獸同體也是古代神話的母題形象之一。「《山海經》還給我們描繪了許多人獸同體互生的形象，或蛇身人面，或鳥首人身，不一而足。西王母是人形而虎齒豹尾，鍾山神是人面蛇身，《帝王世紀》《列子》皆記伏羲是蛇

〔註44〕啟良：《西王母神話考辨》，湘潭大學學報（社會科學版）1994年第3期。

身人面，女媧是蛇身人首。此類神話絕少動作上的敘述，不以某一動詞來概述兩種生命的互相更替，而是靜態的形體展露。在靜止的空間組合上，表現了人獸互動的淵源關係。這和「文身」（變形觀念的物化）有著異曲同工的妙用——動物與人的融為一體似乎是一種永恆的存在，讓我們更為清晰地看到人類與獸類神秘的同化，看到普通人向動物的人轉化之外在與內在變形的「現在進行式」。半人半獸實際上是不同生命相互轉化的中間環節，是人類通過變形獸化自己的一種特殊形式。這些人獸合體把肇祖的圖騰物（同時也是自己的圖騰物）率直地表露在自己的形體上，使人一看便知生命和它的始源向來就是牢不可分的一體。」〔註45〕

　　看來人獸同體的造形意向似乎衍生於那直觀出示生命踴躍力量的「動物性」暗示。而作為母題形象的「不死之樹」，似乎又衍生於那種以「植物性」生長表達內在生命性的存在意向。

　　人類學家弗雷澤在其著作《金枝》中詳細分析了古羅馬內米湖畔的一個關於「金枝」的古老習俗。他指出世界各地都有過對樹木的崇拜習俗。在古代社會先民常常把樹木看作神祇，認為它是神的體現，春夏秋冬四季循環，樹木都會隨著四季而「死而復生」。「樹木」於是成為先民渴求「生命力」的象徵。（弗雷澤：金枝〔M〕，徐育新譯，北京：新世界出版社，2006：6）「今天，有關樹木崇拜的原始思維可以在西王母文物遺存中得到證實。古代工匠在通過實物來表現他們崇拜的西王母時，一起出現的圖像多是崑崙山、搖錢樹等。西王母及其仙境最重要的圖像就是宇宙樹（或天柱、崑崙山）。作為神話中『天地之中』的崑崙山，在漢魏文物中有豐富的表現形式。除了直接以神山的形象呈現，還有神樹、天柱、梯子、藤蔓等變形的表現形式。」〔註46〕

　　前文述及月桂因能「樹創隨合」，故為不死樹。樹木本就示現著循環往復生生不已的存在性，在西王母神話中以「樹」木的形態謂述存在的「不死」性，顯然是不難解釋的。

　　「嫦娥奔月」事件中，「不死之樹」變成了「無死之藥」，由「藥」渲染到的對死亡的克服，又示加了西王母用一種造生藝術解除死疾的強烈意願。在她

〔註45〕引用萬建中：《原始初民生命意識的折光——中國上古神話的變形情節破譯》南昌大學學報（社會科學版）。
〔註46〕丁瓊：《西王母「生死」母題之歷史嬗變》，重慶科技學院學報（社會科學版）2012 年第 16 期。

的神諭示界中，死是一個凡人面對的事實，而渡往不死之境的手段——不死之樹或不死之藥，就是在本質上否定死。長生是對短死的否認。或者說，是對世界—在世性的巨大肯定。

無論就其半人半虎的生命性喻意，還是從不死之樹到不死之藥再到食之可獲長生的蟠桃，西王母神話都關涉「生死」這一超驗話題，作為神語景致，顯然我們能夠從中陶掠到這樣一種轉渡：對在死的恐懼已然化成了對往生的熱戀。

西王母神話中體現出的「重生」、「貴生」、「愛生」的思想成為了中國思想的一處不竭之源。它滋潤著、灌注著愛生向世的歡樂力量。在嚴肅敘事中事實上隱逸著一種寧靜的歡快。這種「重生」、「貴生」、「愛生」的意義演示尤為明顯地體現在後世道家的思想中，莊周之文就多有全性樂天的深度拋受。不僅如此，關於「生死」何解的超驗話題，一直滲透在各家學派的核心思考裏。

如老子書說：「名與身孰親，身與貨孰多」〔註47〕，又說：「何謂貴大患若身？吾所以有大患者，為吾有身，及吾無身，吾有何患？」〔註48〕在他看來，與身生相比，還有什麼比此更親切的呢？莊子《養生主》言貴生養生之道：「為善無近名，為惡無近刑，緣督以為經，可以保身，可以全生，可以養親，可以盡年。」〔註49〕在《讓王》篇中，他借寓言故事批評「今世俗之君子多危身棄生以殉物」，〔註50〕「今世之人，居高官厚爵者，皆重失之，見利輕亡其身，豈不禍哉！」〔註51〕而言「能尊生者，雖富貴不以養傷身，雖貧賤不以利累形」。「重生」、「貴生」、「愛生」不僅體現在道家等的世界觀念中，而且古人通過實踐來「修身」，甚至圖及「性命雙修」。《太平經》說：「凡天下死亡，非小事也。一死，終古不得復見天地日月也，脈骨成塗土。死命，重事也。人居天地之間，人人得一生，不得重生也。『故夫上士忿然惡死樂生，往學仙，勤能得壽耳，此上士是尚第一有志者也。』」(《太平經》) 葛洪《抱朴子·對俗》：「陶冶造化，莫靈於人，故達其淺者，則能役用萬物，得其深者，則能長生久視。」

在生是人的實際，而向死同樣是人的實際。去死樂生不僅僅通貫在道家文化中，兩千年來擔當華夏精神另一支柱的儒家思想同樣濃示著愛生與貴生。《易》言：「易與天地準，故能彌綸天地之道」(《易經·繫辭上》)，而「天地

〔註47〕高明：《帛書老子校注》，第三九頁，中華書局 1996 年。
〔註48〕高明：《帛書老子校注》，第二七六頁，中華書局 1996 年。
〔註49〕曹礎基：《莊子淺注》，第 42 頁，中華書局 1982 年。
〔註50〕曹礎基：《莊子淺注》，第 433 頁，中華書局 1982 年。
〔註51〕曹礎基：《莊子淺注》，第 430 頁，中華書局，1982 年。

之大德日生。」（《周易·繫辭下》）「生生之為易。」孔子言「天」亦讚歎其「百物生焉」——「天何言哉，四時行焉，百物生焉。」（《論語·陽貨》）夫子以為，天雖不言，但可使萬物「生」。

西王母神話中體現出來的「重生」、「貴生」、「愛生」的思想意向在華夏精神最深處一直綿延不息。惟此，我們才在古老的神語光線中看到同源一處又萬川溉流的思想地形圖。

（二）女媧—伏羲神話當中的意義呈現

相比於西王母神話意義含蘊的隱喻性，女媧—伏羲神話中意義流露則相對直白。之前我們反覆提到西王母神話意向含射「向死而生」的母題結構或意義結構，那麼在伏羲女媧神語事蹟中，我們又能探索到什麼呢？這些事關意向原初的給出方式，以及在注其中的意義含蘊，又呈現出什麼樣的思想圖像呢？我們思考意義呈現，並不僅僅在其呈現中索取意義輪廓或意義概念，而是從中洞察或領會給出意義的方式。這種給出方式亦即意義作為現象獲得呈現的思想路跡。

西王母神話中所大面積渲染的「向生」主題——即向死而生的意向結構，是面向死生之事而道說的，在傳統視野中這始終是一個終極問題，死生之事即關乎日常，又臨接於思想的邊界，故而是古代及今各家學說都不逃離的問題。死生本身就是一個內生於神話演義中的母題結構。自然在尋視女媧—伏羲神語意向的母題輪廓時，首先需要回到「死」的問題中去。

神話人物如何死亡，他們難道會如同凡人一樣，纏綿病榻，最終撒手人寰？還是遭遇橫禍，枉死他鄉？再或者年事高滿，帶著一生的福足，長眠不醒？理問這個問題，就像是希臘哲人基於凡人的有死性轉而會追問：諸神是否有死？這個問題的意義宣示就在於：既然神是人所景仰的不朽尺度，那麼在公攤死亡面積的時候，神又會選擇什麼樣的態度呢？也就是面向死亡命運，神是如何克服的？亦或，神本就不在死亡當中，所謂死亡於神而言只是一個人間態度？亦或，神本質上已經完成了死亡克服，從而在人間要求出一種如何克服死亡之困的哲學，這種哲學就叫：死亡練習？神語貼靠的意義幅度最終是要往人間拋示的，否則，人間就會斷滅對神靈存在的意義領會，從而絕滅面向神靈的意義虛置，也就是說有無神靈顧盼，對人來說，已經毫無意義。

然而，問題是，在人語世界中，神靈作為綿而延之的道說事件已經發生了，人適時地領會著那些超越人性限度的神語畫面，並將自身的在世性託付到神語張示的精神輪廓當中，從而獲得望生戀世亦或向死而在的存在意義。看起

來，在神人相幸的原初意向中，本質上還是在有死與否的叩問當中，出具人與神的界限的。這個界限的深度就在於，人作為在世者，尚被拋在允讓在世的可能性當中的，也就是說，人的存在性邊界之所以能夠作為邊界而規定到人的存在，是由給出邊界的意義性力量所昭示的。只有在對這個邊界的領會中，人才在世寓拋放的廣大領域當中澄清自身的存在。換言之，也只有在澄澈自身的意義當中，才能自覺觸探到那個深植到靈魂當中的世界。往此延邁的意義舉動，才豁然呈現為在世的輪廓，那不是一個平行環視的地平線，而是過去、現在、將來交往聚集的意義立體。可直觀感受到的是生命本身，但令生命困頓的事件卻是神語昭示下的死亡克服。這也許就是思的故事。

中國古代神話中有一種獨特的死亡方式──「垂死化生」。這在我們之前訪探的「夸父追日」敘事中，很容易看到。《山海經・大荒北經》：「夸父不量力，欲追日景（影），逮之於禺谷。將飲河而不足也，將走大澤，未至，死於此。」《山海經・海外北經》：「夸父與日逐走，入日。渴欲得飲，飲於河、渭，河、渭不足，北飲大澤。未至，道渴而死。棄其杖，化為鄧林。」

夸父雖死，但是棄其杖，其杖最終化作了生機勃勃的鄧林。而鄧林又與西王母的不死之樹有關涉，這在我們前次的閱見中已經討論到。

「垂死化生是中國古代神話傳說中最基本的情節因素，這些源於傳統的、不可再分的最基本的情節因素就叫做母題。垂死化生母題在我國古代神話傳說中是最常見的母題之一，它主要是通過生命體形態轉化的方式使生命得以延續，如顓頊變魚婦、鯀化禹、精衛化為鳥、夸父之杖化為鄧林、蚩尤桎捆為楓林」等等……，最廣泛流傳的就是「盤古化生，創造萬物」的說法。「元氣漾鴻，萌芽始茲，遂分天地，肇立乾坤，啟陰感陽，分布元氣，乃孕中和，是為人也。首生磐古，垂死化身：氣成風雲，聲為雷霆，左眼為日，右眼為月，四肢五體為四極五嶽，血液為江河，筋脈為地裏，肌肉為田土，髮髭為星辰，皮毛為草木，齒骨為金石，精髓為珠玉，汗流為雨澤，身之諸蟲因風所感，化為黎甿。」這是古代神話中典型的垂死化生母題的神話故事，按照傳說中所說，天地開闢時誕生的盤古，臨到他將死的時候，周身突然發生了巨大的變化。他呼出的氣成了風和雲，發出的聲音成了轟轟的雷霆，他的左眼變成了太陽，右眼變成了月亮，四肢五體變成大地四極和五嶽名山，他的血液變成江河，他的筋脈變成山川道路，他的肌膚變成田土，他的頭髮和髭

鬚變成天上的星星……」〔註52〕

如果說「化生」母題在西王母神話中闡釋著向死而生的神語暗示，那麼在女媧—伏羲神話中則度遞著一種在生而生的生命藝術。而這恰恰應然了伏羲女媧神話中「教化」、「化生」、「化行」的「化」的原初意蘊。

《山海經·大荒西經》云：「有神十人，名日女媧之腸，化為神，處栗廣之野，橫道而處。」這裡女媧所化的是「神人」。《楚辭·天問》：「女媧有體，孰制匠之？」東漢王逸注：「傳言女媧人頭蛇身，一日七十化，其體如此，誰所制匠而圖之乎？」，女媧「一日七十化」，此「化」「化生」、「孕育」，化生萬物〔註53〕。

「女媧之腸化為神」，與盤古「垂死化生」及夸父「棄其杖化為鄧林」，可謂含隱具化，在有死性邊界中逼現著生命往更廣大的實體性幅度中散逸充實的可能性。這些以變化或延異托起的神語事件，在適題地延拓人的在世空間的同時，也將命運的意義性過渡交付到了存在的軌跡當中，此下，所辨別或聆聽到的神語故事，才逐漸拓清神的形象，即那種可作為預期的尺度被籌劃進人的空地。諸神似乎讓人領會於作為掠領死生的意義現象，收沒著人對世塵——即在世性的短暫性抱怨，從而道破死生相形的在世性界限並因之充流為一場被非時間性畫押的形象過渡。如是，存在者作為歸向存在之整體的隱逸敘事，才在超驗的意向結構中作為事實被清理出來。女媧的故事與盤古、夸父等諸神的故事一樣，都拋送著華夏先民化生解死的整體觀念。這個觀念的要義，似乎是死亡可以被母體化，即死亡一直似乎就是向生而在的準備。

從女媧敘事中可擷取到的這種意向性觀念，與之前從西王母神話鏡像中所看到的生命圖騰的母題寓義是一樣的，即：世界渾然一體，人在世界之中，世間萬物方生方死方死方生，恍若一夢，然而世間萬物又是在生死循環往來復回的紜紜顯作中道為在場的一個「現象」過程，這個「現象」過程隱蔽地消解著我們對死亡敘事的刻板印象，從而將在生而生的現實幅度抬升到浪漫充實的詩性光度當中。用「生」來消解「死」，是華夏先民們一直在望並守候的思想往事。

女媧不僅是化生萬物者，還是華夏思想母體中的創世之神。「俗說天地開

〔註52〕徐智穎、冉永婷、葉麗琳：《中國神話傳說垂死化生母題淺析》，內江師範學院學報，2009 年，24 卷。

〔註53〕見袁珂《古神話選釋·女媧》，人民文學出版社 1979 年版，第 16 頁注。

闢未有人民。女媧搏黃土作人，劇務，力不暇供，乃引繩與絙泥舉以為人。故富貴者，黃土人也；貧賤凡庸者，絙人也。」〔註54〕「搏黃土作人」，造人的神話由此而起。時間在天地開闢之後，偉大的女神需要在天地當中充塞一種生靈，於是，人在這個尚古的時間性中歷史性地發生並完成，女神將人的命性從黃土中撮起，從而也規定出人的大地性本質。土性人類經由女神的手指捏成，就像用一幕童話在散放女神造人的初始心情，出場並望世的人類，似乎在其造形之初都躍欲著在女神神奇的指尖生成，在黃土與作人之間女媧擺出了精緻的立場，或者說，從泥土到人的賦形過程需要嚴謹的神性參與進來，但事實卻是這個劃破星空大地的創始工作，令女神「力不暇供」，精緻的造人運動似乎只完成了它微小的一半。剩餘下來的需要人來充塞的天地還不能留白作業，於是女神引繩絙泥，完成了剩餘的工作。需要作出來的人統統作了出來，「搏黃土作人」這項精緻的「劇務」，雕鏤著女神精緻的性情，而「引繩與絙泥舉以為人」感覺更像是一個粗大的寫意。造人運動前後幅度出不同的神技，用微小的一小半啟引並完成剩餘的一大半。工作是連續的，但過程卻是戲劇化的。

黃土人與絙人的造作，就像塑造精英與大眾的古典劇務。一部分人按照飽滿神意充實於世界，而另一部分人則在力不暇供的神性缺失中出世，從而泥土和繩子雙重性地被鑲入了人的命運。雖然女神造人的結論都被規定到了統一的黃土性當中，但一部分人的命運之線似乎更符合被繩絙勾勒著的天命性運轉。這個模糊的裂縫，不禁間就逸蕩出一股原始政治的命運氣息，此造人的原初給予就如希臘後神厄比米修斯攤派技能不均而犯下了遺憾的過失，轉而引渡出神對人的進一步教化。女媧的神語故事，為後來經典儒家的城邦教育留下了可思的遺筆，也是我們可以把女媧神系作為先儒流源的思想圖形在冊到歷史世界的發生圖像當中，從而溯清那幅存在的地形圖。

既然這個創造過程並不完美——力不暇供，那些先天遺留的問題就要通過後天的努力去補注。於是，化生、創生，塑造，補濟、拯救等精神詞項應運而生。這些語詞拋示著歷史文化中傾心澆注的教化性力量，因此也成為育化人性的儒家根基。這與住任自然實際，全護飽滿天性的人性道說形成強大的張力。儒道對弈的文化思辨在老莊及先秦世界示演得異常強烈。從這個角度看，我們將伏羲女媧的神話敘事作為後世儒家倡儀教化提升人性的人文尺度之源

〔註54〕《太平御覽》卷七十八引漢代應劭《風俗通義》，見前注。

出的神語根基，未嘗沒有道理。

　　關於「作人」的初始創業，女神給人間留下了差異性空地，同樣，在這個神話鏡像中，人的處境——世界的世界性也在歷史語境的缺裂當中需要修復或補救。女媧大神對人和人間的拯救意向，由是進入神語道說，補正除滅，「背方州、抱圓方」，既煉補天空原圖，又除匿危險心性，從而使這位站到生民源頭的創世大神在完成驚天偉業的同時，也自化為一個守護教化的精神園丁。

　　造人母題是一個世界性母題。聖經故事中以上帝造人，並在大洪水神話中試圖滅人的神性事蹟，內在表達著上帝精神。就母題題項而言「造人」—「大洪水」—「拯救」這個超極弧度，是聖經神話與女媧神話可共掠賞的弧度。女媧造人力不暇供與希臘先知普照羅米修斯和後知厄庇米修斯受宙斯託付分派技藝計量不公，從而差異，也似乎具有共思的餘地。而女媧用黃土造人，則更近於羅馬神話中「用土」造人。「從前有一次，女神 Cura（操心）在渡河之際看見一片膠泥，她若有所思，從中取出一塊膠泥，動手把它塑造。在她思量她所造的玩意兒之際，朱庇特神走了過來。『操心』便請求朱庇特把精靈賦予這塊成形的膠泥。朱庇特欣然從命。但當她要用自己的名字來命名她所造的形象時，朱庇特攔住了她，說應得用他的名字來稱呼這個形象。兩位天神正在為命名之事爭執不下，土地神（臺魯斯）又冒了出來，爭說該給這個形象以她的名字，因為實在是她從自己身上貢獻出了泥胚。他們爭論不休，請農神來做裁判。農神的裁判看來十分公正：你，朱庇特，既然你提供了精靈，你該在它死時得到它的精靈；既然你，土地，給了他身軀，你就理該得到它的身體。而『操心』最早造出了這個玩意兒，那麼只要它活著，『操心』就可以佔有它。至於大家所爭的它的名稱，就叫『homo』吧，因為它是由 humus（泥土）所造的。」〔註55〕

　　神話在存在的維度間向在思世界供給了源淵。惟在存在的維度中才能領會到神話道說的世界性。這種世界性只在存在的意義回聲中尚能被給出和領會。而在此迴響的世界的存在性是在大地與天空的維度中綻示出來的。

　　女媧造人的故事提示出人的大地性本質，以及人是被造出的神性尺度，這種給予意向，事實上示顯著人的世界性意蘊。這個意蘊的關鍵點介於神人或天人之間。至於像希臘那樣人神之間建起思想的盟約，還是像聖經那樣以罪體身

〔註55〕海德格爾：《存在與時間》，228 頁，陳嘉映、王慶節合翻譯，生活·讀書·新
　　　　知三聯書店，2012 年。

份迴向上帝的虔誠，在意義塑造的空間裏，需預先領示於被存在先示的回音。
這個回聲就是由人經驗的在世本身。女媧搏土造人的神語氛圍，和造人之後的
煉石補天，在此造生與拯救的意義維度中，已然將存在問題迴向了天人合向的
世界之間。華夏思想母題性構造的天人關係，事實上已經呈現在女媧的神語事
蹟中了。

　　透過女媧造人的神語故事，我們似乎能夠看到華夏初民在人神關係的思
考位度間，已經很好地將生存境遇——在世處境，理解到了「天人」當中。

　　我們從中可以揭示先儒關於「天命」之問的原初昭示。子曰：「天何言哉？
四時行焉，百物生焉，天何言哉？」他告戒人們「不怨天，不尤人。」老子說：
「天地不仁，以萬物為芻狗。聖人不仁，以百姓為芻狗。」他告訴人們安位素
處，不與天爭。

　　女媧神「垂死化生」、「搏土造人」、「煉五色石以補蒼天，斷鼇足以立四
極，殺黑龍以濟冀州，積蘆灰以止淫水。」從而「蒼天補，四極正；淫水涸，
狡蟲死，顓民生。」「當此之時，禽獸蝮蛇，無不匿其爪牙，藏其螫毒，無有
攫噬之心。」這道心性之流在金黃色的光度中已然被先行打造了出來。是土性
生命，但也是黃金神話。

　　在伏羲女媧構形的往事中，流傳著一些融共視域，如置婚姻、作笙簧、教
化人民。「女媧作笙簧」〔註56〕，「以其（指女媧）載媒，是以後世有國，是祀
為皋媒之神。」〔註57〕，「伏犧制以儷皮嫁娶之禮。」「伏羲作琴。伏羲造琴
瑟。」〔註58〕這些充流同至的事蹟，散發出濃鬱的禮樂聖蹟，堪稱對黃金人種
的同體聖化。

　　從造人到補天，從正四極到皋媒化禮，原古造境當中的「垂死化生」，在
女媧—伏羲這裡獲得了一條顯白的通道。「人」的意義和屬性從世界建構的天
地意向中被提取了出來，從而繪出一幅在生言生（不知生，焉知死），在仁言
仁（吾欲仁，斯仁至矣）的精神圖像。在這幅精神圖像中，「人」的在生藝術
和意義位度被徹底奠定。孔子說：「天地之性人為貴」（《孝經‧聖治》）。「之於
仁也，甚於水火。」（《論語‧衛靈公》）孟子認為「仁也者，人也。」（《盡心》）
荀子說：「人有氣、有生、有知，亦且有義，故最為天下貴也。」（《王制》）他

〔註56〕海德格爾：《存在與時間》，228頁，陳嘉映、王慶節合翻譯，生活‧讀書‧新
　　　　知三聯書店，2012年。
〔註57〕引自《路史‧後紀二》，明萬曆三十九年喬可傳刻本。
〔註58〕引自《路史‧後紀二》，明萬曆三十九年喬可傳刻本。

認為：「（人）力不若牛，走不若馬，而牛馬為用，何也？曰：人能群，彼不能群也。人何以能群？曰分。分何以能行？曰：義。」（《王制》）非「仁」無以道「義」。

由人而仁，由仁而愛，這是女媧摶土造人後，在天地之境，儒家以「仁」性人的終極轉化。不僅儒家，墨家也講「仁，體愛也。」（《經上》）「仁者之為天下度也，非為其目之所美，耳之所樂，口之所甘，身體之所安。以此虧奪民衣食之財，仁者弗為也。」（《非樂上》）「即必吾先從事乎愛利人之親，然後人報我以愛利吾親也。」（《兼愛下》）這是人在仁的意義塑化中安向在世的存在性，也因之在漫長的禮性教化中遣送出一套寓生於世的政治哲學。

在神話母題的意義勾聯中，我們逐漸清晰了神語造構的隱逸意向，從西王母神話我們能夠領會到那種「向死而生」的思辨張力，由此道向的「重生」、「貴生」、「愛生」的意義歸屬，尤為明顯地體現在後世道家的思想視野裏。從女媧──伏羲神語結構中，我們能夠體會到那種「向生而在」的仁愛藝術，由愛至仁的性化演示，在後世儒家思想中體現得尤為熱烈。

總之，神話作為華夏文明的在思源頭，不僅示顯著在世棲居者的生活方式，而且造形著人們理解世界的思想品格。神話紿向空無的敘事虛構，也不是隨歷史辭賦道盡終結的死文現象，它是在思日處的存在之源頭，正是在蹤向其跡的意向領會中，我們才有可能澄清存在。此便是所謂「近源而居者，斷難流離」。

第三章　神話之維與天命道境

　　神話作為特殊的思想事件，是被其特有的道說方式所叮囑的。神話的敘事魅力，是其思想魅蘊的現成乍顯，它意味著，或回應著何以如此認待世界的思想方式，無論在救渡或超驗教化的母題上爍閃出神性事件的出場，還是在超逸越邁離脫渾沌世情的隱逸敘事中躍閃出神的形象，都隱蔽地轉化著人向世界的在持或投入。似乎有一個什麼樣的世界，人便被拋入到一個什麼樣的世界當中，從而顯作出何樣的現實情態。世界並非僅僅由人的尺度所體量所能完形的，世界之為世界的造形幅度是在神語的意向傾臨中被指認的。女媧造人或補天，將人的在世秩序及天命處境指認到世界之為世界的造形幅度當中，從而在教化與拯救的現實幅度中被世界或歷史世界所容納。這是一種一旦思想便會被思想本身所引置的人的在場方式，也是一種命運構圖，它幽微地暗示著人的被拋與規定，並因之而受向的意義領會。女媧與伏羲竟合之「化」，就是此意義領會所促向的思之探脈，它意味著往在世處境中去到或到往的聆聽與擇處。而竟向大同的適度教化，則原初性地將人與天的命運景象拋向在世性秩序，以此引延出人在世或出世的法則與禮性。如何在這樣的世界中生活以及如何作為被給出者往給出性中回歸，都景象於那個作為開初事件所撐開的原命輪廓，也就是無論如何形繪人性以及人性事蹟，此事蹟當中都隱動著世界生活的初意。就此而言，這維神語，已經將儒家春秋的史性大義作為被給予著的意義圖形往歷史集成當中給出去了。西王母給生去死的神語事件，作為在崑崙山體上在居飄搖的神仙事蹟，已然超逸廣邁地消解了被世形囿範的在世幅度，從而在生死臨界的意義周旋中向世界拋示出超越範圍的神性姿態。此超越與越出，本真地含繪著傳統古人的道家氣象，神仙文化所佐領的意義歸宿和越領古今

的自由氣象，無不在文化集成中作為扎生並到場的思想方式在紅塵俗世及歷史性人間湧動並顯露。此維神語，隱微地闡釋並指認著以道思世的道學張力。而儒道合源的歷史文化命運恰好又從這兩維神語——女媧—伏羲與西王母神話至極廣大的天命道境中被一體性地拋示了出來。

一、西王母神話與天道觀念

就西王母襲居「崑崙」之丘的神語處境，在居於「崑崙」之地的神話故事，似乎就能夠抽象出道家之「道」的「大」與「太虛」。太虛至大，至大歸「一」，從太虛為「一」的形上思辨中，就能合演出「陰陽」替交的「二」來，形上之思由此展拓，世界之為世界的本體思辨在此抽象模式中按古典思想特有的儀式就此延演，諸如老子書中「長短」、「高下」、「多少」、「音聲」、「有無」等「玄之又玄」的謂稱或觀念。崑崙，渾淪，渾沌，此語音昭示中所彌足的始源初義，都是在不可思及的空虛無有之中遙契著存在的原初之境。似乎只有一個「無有」的開端才能流逸放釋出「有」的可能，才能在此意向當中尋視直觀到那個絕對的被給予。西王母襲居「崑崙」，本身就是對這一作為原初給出的意義居領，而由其版繪的神話事蹟，自然從其意義居領中流逸而出。這在謂題邏輯中是對意義領會的先行澄清，惟在此開端處，作為「道」之道說所通向並達至的思想道路，才能在其純粹思辨中被給出。此給出給出存在並因此讓予於存在的發生。顯然，在古典事體中，此居領之所在——作為棲居之地含寓並釋放著存在者在世的情狀與能夠，並由此溯及並澄清著存在的源頭。「崑崙」是居棲之所，此棲居，是寓世界於其中的原初達到。就思想事蹟而言，「崑崙」本就成為了自此以後道家的修真聖地，這於諸子文本中能見到相關的表述，如《莊子·大宗師》言「堪壞得之，以襲崑崙」[註1]，說的是崑崙獸形神人「堪壞」得「道」襲居「崑崙」。又如《抱朴子·內篇》中有「鼓翩清塵，風馳雲軒，仰凌紫極，俯棲崑崙」之繪，其中仰凌紫極與俯棲崑崙，一仰一伏，「紫極」與「崑崙」應然地被領會為道天之所，前者緲於虛空之中，後者寓於大地之上。

（一）「崑崙之丘」與「大道」之「玄」

道家觀念與上古神話的源淵關係，可以從一系列原初鏡像之中衍生出來，如「崑崙」、「蓬萊」等神語之境，擔任著對「道」之追望並領悟的原初之所，是「道」獲得原初在居或存在的原初「道場」。

〔註1〕（明）憨山釋德清：《莊子內篇注》。

　　正是在道途與追往中，作為有死的人何以達至不朽之境，從而充滿或渡越其普凡的在生，最終在意義示向中迴向道之所示的意義「道場」，自然會隨伴出棲於「不死之樹」等渴望永生的母題事蹟。西王母神話中的「不死」、「貴生」等母題意義，就是在這樣的意向結構中自形拋發的。其意蘊「靈魂不滅」的神性昭示和「長生不老」的在世渴望。最終寫意出向死而生的意義極限。清寂無為的意義「道場」號示著到往道的在途性和邁越性力量，此在途到往的意義歸靠，澄清著在世的行走與領會。作為寓居於世而又闢開存在的意義前提，自然要騰開牽絆與束繞，從而在思想景象上就會描述到無為清虛等向道而往的出世之境。此繪境恰好適會於莊周聞風而悅的真然道說：「寂漠無形，變化無常，死與？生與？天地並與？神明往與？芒乎何之？忽乎何適？萬物畢羅，莫足以歸。古之道術有在於是者，莊周聞其風而悅之。以謬悠之說，荒唐之言，無端崖之辭，時恣縱而不儻，不奇見之也。以天下為沈濁，不可與莊語。以卮言為曼衍，以重言為真，以寓言為廣。獨與天地精神往來，而不敖倪於萬物。不譴是非，以與世俗處。其書雖環瑋，而連犿無傷也。其辭雖參差，而諔詭可觀。彼其充實，不可以已。上與造物者遊，而下與外死生、無終始者為友。其於本也，弘大而闢，深閎而肆；其於宗也，可謂稠適而上遂矣。雖然，其應於化而解於物也，其理不竭，其來不蛻，芒乎昧乎，未之盡者。」（莊子《天下》）

　　莊周之說闢開世界，在詩性筆觸中泠然寫就道性張馳的天問道境。這是華夏思想話語的氣質文本，是超凡脫俗，俊逸絕邁，闢開在世閫域，獨與天地往來的精神美學。

　　因是之故，不論與西王母相關的神話存在著哪些述語版本，在走向道說的神話語言中，「崑崙」「太虛」「長生」「不死之境」等意向都隱性地造就了這維神語故事的哲學意蘊。在我們娓娓道示的神話語詞中，「崑崙」儘管還是那座邈遠神秘的靈山，還矗立在天地之間散發著巍威的氣勢，可是這個以「崑崙」命名的神語之山，本身已經不再是作為物象純存的自然之山，其語詞背後槎浮的意義景象，已經拓延出一個天人勾連人神相在的存在「道場」。所以後世民間的許多志怪小說或者神話傳說中，「崑崙」都成為了古人們練達無上天道的靈境聖地；崑崙之墟宛然一個天人合應的靈性道場，而「崑崙」本身則意寓或詮釋著「至道」的意蘊或境界。

　　「崑崙」意向與「道」的領會意向在古典思辨中是最近的。而「道」是古

典意向中最能闡釋華夏思想維度的路標燈塔。是最能顯作華夏思想個性的母體詞彙。

關於「道」的述說，老子書中的意向聚集是最充分的。《道德經》中有大量關於「道」的道述。

道，可道，非常道。（第一章）

水善利萬物而不爭，處眾人之所惡，故幾於道。（第八章）

古之善為道者，微妙玄通，深不可識。（第十五章）

有物混成，先天地生。寂兮寥兮，獨立而不改，周行而不殆，可以為天下母。吾不知其名，字之曰道，強為之名曰大。（第二十五章）

道常無為，而無不為。（第三十七章）

反者，道之動；弱者，道之用。（第四十章）

上士聞道，勤而行之；中士聞道，若存若亡；下士聞道，大笑之。不笑，不足以為道。（第四十一章）

夫唯道，善貸且成。（第四十一章）

道生一，一生二，二生三，三生萬物。（第四十二章）

天下有道，卻走馬以糞；天下無道，戎馬生於郊。（第四十六章）

道生之，德畜之，物形之，勢成之。是以萬物莫不尊道而貴德。道之尊，德之貴，夫莫之爵而常自然。（第五十一章）

大道甚夷，而民好徑。（第五十三章）

物壯則老，謂之不道，不道早已。（第三十章）

以道蒞天下，其鬼不神。（第六十章）

道者，萬物之奧，善人之寶，不善人之所保。（第六十二章）

天下皆謂我道大，似不肖。（第六十九章）

天之道，損有餘補不足，人之道則不然，損不足而奉有餘。孰能以有餘奉天下？唯有道者。（第七十七章）

天道無親，常與善人。（第七十九章）

天之道，利而不害。聖人之道，為而不爭。（第八十一章）

　　凡此種種。這些見領縝密精純的「道」示著的思想語言，宛然源初性地提升著華語思辨美學的深大與流行。無論在對道的意義領會中進行道白或闡釋，還是基於道的存在性而支付出人的在世態度或行動哲學，天、地、人、道四個維度，始終作為道示或貫穿隱匿其中。亦即書言示能的：「人法地，地法天，天法道，道法自然」（第二十五章）。此四維（天、地、人、道）合元而一，在相互過渡的替變法式中澄清著存在。自然而然，便是歸真葆性的本真境遇。「道法自然」便是揭曉華夏思想天人之辨的最高維度。此維度便是古代道家道說、領會並在式的天之天道。

　　天、地、人、道四維合元，在意向上澄澈著世界之為世界的存在性。生活在歷史世界當中的人們，正是在這個向度中擺渡著人的在世性，以及基於在世的度過從而為其歸返與行越領會出意義。在天、地、人、道的四元合化中，法向「自然」，成為會領存在的本真歸屬。正是對此本真歸屬的會領，從而開啟出一條存在之空與歷史大地同體呼應的思辨之路。這條道路的現形模式，便是自古思向的天人之說。那麼，何為「天」？

　　在古代神話中，天是為人敬畏的寥闊之域，天作寥寂廣大無所不包的神語印象一直伴隨著神話敘事。寂寥淡漠的廣天形態，因其廣大周全而向充於在世的人給出意義思辨。《莊子‧秋水》曰「何謂天？……牛馬四足，是謂天。」莊周以牛馬四足來形繪天所形印的自然周至，完性全真，藉此來思考人的沉淪、厄難與在世，從而伸躍出「以人合天」（《莊子‧達生》）的意義主張。何以天行有常，無有虧蝕與折變？乃因其行有道，此道乃天之天道。

　　在天與道的喚應回聲中，老子書說「天之道，不爭而善勝，不言而善應，不召而自來，坦然而善謀。」「以道蒞天下，其鬼不神。非其鬼不神，其神不傷人。非其神不傷人，聖人亦不傷之。夫兩不相傷，故德交歸焉。」以此道說著天與道的存在關係。

　　由道而行的「天」，離不開人對天及天道的領悟。對此，莊周在《秋水》中說：「天在內，人在外。德在乎天。知天人之行。本乎天，位乎得，……反要而語極。」內在為天，外在為人，「知天人之行」，本質上重視的還是人對天之道的互應與感知。

　　如果說以「道」會領的天人關係本質上澄清著人向天之道的法向與靠屬，那麼天之臨遇的道之道路又是何所通達並敞開的呢？「道法自然」便是道之境遇的闢開與收束。這是一個邊界往另一個邊界的過往與打開。惟作此領會，才

能成全世界的世界性，也才因此澄清天道示向的人間道路。此道路通達於在世，是人行越其間的意義領域，也是人反向自成的自身性解釋。

何謂「自然」？「自然」在老子書中（《道德經》）還有四處關聯性道述：「是以聖人慾不欲，不貴難得之貨；學不學，復眾人之所過，以輔萬物之自然而不敢為。」（第六十四章）「功成事遂，百姓皆謂我自然。」（第十七章）「希言自然。」（第二十三章）「道生之，德畜之，物形之，勢成之。是以萬物莫不尊道而貴德。道之尊，德之貴，夫莫之爵而常自然。」（第五十一章）

可見，在老子的語言裏，「自然」便是事物成向具之的本然狀態，是事物是其所是的那種自足性，是一種自然而然的顯現即自明自足自現的絕對給出性。因此，「人」本乎「天」而「位」於「自然」，便能成就追求法向「自然」的道，能達乎「自然」便是「至道」。

知乎「天」、「人」以及領會於「自然」，所求之「道」似乎破曉而出。在天人相涉的語境中，道意蘊於何？《道德經》開篇便云：「道可道，非常道。」六十二章說「道者，萬物之奧，善人之寶，不善人之所保。」道為何物不可言說，道之所向似乎可以被領會。老子給出的並非關於道為何者的定義，而是由此開闢出一條向道而行的道路。此道路被道之道說所讓予。

莊子在《大宗師》中明言：「夫道，有情有信，無為無形；可傳而不可受，可得而不可見；自本自根，未有天地，自古以固存；神鬼神帝，生天生地；在太極之先而不為高，在六極之下而不為深，先天地生而不為久，長於上古而不為老。」莊周如此傳神論道，所予者並非道之為物的實體描述，而是道之為道的存在領悟。正是此自本自根，自古以固存的意義狀態，才流化於神人相襲的歷史天地中。「豨韋氏得之，以挈天地；伏羲氏得之，以襲氣母；維斗得之，終古不忒；日月得之，終古不息；堪壞得之，以襲崑崙；馮夷得之，以遊大川；肩吾得之，以處太山；黃帝得之，以遊雲天；顓頊得之，以處玄宮；禺強得之，立乎北極；西王母得之，坐乎少廣。」（莊子·大宗師）

回到古神話鏡像之中，我們從莊周流文中似乎能夠看出人天分流以及神人出場的道性位格，正是在道的給出視域中，此存在的敞開性才獲得終極演示。「堪壞得之，以襲崑崙」，「西王母得之，坐乎少廣」。「崑崙」、「少廣」，都與渺無廣大的道之道境相關涉。莊周流文中的神人們得之於「道」，故而自適於其本然之中。作為崑崙神系的西王母自然因得「道」全真，其棲居之所——崑崙之丘自然被演化為一個精妙絕倫的時間道場。

　　如果說「人法地」是人的生命性被拋的廓開，是人往大地中行走的生命之規定，此規定被領會於人的在世性，那麼「地法天」則是大地拓展幅度的給出，是由天空規定出大地的界限，並由此使大地成為天空之下的大地。天空與大地成全著存在的廣域，在相互規定自身幅度，澄清自身邊界並因之澄明和清晰自身存在的同時，為人的生命性被拋和在世性投入給出了存在的尺度，此時，人是大地之上的人，也是仰視星空的人。天空與大地構成世界的世界性。人成為在此世界當中的在世者。天空與大地給出人在世存在的尺度，但此尺度仍需領悟，領悟於向大地給出界限的天空何以能澄朗存在的邊界？「天法道」，就是天空何以向大地給出界限並由此澄明自身邊界的命運規定。此領悟領悟出天命。是存在道向命運的遣送。在此維度中，人不僅是大地與天空之間的在居者，而且是天空與大地命運的襲有者與領會者。此命運性給出，將人與地天升越於同生共時的在場性當中，天地人合融共在，在天道命運的同時性給出中領會於在居棲息的世界本身，並以此澄清於世界的意義。人在居於被命運給出的世界當中，何以了然領悟於在世界當中棲居的意義呢？何以渡越那短暫的到往，與被拋以後隨即遣返的歸去？敞向世界的道路在天命的領會中已經先行打開了，但由此打開的世界命運何以統屬於人的存在？由天命置界並遣使指令的被要求性何以消泯人天擱置的界限，並因之在向世界給出存在的意義歡歌中渡越來去？此來去自往的通道，在被命運原初遣送的同時，事實上，早就已經打開了。人往天地之間貫穿的生命的規定性早在已然被送往大地的生命性叫聲中就已經先行給出來了。只是人尚未領會到此給出性。此給出性道向何處？何以確實此給出性作為給出已然領悟於人在世界當中的存在？「道法自然」，由天道指令法向的自然，還原並澄清著生命性被拋與規定，同時也澄清並拋顯出人在居世界的存在性尺度，此「自然」還原著人與世界（天地）同時共在的本然性，自然而然的能夠（「然」）作為往自身處回返的領悟，被領會於人在世界中的棲居與存在。此領會領會於開端，領會於那個本然在場的可給出性。此給出給出向世界入居的道路，此道路是天命指令下被拋遣送的道路。道路便是通達，通達通達於可到往之地，到往之地被闢開，作為敞亮的存在的回音召喚著人的在世與出行。作為通達到往的敞亮闢開，宛然林間透光的路跡，是廣意纏綿的自由之路。一切都源出於存在本身，是自身從自身當中給出了世界。世界在本然當中，世界原本如此。「道法自然」構合著人入居世界的自由之境。由是領會出到往世界的詩意。「夫大塊載我以形，勞我以生，佚我以老，

息我以死。故善吾生者，乃所以善吾死也。」（莊子《大宗師》）

如果說道家所尋視的是「天」「地」「人」本然合應的「自然」之「道」，此道路經由「人法地，地法天，天法道，道法自然」的法向替換和意義領悟而被敞開並規定了出來，那麼關於「道」的釋說，所關涉的就不只是超然絕對的源初意義，道不可論證解說，只能領悟，此領悟先行達至於人的在世。作為道之道路的遣送，定當指認於普凡素樸的在世。是作為世界的世界性向存在者在世界中處居敞開的。但道路是需要打開的，此打開遙契於道路之為道路的指示，是在路標啟明的被指示當中引上路在行者自行踏入的。道路需要被指認的獲取，是去除遮蔽的自行澄朗。道路之敞開於何處被領會？迷繞曲折衷何以越出被拋的沉淪從而聆聽並通達於道路的言說？聆聽道之言說，就是達向澄明的指示，是往自由真處中的到往安頓之領會。此領會便是道之道說。

老子書具有玄遠的思辨性。這種思辨性一開始就啟程於艱澀的文本奧義當中。「道可道，非常道；名可名，非常名。」「有名，萬物之始。」世界被命名所拋擲，無法通過完備的經驗來分化、澄析其被拋與給出的所到之處。世界成向於被命名所指謂的道路當中。要澄清其奧義必須通過思想本身來領悟。抽象玄遠的運思到至，使世界處於深度的被領會之中，要進入世界須先領會於世界的被進入。這還不是單純的開釋心靈的意義哲學，而是一片蒙茫玄指的意向結構。只有在形將遭遇的被給出性當中才能幡然領悟其言出的真相。與其說其在解釋一個世界，不如說正在給出並指認一個世界。是在引領貫入中打開通向世界本然的通道。正是其文意奧澀的思辨性，才被要求於對存在的捕獲與領會。也因此才使世界之為世界的本真顯露成為領會真實（出場）的意義道場。

如果說道之於在世渡越的被沉淪者是一個玄遠極深的可思的世界，那麼通往這個世界的道路則在其可思性當中要通過思向世界的道路本身所打開。

如果說「道」既源出於一種絕對超然的意義，又照顧關切俗世常人的在世舉止，那麼「道」的高明性及庸常性必然要在世界的意義腹地同時敞開，從而使通過者作為上路者被讓予。「道」之於「常人」的陌生化就在於其作為原初意向被構置於渾沌湧動的「玄」蒙深處。此玄蒙待思破曉。正是其玄蒙混蕩的渾沌意向，才使待思而行的在世者入向世界之路的可能性，被澄明並打開。「玄之又玄，眾妙之門。」雖然玄極難獲，但卻妙美可行，是眾人皆可過往的通道。

古人將「玄」始置於「自然之始」「萬殊之宗」的待思領域（「玄者，自然

之始祖，而萬殊之大宗也。」《抱朴子內篇》卷一《暢玄》)，何其玄乎？又曰「夫玄道者，得之乎內，守之者外，用之者神，忘之者器，此思玄道之要言也」，將「玄」置於「道」的可發生性當中，以此迎遇受思於「得」「守」「用」「忘」的「玄道」。

　　玄道者何？此玄道在居於玄遠妙處的敞開性路徑當中，是從虛空中給出的世界根相。《道德經》第六章又曰「谷神不死，是謂玄牝。玄牝之門，是謂天地根。」在這裡，老子以谷作喻，谷即山谷，意謂虛空，谷神成就虛空，玄牝喻指初生，這是老子將道之所以譽為「天下母」的根源所在。從谷神——虛空——玄牝——初生——天地根——至道——天下母，慣合老子書關於「有生於無」的源合之境，從而構造出一條意蘊連繹的存在之路。虛空，作為寥闊無際無有邊畔的絕對敞開，讓予出世界天地，從而合化出一條存在之道。此道即是從玄寂空門中開釋並被給出的大之大道。至此，西王母清寂安坐的「少廣」，堪壞襲居的「崑崙」，似乎就是一道釋讓著令天地根生的「玄牝之門」。如果說作為道家最高思辨維度的「道」，是華夏思想最具深度的意向刻度，那麼我們從西王母原初在居「崑崙」的神語「道場」，已然領受到了大道至道的勾聯意蘊。正因如此，西王母神語形象的演變，才與後世道教文化歷史性慣推融合到了一起。

　　從「崑崙」墟丘到成為「至道」道場，從中衍生出來的「人」「地」「天」「自然」等謂謂替變，詮釋著歷史道家在古神話中清汲的源頭。與「道」相應的對之命名——「名」，成就著於道域中思向存在的玄遠思境，作為形構思想的源初意向，自然潛隱於那深海似叵測的心靈。這是純然於精神上去領會的在世學問，就像西王母廣大在天的神秘意蘊，綿延道傳著華夏生民的思想志趣。這是無法折斷的思想流域，是自形流成的精神河岸。

　　如果玄之又玄的「玄道」之門，是開釋道之為道的世界圖像，那麼由此際遇的「開端」也因此在此被領會。世界就這樣從至道開顯的那一瞬間於紛紜萬物中顯露了。「道生一，一生二，二生三，三生萬物。萬物負陰而抱陽，沖氣以為和。」(《老子‧道德經》)沒有比此更縝真的世界圖像了。這是老子被世界出綻要到的言說，並以此跳綻出一個人間世界。

（二）「太虛」衍化與「太極」為「一」

　　「玄之又玄」之「道」先天地生。此先天地生，道白著天與地的道化，亦即天與地在生之先已然澄廓著一個給出路徑。先天地生即能先行澄清在了在

「生」之源。亦即先行構造出天地的發生。「道」是否就是那個在先天地之發生而給出其發生之可能的那個存在呢？要因為先在而給出天地，此給出須擁有絕對的被給予性，也就是必須能夠作為絕對的「開端」而使天地萬物的構形與化生成為可能。天地「生」就，此生就被領會為呈現，此呈現是作為湧動的綻作被拋示出來的，是從更為始源的在居當中被拋顯的。道是那個在居之源嗎？若如是追問道是否是那個在居之源頭，事實上已經將道也領會為被拋示者了。道不可言，道之示就只能領會。此領會領會出道在世界（天─地）當中的在場性。能夠作為絕對的被給予性，不僅領會於其能夠給出的在先性，而且要領會於其能作出給出的絕對性。此絕對性即是再「無有」先行之在混居其先的絕對之可能性，亦即那種能夠作為發生意義而澄清世界的存在性。「寂兮寥兮，獨立而不改，周行而不殆」，此一道說已經指明給出的絕對性。獨立不改，周行不殆，在此意味既無在行之在混居其先──「獨立不改」，同時，作為「獨立」之在，周行不殆，始終在場流化於被給出性當中，互綿在持於世界的存在。其在先，是給出性發生的意向之源，其周行則持供著世界道化的在場。這不是一個時間上的在先關係，而是指謂並澄清世界的發生形象。世界（天─地）被拋示其中，拋示拋示著作為在之真際的意義領會。此意義作為世界流作其中。至此，我們再度領會到「道」生世界（天─地）的那種絕對被給予性，即「道生一」。

「有物混成」。初次照面「有物混成」，或許會在物的俗念的影響下將「道」言說成一般哲學意義上所追問的存在物之「物」，然且然也，卻不盡然。(《道德經》) 老子書言：「有物混成，先天地生。寂兮寥兮，獨立而不改，周行而不殆，可以為天下母。吾不知其名，字之曰道，強為之名曰大。大曰逝，逝曰遠，遠曰反。」拋開「物」的俗念，領會於此，我們首要關注的其實是「混」而非「物」。而「混」，則已然示曉蒙茫而無邊畔，渾沌而無止息的世界迴響於世界的湧動之態。此不禁間已被示向王母神話語境中的「崑崙」，即「渾淪」、「渾沌」等意向。

物以「有」而非「無」的確定狀態「混」湧其中，明示著存在之在的給出、發生及在際。物被混成，「先天地生」，出具著原初的自足、自明、及完滿性。會知者（老子）不知其名，但又意向性被遣於命名之道說，故，字之曰「道」，強名之曰「大」。字之，是對此渾沌初始景象的寫意，名之，乃是對其邊界及以其所是出場的廓定。老子在其鴻蒙湧動的意義含聯中，將其作為存在引向道

說。字之是為顯露，名之則為在顯出場的名叫。此名叫煥然於存在當下真際的在場性。混成之物，字之曰道，以其敞出湧動，往世界之為世界的存在性中去往並通透，不可不謂驚世駭俗。字之直觀於存在在體的意向，以喚向出場的濃度，曉示出「道」的存在。觀世間書，鮮有可說之字用以名喚此作為在與有並含蘊湧動物象的存在性。（然其命名為「道」以指「混」物，不可不謂驚世駭俗。）名之曰大，再行廓清其存在的邊畔，從而將喚向在場的先行充滿，此充滿被充實為「有」。冠之以「大」，就此廓清了名叫為「道」的直觀意向，從而此「有物混成，先天先地」而不可言說的存在，便被領會為了往遠大之際澄明廓清的道路。大之大道，敞開並充滿，允讓世間之在到者——在世者，往來行越於世界大地。字之，名之，已然示曉著老子對「道」及道之所向世界的領會與廓清，道之所向的世界在際到場絕對不是在論指、意謂等意義含聯中切向切中的，那不是作為一個意義實體在意義控訴或意義掘探當中作為解釋對象而被理解，被闡明的，而是作為在之在域，在先之際，已然拋發，從而讓予於在場者對其在到與現身的親切領會。這是存在者入向存在而在存在先行破曉的給出性澄清當中先行發聲的存在性領悟。是進入其中並在其中能示並回聲的詩性道場。

　　再行回味於此命名之能夠，何以獨將此「先天地生」之「有物混成」的世界命名為「道」？又何故「強為之名曰大」？就如先前釋到的「混成」，從意義含聯中近及「渾沌」（「崑崙」）。此「混成」之物，便先行居領（有）於「虛空」（無有）之地，此虛無（無有）給出有與充實，含蘊著世界之為世界的所有可能。虛空即虛，是老子書中喻契的「谷神」。（喻契谷神，就如一切可能性皆在此潛在並蘊化的胚胎，在虛極及無界限束集當中自行湧動自行呈現的靜寂無有之邊畔。在此「虛」被意向並領會。被領會為有與在的發生與給出。）老子書（《道德經》）曰：「致虛極，守靜篤。萬物並作，吾以觀其復。」致於「虛」極無邊畔之際，持守於世界之物作為在者示向出場的湧動與喧囂的靜寂，萬物並作，並反覆於一體（「並作」）湧動的持續（「復」——往來復回），此亦便是虛空之境的充滿完示。被拋之物，何以去而又來，湧流不息，再行顯作？守於此虛極靜寂當中，便可觀望（觀）其往來復返的持在（復）。澄往溯及天地生出之源頭，無給出有，有道生於在，是老子書最具世界語義的思辨。

　　這裡所說的便是達乎「虛」之極致，守乎「靜」之安詳，方能大觀於萬物同體並作的顯動。於此靜篤虛極中，萬物呈為自身（自然——自然而然），並

返回本身——「歸根曰靜，靜曰復命。」

可見「虛」是在極大與靜篤的超然領悟中被道說的。此道說被道向虛空，澄為太虛。虛是致大的負予納載，是道之生發的道之道境（「字之曰道，強名之曰大。」）虛並非空寂無物的深淵玄境，而是給出之域，並作為給出，給出發生及發生之能夠，是貼靠於神語之境的意向性給予與給到。此給出給到騰讓廓清發生之可能。是讓其呈現的現出。此現出示作道之道域，是可讓現出並現出的澄明之境。

在西王母神話中，「太虛」之境一般指的便是崑崙聖地。為何有「太虛」一說呢？《說文》曰：「虛，大丘也。崑崙丘謂之崑崙虛。」段玉裁《說文解字注》：「崑崙丘，丘之至大者也。釋水曰：河出崑崙虛。海內西經曰：海內崑崙之虛在西北。帝之下都，即西山經崑崙之丘，實惟帝之下都也。水部曰：渤津在崑崙虛下。按虛者，今之墟字，猶崑崙今之崑崙字也。虛本謂大丘，大則空曠，故引申之為空虛。如魯，少皞之虛。衛，顓頊之虛。陳，大皞之虛。鄭，祝融之虛，皆本帝都，故謂之虛。」由上可見，「虛」本義為大丘，因丘大而空曠引申為空虛。《康熙字典》曰：「《易·繫辭傳》周流六虛。《注》六虛，六位也。《疏》位本無體，因爻始見，故稱虛也。」「《集韻》古者九夫為井，四井為邑，四邑為丘，丘謂之虛。」而相應的出現的「太墟」之「墟」實為「虛」。《莊子·天運》中「以遊逍遙之墟」之「墟」即「虛」之義。同樣，「太」字，本義即「大也」（《說文解字》）。那麼，「太虛」之境，實言空曠寥廓，伸向空虛的無何有之境。此太虛之境，亦道予之境。（按老子的寓意，對於那惚兮恍兮的無何有之境，吾不知其為何，字之曰：道，強名之曰：大。道與大都是字之名之的同蘊意向。是相互澄明的語義括廓。）

當崑崙（崑崙）作為「太虛」之境出現在我們的語意尋視當中的時候，常常是伴隨著古典道家的諸多觀念而發生。上古神話中的西王母，不管是作為人格溯清還是歸入神格溯源都離不開「崑崙」這一鴻蒙聖地，而從神語道說而來的便是渺茫、高遠，參寂寥闊，淡漠清寂，只有仙靈遊逸的飄渺之地。而這無不成為原初道家對世界本身或靈魂所向，亦或精神處居的超妙領會。亦是本質上被領會到的那個作為在世性寓居並在「其中」所來所往的（精神）世界。此領會本示著世界本身，亦即自然而然的那個天地人共在法向的「自然」之道。「西王母」寂寞無為的在居處境，被思於道家廓伸的思想體系之下，以此作為思想昭示的源頭而成為後世道家交付言說的精神之鄉，由爾，這個神語述謂的

傳說之地已然成為了精神行走的工夫「道場」。（而當道家在追求自然之道的過程之中，這個無為而無所不為的「西王母」自然會被引置到道家世界的觀念當中，因而崑崙也就成為的道家傳說的修真之地。）道家觀念，尤其是其幡然澄澈清虛無為的虛無道境，因崑崙「太虛」而被言說。

　　虛本混沌無二之義，司馬談在《論六家要旨》中說：「道家無為……其術以虛無為本」，「虛者道之常也」，直接將「虛」歸併到道家所求之「道」的「常」在之中。也無怪乎司馬談在《六家旨要》中歷述諸家短長，而獨味道家之說。而反過來看，「虛」亦被自身所道及：「天地之間，其猶橐籥乎？虛而不屈，動而愈出，多言數窮，不如守中」。（《道德經》章五）守於「虛」中，老子在此再明言不過了。「虛」為道出世界聲相的和聲，是能給出來的給出，是心靈在居的本地（「虛者，心齋也」），是道的原情示化（「惟道集虛」）。這在莊子文裏更是詩性道至：「泠風則小和，飄風則大和，厲風濟，則眾竅為虛。」「喜怒哀樂，慮歎變慹，姚佚啟態；樂出虛，蒸成菌。」（《莊子·齊物論》）

　　「氣也者，虛而待物者也。惟道集虛。虛者，心齋也。」（《莊子·人間世》）這是顏回在迷困於何以通過心靈進入世界時問其師孔子「吾無以進矣，敢問其方」時，孔子答以「心齋」並解釋「其方」時所道說的。「虛而往，實而歸」（《莊子·德充符》）「虛」與「實」相向「往歸」，屬於「氣」之所適。此所適即騰留讓予而「待物」。

　　在此，「太虛」已然被領會為一個內蘊混沌虛無不實的觀念了。「虛」，即「墟」之古字，原義有毀滅重生之義，現多言「虛無」「虛空」。「太」尤「大」，含具往最遠處指向起源的意向。源出空虛，於無有不在中構顯存在，似乎是澄釋「太虛」的意義含聯。老子書（《道德經》中）雖然沒有直接關於「大」的釋述，但其中觸及這個觀念的道述不在少數，此意義連屬，足以澄清「大」之意蘊。前已述及當老子在直觀意向中對不可名狀的存在申以名相從而被迫「說不可說」時，字之曰大，強名之曰道，就已經述明，「大」與「道」在老子的領會中已然同蘊。《道德經》第二十五章曰：「道大，天大，地大，王亦大。域中有四大，而王居其一焉。」第四十一章曰：「大方無隅，大器晚成，大音希聲，大象無形。」第四十五章「大成若缺，其用不敝。大盈若沖，其用不窮。大直若屈，大巧若拙，大辯若訥。」

　　這些相關道述向我們給出的已然是對「大」之為大的純然昭示，正是在其連屬意向中，「大」的意義被顯露其中。《道德經》第六十三章中，言「聖人終

不為大，故能成其大」，老子在書語中將「聖人」與「大」思想出來，將聖人之成與聖人之大思辨為不為大而成其大的智慧鏈條，在命題示範中，我們似乎明覺到，在道之道大中給出並承應領會於大之意向，是至聖之人（聖人或至人）求索「大道」以至於「至道」的意蘊所在了。

至於大之本字「太」，如「太極」之「太」亦是對「大」之本義的釋謂。《莊子‧大宗師》云：「（道）在太極之先而不為高，在六極之下而不為深，先天地生而不為久，長於上古而不為老。」

這裡「太極」本已是萬物之始了，世言伏羲畫卦，始於太極；推上及之，更是綿延窮數，不可盡之。我們似乎能夠在世界萬物始開之初體會到一個更加深廣的領域。此領域可領會為道之道域。至少從給出的在先性上，「道」先於「太極」。

然何為「太極」？宋人周敦頤《太極圖說》如此解釋：「無極而太極。太極動而生陽，動極而靜，靜而生陰，靜極復動。一動一靜，互為其根。分陰分陽，兩儀立焉。陽變陰合，而生水火木金土。五氣順布，四時行焉。五行一陰陽也，陰陽一太極也，太極本無極也。」

從周說這可以看出「無極而太極」，太極是分立兩儀，變合陰陽，生運五行的世界圖像。而「無極而太極」則是太極之為太極自澄的思想界限。如若回應於莊子之文「（道）在太極之先而不為高」，我們似乎能夠窺到那個在先於「太極」的「至道」之域。我們可以在無極而太極的意義思辨中，領會到「道」之「無極」。無極，在此申示的便是存在的無界限性。「無極」之為「道」。

王弼在《老子指略》中說：「夫道也者，取乎萬物之所由也；玄也者，取乎幽冥之所出也；深也者，取乎探賾而不可究也；大也者，取乎彌綸而不可極也；遠也者，取乎綿邈而不可及也；微也者，取乎幽微而不可睹也。」可見「道」乃「玄」、「深」、「大」、「遠」「幽」等境際指涉「之所由」。

回到「有物混成，先天地生」的老子書中，不難發現「道」即是盤古開天闢地示開世界圖像之前的那個混沌虛無，和合無別的「太虛」「純一」之域。

我們進而會被示向，西王母神話語境中的「太虛」，在物象昭示的原初聖山──崑崙山這一實在意象的領越中，直會於道家構造的「無極」意向，從而澄澈出道家觀念中的「無極」之說。換言之，「太虛」即是「無極」。「無極」化「太極」，「太極」衍「兩儀」，兩儀即「陰陽」，陰陽變合便是「太極」。而「太極本無極也」。這種分而和合的觀念，原初給定的意象，便屬於「一」而

純之的「道」之道域。這幅存在的地形圖在作為存在綻示自身的地形地貌被思想性地畫出來了。在「無極而太極」的思辨性澄明中給出了原初的開端或「一」——「道生一」。（老子）這條玄遠而思辨的思想路線顯然給出來的是一座古典的形而上學建築。古老的「一」在道的給示當中說話了。由此道穿了存在的整體性，即那種作為存在性給出而向存在遣返的世界存在。「一」既是整體，又是全部，且作為存在者而道向存在。

老子書「道生一，一生二，二生三，三生萬物」，這是「道」向「萬物」的思辨演示。由此通綻的道路道示出由原初之在而遣向顯露生化的存在之路。生便是給出，是原初給予，是由一純的歸在拋往二極的互澈與照顯，從而完成三維的合變，世界以萬物呈湧的姿態由此從原一道生中給了出來。這是一條令人玄迷的世界發生溯顯的形而上圖像。闡釋著古老的形而上學地基，以此構造出一個體相莊嚴的道生世界。

「道生一，一生二，二生三，三生萬物」中的「一」，指謂於世界萬物未生的混沌狀態，就如《莊子‧天地》所言：「泰初有無，無有無名。一之所起，有一而未形。」《黃帝內經‧道原篇》說：「恒先之初，迴同大（太）虛。虛同為一，恒一而止。濕濕夢夢，來有明晦。」此「濕濕夢夢」不晦不明的狀態，也是惚兮恍兮，「有一而未形」的「迴同大（太）虛」的「混沌」。

可見此「一」，「有」而「未形」，迴同大（太）虛，遙契謂指於混沌和合未分的天地狀態。然，「一」雖「未形」，卻是世界之為世界，萬物之為萬物先行居之的被給予狀態。《道德經》云：「昔之得一者，天得一以清，地得一以寧，神得一以靈，谷得一以盈，萬物得一以生，王侯得一以為天下貞。」

所以「聖人」只需「抱一」便可「為天下式」，而「神人」如西王母等，則其「迴同大（太）虛」之「有一而未形」的神格，終得「無極」而守。如此，便不難理解《莊子》中「神人」得「道」所為了：「狶韋氏得之，以挈天地；伏羲氏得之，以襲氣母；維鬥得之，終古不忒；日月得之，終古不息；堪壞得之，以襲崑崙；馮夷得之，以遊大川；肩吾得之，以處太山；黃帝得之，以遊雲天；顓頊得之，以處玄宮；禺強得之，立乎北極；西王母得之，坐乎少廣。」

「有」而「未形」之「一」。將何待而賦形？「二」作為待思之物將應「一」而出——「一生二」。

（三）「陰陽」二性與道化「兩極」

如果「一」旨西王母神話中的「太虛」之境，那麼關於「二」的追問是否

遙契於神語母題中的「陰陽」之鏡呢？

古人以二喻陰陽，或以陰陽說二，都是這條思辨路線分成合極的構造性力量。

一何以生二？一若被思為純極「大（太虛）」的道之道境——「太極」，則因「太極」之「有」（有一）而勾聯出可作「太極」之謂的世界圖形。在這種構造性力量中，太極化兩儀，兩儀曰陰陽。在此，周氏《太極圖說》已然道出：「太極動而生陽，動極而靜，靜而生陰，靜極復動。一動一靜，互為其根。分陰分陽，兩儀立焉」。

「一」的自足性被還原於「動」（運動）與「靜」（靜止）之中，正是動至動極而達至自身澄清的規定性邊界當中規定到「靜」，靜極復動，「一」的自足性在「動」與「靜」互謂開釋的思想畫面中被完滿給出，一動一靜，互為其根，由一而開釋出互為規定的思想儀軌——「陰陽」圖式由之而生。「萬物負陰而抱陽」，此一「負」一「抱」，被領會為蘊為世界的物之物性。

老子書（《道德經》有）言：「萬物負陰而抱陽，沖氣以為和。」在此道說的思想儀軌（陰和陽）已然還清於萬物在場的物性姿態，以「氣」喻向「負」、「抱」的「沖」「和」姿態，已經澄清於混沌若無的「道生」之境。至此，萬物負抱陰陽，而在命名給予的思辨演示中物語性地說出了自身。此沖氣向和的混沌意向便是往「一」——道生性意向中的絕對返回，此返回，返回到形而上始命的「開初」，世界在此「開端」處赫然給出。「至陰肅肅，至陽赫赫。肅肅出乎天，赫赫發乎地，兩者交通成和而物生焉。」（《莊子》）世界在「陰」與「陽」在思的給出性儀軌間「交通成和」，如是在場——「物生焉」。

在思之儀軌間言及陰陽，我們赫然發現，古典道說，在上古神話中的根基是如此的深邃。在西王母神話語系中，有道西王母是落在西陲的太陽，本是「金烏」。故又有太陽分西東兩在之說。正是在此神話處，西王母與東王公兩在對望的聯想中託之而出。宛然西王母是西落的太陽所形，而東王公則是東升的太陽所化。在此我們不難發現，日分東西的神語言說，實事上道顯著光亮與黑暗扯連意會的「陰陽」意向。

「陰」與「陽」的顯白與運思透過神話的母題性事件出現在先民們道說世界的視域中，「陰」與「陽」既意向於那個混沌大化中的內在自然，又能在自然顯和的存在中道白「現象」的生成，「陰陽」逐漸成了原初思想起源中的一個重要觀念，尤為道家所認持。

《黃帝內經・上古天真論篇》云：「上古之人，其知道者，法於陰陽。」是說上古的先民們中懂得「道」的人，必定以「陰陽」為「法」。故而才有「黃帝」跨越時空的這番道說：「黃帝曰：余聞上古有真人者，提挈天地，把握陰陽，……，故能壽敝天地，無有終時，此其道生。中古之時，有至人者，淳德全道，和於陰陽，調於四時，去世離俗，積精全神，遊行天地之間，視聽八達之外，此蓋益其壽命而強者也，亦歸於真人。……其次有賢人者，法則天地，象似日月，辯列星辰，逆從陰陽，分別四時，將從上古合同於道，亦可使益壽而有極時。」（《黃帝內經・上古天真論篇》）

上古真人，中古至人、賢人，都是「道」之所知者，故而他們皆能以「陰陽」為「法」。不僅如此，事實上世界物事，如四時、人倫，都以「陰陽」為法準。陰陽已經是「道生」乃至「歸真」的法則。如是，才又道說出四時陰陽者，萬物之根本也。

> 夫四時陰陽者，萬物之根本也，所以聖人春夏養陽，秋冬養陰，以從其根，故與萬物沉浮於生長之門。逆其根，則伐其本，壞其真矣。故陰陽四時者，萬物之終始也，死生之本也。逆之則災害生，從之則苛疾不起，是謂得道。道者，聖人行之，愚者佩之。從陰陽則生，逆之則死，從之則治，逆之則亂，反順為逆，是謂內格，是故聖人不治已病治未病，不治已亂治未亂，此之謂也。

> 黃帝曰：夫自古通天者，生之本，本於陰陽。

上文皆出自《黃帝內經・四氣調神大論篇》和《黃帝內經・生氣通天論篇》，此外，《黃帝內經・陰陽應象大論篇》、《黃帝內經・陰陽離合論篇》、《黃帝內經・陰陽別論篇》等篇章，全都關乎「陰陽」的論述。可以說，從人到生皆以陰陽述理圖界。這部扎生華夏思想源淵之林的醫道大書，根本性地奠基了本化萬物的古代醫學，而其核心就是輪轉於存在之軌的陰陽。

至此，我們從西王母神語事蹟的意會中似乎領會到了「陰陽」作為原生意向所發生的本真域場，然而，何謂「陰」「陽」？我們似乎並沒有弄明白。

何謂「陰」？又何謂「陽」？作為蘊含意向還需澄清。據考證，「陰」「陽」二字首現於周幽王二年，西周三川皆震，伯陽父對此物象的解釋裏。

> 幽王二年，西周三川皆震。伯陽父曰：「周將亡矣。夫天地之氣，不失其序；若過其序，民亂之也。陽伏而不能出，陰迫而不能蒸，於是有地震。今三川實震，是陽失其所而鎮陰也。陽失而在陰，川

源必塞。源塞，國必亡。」

解釋者將三川之震納為天地之氣失序，陽伏而不能出，陰迫而不能蒸，由是道為「陰」「陽」不能之故。在《說文解字》：「陰，闇也。水之南，山之北也。」「陽，高、明也。山南曰陽。」作為古代通釋語典，「陰」和「陽」在此分別落向存在的地理，從而成為人們指謂「陰」「陽」的歷史習慣。無論內會於天地之氣的守持，還是直觀於山川物理的座標，古人對「陰」「陽」的解釋都已經超過物形物性的居領性認知，而形構出在居寓世的意義性空間。就傳統而言，「陰」「陽」也並非僅指涉水南山北和山南水北的物象座標，而是指示著宇—宙生初聯動策源的物性之分——重濁的下沉，輕清的上升。這種關涉著存在之本體的隱形意蘊，恰好在西王母神系所連扯的盤古創世神話中演示得的格外清楚。

莊子《天下》篇說：《易》以道陰陽。《易》書將陰陽之在納為「道」的輪廓——「一陰一陽謂之道。」「陰陽」觀念在易學中的演繹更能詮釋其大全的意蘊。《易》書，八八六十四卦演化所指謂的「陰爻」「陽爻」，道氣一般構建起一條陰陽變合的命運之線，可以說是「陰」「陽」思想在古典世界的完整體現。

「陰」—「陽」之釋出現在歷史早期，春秋時代的思想家早已把「陰」「陽」看成是天地二「氣」來釋解人間現象了。但，真正把「陰」「陽」之在上升到宇宙生成高度並作為存在的礎基來思辨的顯然始於道家的老子書。老子書所開合的「陰」「陽」道說，幾乎將各家（包括陰陽家）所道說的「陰」「陽」觀念都流集為闡釋世界生成變化的核心學說。

按照「陰」「陽」乃天地之二「氣」的觀念，老子在《道德經》中給出「萬物負陰而抱陽，沖氣以為和」的萬物湧動生成的畫面。由「氣」所蘊化的意義圖像負載著人的在世及與處。《莊子·知北遊》曰：「通天下一氣」。道、一與氣都開端性地形化著世界的聚合、分散與聯繫。似乎萬物的生長消亡都是這「陰陽和合」的「一氣」示化的形象：生者陽也，死者陰也；明者陽也，暗者陰也；有者陽也，無者陰也；如是等等，推而廣之，「極化」便成為「陰陽兩分」的思想，凡是兩兩對舉的直觀圖聯都可歸結到「陰」與「陽」的「極化」演示上，此即「兩儀」意軌的循變。老子在他的書中說：「有、無相生，難、易相成，長、短相形，高、下相盈，音、聲相和，前、後相隨。」（《道德經》第二章）在此，將「有無」、「難易」、「長短」、「高下」、「音聲」、「前後」等概

念釋放到相為成之的渾圓之上，只有互為前提才能因其一而彰顯表舉於另一。世界之物以相互在場的方式揭示著彼此的存在。正是在「陰」「陽」兩儀的蘊思儀軌上，世界踏實為相互為一的確定性「道域」。「貴以賤為本，高以下為基。」（《道德經》第三十九章）老子在此將「貴賤」「高下」對舉，為明見顯赫的存在（貴、高）確定出微隱下小（賤、下）的因是而顯的根基。第二十八章又曰：「知其雄，守其雌，為天下溪。為天下溪，常德不離，復歸於嬰兒。知其白，守其黑，為天下式。為天下式，常德不忒，復歸於無極。知其榮，守其辱，為天下谷。為天下谷，常德乃足，復歸於樸。」在此，將「雄雌」、「白黑」、「榮辱」對舉，言知其一便守持另一，知其顯白而守其匿方，世界因隱而顯，便為世界通流自敞且歸遠復本迴向自身的存在之路。去遠復歸，是從遙遠迴向自身的切近，是自行迴向自身的常道，是知解與守護雙向合應的存在之領悟。此意向中含蘊拋出與遣返的存在性路跡，是入向世界——寓於在世的給出性方式。老子在此道說出中國古人向世界本質（嬰兒、無極、樸）領悟並回靠的形而上道路。此本質上被領會為「道」的敞出之域。（似乎知其一者，但守於另一，而在其兩者當中，便得「一氣」即「陰陽和合」的運思母式，進而可知萬物之源本於「嬰兒」，在於「無極」，復歸於「樸」。）老子還言：「將欲歙之，必固張之；將欲弱之，必固強之；將欲廢之，必固興之；將欲奪之，必固與之。是謂微明。柔勝剛，弱勝強。魚不可脫於深淵，邦之利器，不可以示人。」（《道德經》第三十六章）在此將「張歙」、「強弱」、「興廢」、「與奪」對舉，在思之儀軌間擺置出放任與收斂相同發生的張力姿勢，以此道說著欲為（籌劃）而先行在到的必然，此必然性漸為明示，在先行隱匿中支付出事情的顯就，像一首強音由弱聲給出去的形而上聲章，甚或以此啟示為一條治邦理國的哲思明徑。

　　有意思的是在握測「陰」「陽」之在的時候，說的是「陰陽」，而不是「陽陰」，「陰」在先。西王母以女性神祇在居於縹緲叵測的崑崙山，似乎就意向性居有了「陰」性的在先。這位女神在生成與給出的原情意義上給出「生」之在感，隱微地道示著棲居在哲學上的陰柔之美。這道劃過遠古的光痕，幡然迎合於老子思辨中的「柔弱」而生精神。當然，古代哲學並未像哲學的現代性那樣通過題項廓定意義。古代的哲學是詩的。是由道說而來的給出性聆聽，是在流通與交變的現世性當中在場赴向的領悟。由神話母題所出示的「陰陽」勾聯的命名圖像，在原初思辨中指明了一條測度存在的路徑，陰陽家們無論在物理位

移座標中，還是在物之物性的辨觀中領辨於由神語道示的「陰陽」的精神，都在一同赴向那個可以道出「陰」「陽」的神語天空。這是思向存在的玄遠路標，尋求並探試著古代思想家們的事實上需要澄清但又無法澄清的追問精神。追問是思之虔誠。在追問存在的集體示範中屈原的《天問》便是這種誠懇的智慧。無論是給定了的，還是給出去的，還是作為道言布發的箴言性命令，在思向天地至道及無極而虛空的思想鏡像中，都示現著對不可知性不可言傳的「追問」之思。在這場由神語與人言交響的物語盛世中，古代精神便被領會其中。

作為意圖參透陰陽之變的古代大師，葛洪在《抱朴子》（內篇）中就代表了這樣一種古代精神：「天地之情狀，陰陽之吉凶，茫茫乎其亦難詳也。吾亦不必謂之有，又亦不敢保其無也。」可見像葛洪這樣通曉道性的思想家，卻也對對演於道家之「陰陽」儀軌中所隱蘊的天地之情狀陰陽之吉凶茫然難祥諱莫如深──「茫茫乎其亦難詳也。吾亦不必謂之有，又亦不敢保其無也。」真是「思之，思之，又重思之。思之而不通，鬼神將通之」。（《管子內業篇》）「非鬼神之力也，精氣之極也」。而這個「精氣之極」，則道言於人「搏氣如神，萬物備存」的偉大心靈。

再次回到「兩儀」極化的思想儀軌之下，「陰」「陽」二氣作為「二」的世界圖聯被給出來了。「道生一，一生二，二生三，三生萬物。」由此遞推的世界生成圖像在道向思辨的思想意蘊中實現了它的形而上之旅。而由一所二衍演出「三」（陰陽合化）的思想儀軌立體性地展示出人居棲於世的圖騰儀象，既溯及合向「太虛」的道之道境，又在此道境開釋的莊嚴序幕中給出了萬物世界的存在。

至此，我們可以看出，由西王母神系意境所意會到的這條古代運思之路，源生性地啟引著華夏思想會通的「大道」。當我們從法向「自然」的道之道境中領會到由「太虛」、「無極」所名相著的開端當中的時候，西王母神話譜系所寓成的神語鏡面已經將此開端在其座標之地──崑崙太虛中遣送了出來。我們沒有理由不在神語流澈的原情敘事中擔負正本清源的思想命運，由崑崙太虛到大道極化再到陰陽兩儀的開顯建構，這是一個無法中斷的形而上學事件。惟在此向度中思量存在，才能在天、地、人、道自然合化的世界一體中尋視於存在的意義。從西王母神話到道家運思的精神蛻變，有源有流地具示著一幅思向存在的山水。此思向昭示著存在的命運──道之大道，也綿延道述著「道生」道往的存在處境──在生在往的生活世界。在此，我們僅作一個思想的採

樣，從神語鏡像中窺探華夏精神運思的真相。如果說先秦道家在「道」的語說與聆聽中構造出一幅完整的世界圖像，那麼給出這個圖像的源生地帶則要在崑崙太墟的先初意向中取得那種作為形而上之開端的思想的可能性。這也就是我們逗留在神話的長廊里長久地凝視思想生發事蹟的古典情結。由神語向人言遣送的事件畫面，更活躍地促逼著我們「追問」並尋視那條意味深長的思想礦脈。

西王母神話與道家思想的原情連脈，只是我們力圖澄清的一個鏡面，而由神話所漫浸的諸多思想事蹟，還有待我們艱苦地澄源並尋探。

道家思想所給與我們的智慧是如此的豐富，以至於我們的領會也只窺其一。當我們將「大道」法「自然」之「玄」的世界圖像推演到「太虛」衍「太極」的「一」的輪廓當中，然後又極化於「陰陽」化「兩極」的「二」的思想儀軌，並最終將這些思想演示追溯到上古神話尤其是西王母神話語系中的時候，我們似乎明白了作為寓居其中的這個世界──在「三」（即「陰」「陽」合分）的生成路標中，正以存在的母式將世界萬物湧動的顯作帶到我們面前。

二、女媧─伏羲神話與天命觀念

在女媧─伏羲的神語流河中，我們順勢就能打撈到那些耳熟能祥的傳說，女媧造人補天，伏羲置婚畫卦。與西王母於縹緲廣墟之地以靈鳥金烏探望人間不同，伏羲女媧的神語事蹟始終伴當著濃鬱的人間氣息。從說傳歷史看，從伏羲氏到黃帝再到堯舜禹，似乎對合於一條隱蔽的時間折線，從半說傳史夏商乃至周，再到正本正紀的時間歷史，華夏事蹟似乎逐漸在這條隱蔽的時間折線上獲得了清晰。我們有理由在這個潛入存在的時軸中溯清那些至今影響著我們世界觀念的聲音，從以女媧─伏羲為母題的神語事蹟當中尋視從說傳一直道向紀載的那根存在之線。淺顯說來，女媧造人補天原初性地道說著「人」和「天」的事情，造人不僅僅是人現身大地的神創事件，而且本質上提示著對人的完形與塑造；補天，也不僅僅是天不周成而去殘補缺的神語事件，而是隱蔽地提示著對天命的服從與注望。伏羲畫卦姻婚，更是以教化姿態將人文性的人導入禮序合轍的人間。造人，補天，畫卦，置婚，延伸到儒家化的思想品格當中，便是天命與成人，禮制與教化等人自身及世界本身以及人何以寓居於世的構造關係。

《山海經·南山經》中述有非常有趣的一幅「神鳥」圖畫：

又東五百里曰丹穴之山。其上多金玉。丹水出焉，而南流注於
渤海。有鳥焉，其狀如雞，五采而文，名曰鳳皇，首文曰德，翼文
曰順，背文曰義，膺文曰仁，腹文曰信。是鳥也，飲食自然，自歌
自舞，見則天下安寧。〔註2〕

其中「翼文曰順，背文曰義」在原作中實為「翼文曰義，背文曰禮」。（袁
珂依照王念孫與郝懿行注本校改。）該篇中「鳳皇」的首文、翼文、背文、膺
文、腹文分別被稱為：德、義、禮、仁、信。在《山海經》的諸多注本中鮮有
關於「鳳文」名曰「德、義、禮、仁、信」的直接解釋，晉代的葛洪和郭璞在
描述神鳥鳳凰時捎帶提及。葛洪《抱朴子》記鳳具五行：「夫木行為仁，為青
鳳頭上青，故曰戴仁也；金行為義，為白鳳頸白，故曰纓義也；火行為禮，為
赤鳳被赤，故曰負禮也；水行為智，為黑鳳胸黑，故曰向智也；土行為信，為
黃鳳足下黃，故曰蹈信也。」〔註3〕郭璞《圖贊》曰：「鳳皇靈鳥，實冠羽群。
八象其體，五德其文。掀翼來儀，應我聖君。」〔註4〕這兩種解釋中，前者顯
然受到了五行說的影響，屬於晚出；後者，「五德其文」的提法雖與儒家所說
相近，但還比較模糊。因此，二者都不足以視為對原山海神話中五種「鳳文」
的確切釋解。正因為諸家對在山海遺經中遺留的這幅負文神鳥沒有留顧，才使
其鳥文中所負及的神語道畫保留出與原初儒家思想世界時所給出的範疇幅度
相應的原初性來。這說明先初儒家在思向世界的開端中向來已經在世界意義
的先行給出中領會於此給出性，並在此被給出性當中，領會於世界觀念的被構
造。不管這些山海雲圖中顯現的命文喻曉著什麼，其直觀顯形，都啟示著我們
在試圖澄清原初思想的可發生性時已然被遣送於由神語汲向並道示著意義含
蘊的原初之境。

儒家在它的歷史主線上自孔子始，至孟子以下，荀子、董仲舒、韓愈、周
敦頤、張載、程頤、程顥、朱熹、陸九淵、王守仁、王夫之、顏元、戴震等歷
史性開拓、繼承、發展下，漸漸形成了一個博大精深的文化體系。述其要，其
文化：注重現世生活，要求解決現實生活中的問題，信立剛健自強的人生；不
把「來世」與死後的「極樂世界」作為終極追求；信守仁義之本，強調修身、
齊家、治國、平天下，倡德教重禮治；追求天人相諧，闡發萬物一體。

〔註2〕袁珂：《山海經校譯‧南山經》，上海古籍出版社1985年版，第8頁。
〔註3〕馬昌儀：《古本山海經圖說》，山東畫報出版社2001年版，第49頁。
〔註4〕馬昌儀：《古本山海經圖說》，山東畫報出版社2001年版，第49頁。

由於儒家尊崇以「親親」、「尊尊」為核的「禮制」，且儒學又為古代學術的正統，凡與儒家不諧的思想都有被視為異已而遭排斥的危險，所以上古神話與儒家精神之間是既結合又排斥的複雜關係。但我們可以看出，儒家思想鏡映史前遠古及上三代生活，事實上已然顯作著上古神話的內在輻射，儒家精神的諸多要義都可因之被尋視。只不過儒家鮮明清醒的理性精神「沒有把人的情感心理引導向外在的崇拜對象或神秘境界，而是把它消融滿足在以親子關係為核心的人與人的世間關係之中」〔註5〕。「不是去建立某種外在的玄想信仰體系，而是去建立這樣一種現實的倫理——心理模式，正是仁學思想和儒學文化的關鍵之所在。」〔註6〕

我們還是認為，儒家觀念在走向它光輝的歷史道說之前已然開顯著神語在到的意向之花，這朵意向之花浸潤在人們對歷史世界的當下感受裏，不斷溯遞著存在的訊號。先儒構陳的世界觀念就史性聯想而言，何以多從上古「三皇五帝」的傳說中接受演變，這裡，顯然示謂著那個被神語寫就的思想天空已然在綿延的存在意向中被遣送。伏羲女媧在歷史神話中位應「古帝」，從而被尋視為先天先初的化生母題，同時在伏羲女媧姻緣合結世家母題中隱蔽地道示出血親相偎的在世意蘊，都使儒家思想在產出步驟當中印轍於那些古老的足跡。我們所能夠領會到的乃至被「大同」引置著的那個被先儒氣象所拋示的理想世界，也是經由一道神語的風景線而鋪墊出來的。這個道德理想國無論在近代以來承受到了何樣的動搖與沉淪，在史性圖畫中都無法否認由其積澱的那種人性結構，也因之始終被成為反思或開新的思想事件。

（一）女媧補天與儒家「天命」

在女媧—伏羲神系中，最灼目的神語事蹟就是關於女媧「補天」。也就是在這個神語輪廓中，「天」已經作為不可缺損的意向環切於人世周際，是人行越在世的命運處隅。天而有命，是說對人的存在是有規定性的。此規定性，即為需了然並領悟的天命。《論語》中多次提到「天命」。《為政》篇中孔子直言「五十」而知「天命」。子曰：吾十有五而志於學，三十而立，四十而不惑，五十而知天命，六十而耳順，七十而從心所欲，不逾矩。〔註7〕

孔子娓娓歷述自己的一世。在人生漸滿的光輝時刻知曉領會出「天命」。

〔註5〕李澤厚：《中國古代思想史論》，人民出版社1985年版，第21頁。
〔註6〕李澤厚：《中國古代思想史論》，人民出版社1985年版，第21頁。
〔註7〕陳襄民等注譯：《五經四書全譯》，中國古籍出版社2000年版，第3051頁。

這裡的「天命」按孔子的理解應為上天行而不言（天何言哉，四時行焉）的命宿，是越超於人的意志的先行存在，是不可負欠的命運性力量（「獲罪於天，無所禱也。」）

　　古神話對「天命」或「天」的直接描述並不多見，所涉及的片斷在表述「天」的過程中也多與「地」聯勾一處作狀態描摹，謂為「天地」，不過在這個詞形合構中，「天」始終是先於「地」的，其道示的意蘊，當然也就是先天而後地。《淮南子‧精神訓》這樣道述「天」「地」：

> 古未有天地之時，惟象無形。竊竊冥冥，芒藏漠閡，澒濛鴻洞，莫知其門。有二神混生，經天營地，孔乎莫知其所終極，滔乎莫知其所止息。於是乃別為陰陽，離為八極。剛柔相成，萬物乃形。煩氣為蟲，精氣為人。〔註8〕

　　天也是從「無形」當中，給出來的。二神混生，經天營地，天地之神在澒濛鴻洞中理息。別為陰陽，離為八極，剛柔相成，萬物乃形。從未形到莫知到別離，到萬物賦形，再到人蟲的化生，這個生成圖聯，近乎童話式地由述著先民澄源世界發生的思想路徑，也因之，將「天」與人在居的世界一體勾聯，並先於人的在場而拋送了出來。天自身的命運性和由天先行到在於世界的命運性力量在此被訴說。

　　這裡所提及的「天」還不具備「天命」指認的輪廓，而言及「天命」，又無不與古神話扯上聯繫，由天佐命或由命令天，從而使「天」擁有了一幅形而上圖像。由天佐命的遣送性力量，在神話所道說的祭祀儀式中獲得了綻示。翻開古老的《山海經》，隨處可以見到這樣的文字：

> 凡南次二經之首，自櫃山至於漆吳之山，凡十七山，七千二百里。其神狀皆龍身而鳥首。其祠：毛用一璧瘞，糈用稌。〔註9〕

> 凡西經之首，自錢來之山至於騩山，凡十九山，二千九百五十七里。華山冢也，其祠之禮；太牢，羭山神也，祠之用燭，齋百日以百犧，瘞用百瑜，湯其酒百樽，嬰以百珪百璧。其餘十七山之屬，皆毛牷用一羊祠之。燭者，百草之未灰，白席採等純之。〔註10〕

〔註8〕（漢）劉安等撰：《淮南子譯注‧精神訓》，吉林文史出版社1990年版，第302頁。
〔註9〕袁珂：《山海經校譯‧南山經》，上海古籍出版社1985年版，第6頁。
〔註10〕袁珂：《山海經校譯‧西山經》，上海古籍出版社1985年版，第24頁。

凡北山經之首，自單狐之山至於堤山，凡二十五山，五千四百
九十里，其神皆人面蛇身。其祠之，毛用一雄雞彘瘞，吉玉用一珪，
瘞而不糈。其山北人，皆生食不火之物。〔註11〕

這些記載詳細地描述了對不同神明的獻祭內容及儀式，可以說是上古鬼
神祭祀的明記，是澄清後世祭儀，尤其殷周鬼神祭祀的原初範本。

「天」和「道」是儒道精神各自朝向的終極視域。道家問道，儒家問天，
可以說是澄澈源初精神的本質意向。而儒家問天的標誌取向則是對「天命」的
意義領悟。

作為最老的思想圖像，在甲骨文中，「天」表示人頭頂之上的廣袤空間和
至高無上之在。《說文解字》稱：「天，顛也。至高無上，從一、大。」〔註12〕
正因其「至高無上，從一從大」造範意向，「天」才演示出超出人的尺度的神
性含蘊。對於至高至大的給出性力量，孔子曉知天命顯然就不會在人的畛域及
控及尺度上追述自己的世界經歷。顯然，在他這裡述及到了世界的神性造詣。
以至於天和天命成為夫子不可度測的神聖喟歎——「天予之」或「天喪予」。

「天」早在殷周之際，就已經成熟地被領會為時人心目中的至高力量。
「天命」也即天道流行的法則，被認為是不可抗拒的，所謂「格知天命」，「祈
天永命」〔註13〕，這些都表現出當時人們對「天」的崇奉和對「天命」的敬畏。

殷周之際，人們把對天的信仰和祖先祭祀緊密地結合起來，改造出一套完
整的宗法觀念，謂為「以德配天」。周公樹禮，提以「敬德」，將「德」需在人世
配行的氣質，與天勾聯出來，認為犯違了「德」性，就會受「天」的懲罰，「天
命」就會轉移，這種理教為周代替殷商製造了勝利，也因此成為歷史循替的政治
由據。武王伐紂的一個神話片斷就聲造出這種「以德配天」不可逆擋的傾向：

武王伐紂，渡於孟津。陽侯之波，逆流而擊，疾風晦冥，人馬
不相見。於是武王左操黃鉞，右秉白旄，瞋目撝而之曰：「余任天下，
誰敢害吾意者！」於是風濟而波罷。〔註14〕

〔註11〕 袁珂：《山海經校譯·北山經》，上海古籍出版社1985年版，第61頁。
〔註12〕 （東漢）許慎，臧克和、王平校訂：《說文解字新訂》，中華書局2002年版，
　　　　 第2頁。
〔註13〕 江灝、錢宗武譯注：《今古文尚書全譯·堯典》，貴州人民出版社1992年版，
　　　　 第260頁。
〔註14〕 （漢）劉安等撰：《淮南子譯注·覽冥訓》，吉林文史出版社1990年版，第272
　　　　 頁。

　　周公指出「惟王其疾敬德。王其德之，用祈天永命。」〔註15〕殷王「惟其
不敬厥德，乃早墜厥命」〔註16〕。周公沒有否認天命的存在，而是強調「德」
對天命有慘變的反蝕性力量，只有「敬德」，才能「祈天永命」。

　　周王被稱「天子」，所被昭告敬仰的「德」性也成為治理與教化的尺度。
夏商至周三代人對「天」的領會，無不在女媧補天以全天，摶土造人以化人的
隱喻背景中，放釋著以天格命的歷史童話。古典神語所隱微啟向的天命建構是
被無以察覺地普適到極重現世而不名超越的政治哲學深處的。三代禮制相襲，
概本也就那套自禹後所啟的宗法譜系借助於「天」的顏面而適時地作為人文
圖畫被完善地造就出來的。後代景象並景仰堯舜禹黃金三代非家譜式的治理
代領和精神禪讓，在歷史級別上更像是一幅被史性感染過的精神童話，它有效
地警告著一個時代對另一個時代的當然取代。就像裂破的天空需要神聖的妙
手用新的彩石修補一樣。女媧神話所啟示到的神性正義，正在時間的輪軸上發
出修復世界——精神天空與歷史大地的原初告示。這同樣是關涉天人之說的
一整套由原初神話所提示到並煥然演示著的政治作業。所謂景象並景仰三代
輝煌本質上依舊應景於天命圖說以及那個隨伴於在世並獲安頓的歷史童話。
從零散的史語碎片中，我們能夠猜測出殷人在天命問題上的超級玄化，商紂一
族被周人取代前是濃重地將自家的命運交付到天的決定上的。在對天的濃重
信仰中超級弱化著人的參與，也即人對命運或天命的參與性力量。

　　　　及西伯伐饑國，滅之，紂之臣祖伊聞之而咎周，恐，奔告紂曰：
　　　「天既訖我殷命，假人元龜，無敢告吉，非先王不相我後人，維王
　　　淫虐用自絕，故天棄我，不有安食，不虞知天性，不迪率典。今我
　　　民罔不欲喪，曰『天曷不降威，大命胡不至？』今王其奈何？」紂
　　　曰：「我生不有命在天乎！」（《史記·殷本紀》）

　　　　紂不可諫。諸侯皆曰：「紂可伐矣。」武王因曰：「爾未知天命。」
　　（《史記·殷本紀》）

　　周人用他們的普世智慧召號出民意，也就是讓普通人以德性的名義參與
進世界。在這個思想圖變中「人」的意志被幽微地亮示了出來。決定命運的還
是天，但人要通過積極的行動來響應。

　　換言之，周代「天」的觀念，開始與人的普世行動及德性培備結合起來。

〔註15〕陳襄民等譯注：《五經四書全譯》，中州古籍出版社 2000 年版，第 450 頁。
〔註16〕陳襄民等譯注：《五經四書全譯》，中州古籍出版社 2000 年版，第 450 頁。

「天命」開始照視人間，「天」的存位不可搖撼，但人可以「以德配天」。「配」除過配合、匹配於天所語示的神性，還有交配、上升與融入的人性湧動。隨著對天的敬畏，德當然也就成為一顆值得敬畏的符號。「德」與「天」的這種中轉與過渡，使禮樂文化中多出一縷令人溫暖的人文性來。而這縷人文的光芒與伏羲神鏡中的人文氣象暗然合蘊。以至於從伏羲布卦洞曉世事到文王演卦換算世界都有了首尾相接辨思合應的生動連續。這樣的歷史童話如果沒有思想上高度示慰的意向是不可能作為傳說被傳說的。由女媧—伏羲造示的神性話語，不期然地被運鐸到歷史理解上，如果沒有精神運思的奇特一致，是不能昭示到那些已成過去的歷史幅度的。女媧—伏羲神系事件再次令人回思於神語對人語的拋示與連接。歷史已經成為往事，而神話傳說還在人間大地上活躍地流淌。

歷史碎語中，與天的靜朗相陳的就是鬼神的神秘性。古人對鬼神是沒有區別出神鬼相林的神話級別的。這與通過陰陽兩儀間析混沌又相互支撐的思想圖像有關。可以粗略地將鬼神之說納入陰陽兩界來對待。新三代能事鬼神，這與夏商周三代譜寫宗法譜系所必然成形的祭祀傳承一衣相襲。商人事鬼，宗廟高堂中彌漫著濃鬱的鬼神氣息。周人在歷史氣度上顯然對此進行過強烈的削弱。周禮在這個事情上本身就是一種顯明的答覆。將祭祖與鬼神文化的神秘性悄然剎開，是周人保持出來的政治理智。孔子復禮，夢會周公——這個周代禮樂制度的絕對發布者——心復周禮，就已經將理想的政治畫面從對古三代大同世界的超級信仰中挪移到更合史性墊付的周代世界了。他是將上古文化往事往世道人間精緻挪移的集中輸送者。周代的示範介之於他對天命的絕對肯信，從而將儒家精神的昭示長燈遞傳到了最為綿足的歷史歲月裏。孔子的箴言「敬鬼神，而遠之」，幡然將靜朗的天命與神秘的鬼神問題擺放清楚了。他以此解決了混蕩在歷史文化氣息中的這道形而上難題。「祭如在，祭神如神在」。懸置鬼神，而又心生敬仰，更是在解釋這一難題時所開具的思想藝術。祭祀是心靈靜默的作業，「如」作為呈現和交付將這片無法導論的心靈聖地直觀到在場的領會中，從而敞開了人的內在性。而這個內在性則原始性地支撐著人涇渭世界的那種情感性力量。「六合之外，存而不論」，將能說清楚的說清楚，說不清楚的保持為沉默，這是面觀現世的實踐智慧，是為在世渡越寫意出來的界限和通道。這是自明自識的認知範例。子不言怪力亂神，就是這種認知自覺。惟此才能疏通在世向世面澀難而順行的世俗哲學。

祭，更像是記憶和懷念。祭祀的古習早盛於古三代傳說當中，從產發上當屬更遠的神語事件。祭祀本質上被思於「絕地天通」的神人位度，是限度與給予需做線性劃分的在世性敘事。此敘事關合人與天的相互給出性，是見習並體會於性與命如何以「性命」的聯屬形象被規定於對存在者的描述。予人而言，性與命，通變於杳渺但可思的天道。孔子的「天命」，本質上回應並澄清的就是性與天道在有、被拋與作為存在被領會的在場性。天命是作為事件本質以在場的方式被領會到的，是寓世在世並行越世界的意義給到。這是古典儒學中最濃的形而上景象。

孔子自幼所好的「陳俎豆，設禮容」〔註17〕都是祭祀之事。他提出「禮有五經，莫重於祭」，「宗廟之祭，仁之至也」〔註18〕。孔子所遵照的祭祀儀軌大而終遠天地，小而祀於宗廟。他倡導並復興的「禮」與「仁」的學說，正是對天命的肯信。

《禮記·祭統》講「凡治人之道，莫急於禮；禮有五經，莫重於祭。夫祭者，非物自外至者也，自中出，生於心也，心怵而奉之以禮。是故唯賢者能盡祭之義。」這說明，在理治生民的政治選擇中，沒有比禮更要緊的。而禮有五種（「五經」），沒有比祭禮更重要的。祭禮，不是外在性到來的事情應對，而是內生於心性的敬畏與感應。惟明澈於此慎終追遠的心靈故事，祭祀之禮才可興舉。因此，只有明德居仁的賢人才能透徹祭禮的意義。在世習行智慧的賢人在儒家看來即是「仁」的領會與達到者，因此，事涉鬼神秘儀的祭祀與明澈通慧的「仁」之仁性遙契一處。由此開釋出由「天」到「命」，從「性」至「人」的命性塑造。

孔子曰：「不知命，無以為君子也；不知禮，無以立也；不知言，無以知人也。」不曉知天命，無以為君子；不知曉禮儀，無以立身安命；不知曉其身言心語，無以示曉人的存在。夫子將「知天命」、「知禮」、「知言」在知曉與追認的存在的顯白視域中聯屬並提，直接將「命」、「禮」、「言」與儒家對人的內在要求一體性聯繫了起來。以此將「命」與「性」，「性」與「道」，「道」與「教」一體性集約為須臾不離的日常方式──「天命之謂性，率性之謂道，修道之謂教。道也者，不可須臾離也。可離非道也。」〔註19〕

〔註17〕（漢）司馬遷：《史記》，嶽麓書社2001年版，第317頁。
〔註18〕楊天宇撰：《禮記譯注（上）·禮器第十》，上海古籍出版社2004年版，第302頁。
〔註19〕陳襄民等注譯：《五經四書全譯》，中國古籍出版社2000年版，第3013頁。

　　孔子對祭儀的隆重，在昭示「不可度思」的「天命」的同時，也向世界之物騰留著存在的神性——「神之格思」，他甚至盛讚鬼神德行的盛大，他認為鬼神體任萬物之中，人不能把它們遺忘。鬼神之為德可以使天下的人，齊明盛服，而承祭祀。他引用《詩經》中的說法，提出要誠心敬奉鬼神，不可以懈怠不敬。曰：「鬼神之為德，其盛矣乎！視之而弗見，聽之而弗聞，體物而不可遺。使天下之人齊明盛服，以承祭祀，洋洋乎如在又上，如在其左右。《詩》曰：『神之格思，不可度思，矧知可射思。』夫微之顯，誠之不可揜，如此夫。」〔註20〕

　　先儒在人的世行位度中以「禮」與「仁」坐基，教人奉仰祭祀，顯然在「禮」與「仁」的給出視域中自始牽涉著「洋洋乎如在又上，如在其左右」的在場神性。儒家對天地鬼神的信仰，隱然將人的在世之寓廓拋到視之而弗見，聽之弗聞，但體物而又不可遺的超驗領域。似乎那個不可見的世界才是現世往向的天命根據，是禮與仁獲得現實的絕對精神。這是一套在認知與領會中承續「天命」的形而上之思。

　　孔子之問乃天命之問，孔子之思亦天命之思。問思天命乃是明澈性與天道，這本質上還攸關著天和人的問題，說明白點，就是短暫易逝的人生與恒常不易的天道如何在「世界」之寓居中消泯張力逗留安頓，短逝人生與常在天道在人世間留的差別，宛然孔子川望流水，而興歎的如斯逝者與不移河岸——「子在川上曰：逝者如斯夫。」惟作為天之命性被遣送於世的形而上領會與靠近才能為寓居在世尋視到意義。古老的「天」從圓成到裂缺，再經女媧神話煉石補天——並因之給出需要作為完整性守護，不允在缺損和晃動中造成在生處境的根基性流蝕和險叵，從而源澈於存在性整全和安靜，以此彰顯和過渡「天」對人的可靠性探視及整體性護照，終於無形地成就出這個被諸家多方任信並懷念的古典聖人在形而上之思中最終因歷經人間並在時間的流逝性要求中渡越一生而被成全到的存在的維度。「吾十而有五志於學，三十而立，四十不惑，五十而知天命，六十而耳順，七十從心所欲不逾矩。」最終，存在者由向存在的時間性寓居，是敞向自由的存在性交付——「從心所欲而不逾矩。」那種由心性之河亮渡的自由在存在的界境中敞出了詩意的生機。

　　「天」作為神話語境中強烈給出的神語事件，拋顯在新三代以「命」為巢

〔註20〕陳襄民等注譯：《五經四書全譯》，中國古籍出版社2000年版，第1584頁。

的歷史視野中，是女媧─伏羲神系不可廢忘的文化光芒。孔子作為殷周文化傳統的承繼者，在大視野檢索中已然察覺到其不可廢忘的意義。其曰：「吾說復禮，杞不足徵也；吾學殷禮，有宋存焉；吾學周禮，今用之，吾從周。」既因襲了殷周盛行的禮教觀念，又思於《詩》、《書》當中疑天、問天，甚至疏遠天道的認知潮流，真實地觸探著人入世在世的實際以及從人到仁的內在上升。這個思與學兼備的大時代思者，以多聞闕疑，「知之為知之，不知為不知」〔註21〕，真實質樸的人間態度，將天人問題雜及在鬼神之域的混濁論述劃向「存而不論」「不知為不知」的認知視域。他沒有就鬼神的有無及人神關係等形而上問題提論於人所「不知」而強為知道的偽道之域，而是從一個入世者的明智出發，對鬼神采取置而不議的態度，（他說）：「務民之義，敬鬼神而遠之，可謂知矣。」〔註22〕當子路問如何敬事鬼神時，孔子答曰：「未能事人，焉能事鬼？」〔註23〕

《論語》中記載孔子提到「天」的地方有三十多處，從中我們可以看出，孔子對待「天」的問題以及與天的觀念含混的「不可知」的神鬼觀念，是慎度的。對於那只可領會而不可道破的問題，孔子的態度是虔誠而又冷靜的。

從中我們可以看出，這個天命世界的示曉者，這顆在天命的軌道上巡遊的靈魂，在「天」的問題上是多麼的審慎，當他將「可知」的禮仁，與「不可知」的鬼神，通過祭祀儀軌的存在性劃界，而復觀為人的形上據由與現世面對的時候，這道時間長軸上輪轉的精神，正是華夏生民從寥廓天道迴向歷史大地的氣質命性。這道因領受「天意」而在世拋顯的氣質命性，在被神語道破的瞬間，就已經跨時空地示曉於人間了。今天我們對天的遐思，以及默認天命的歷史性反思，都是面向天道的古老回聲。女媧之天，與孔子之天，哪個天更符合天之在予與言說本身呢？子曰：

> 天何言哉？四時行焉，百物生焉。天何言哉？（《論語·陽貨》）
>
> 獲罪於天，無所禱也。（《論語·八佾》）〔註24〕

〔註21〕（魏）何晏等注、（宋）邢昺疏：《《十三經注疏》之十·黃侃經文句讀·論語注疏·附校勘記》，上海古籍出版社1990年版，第17頁。

〔註22〕（魏）何晏等注、（宋）邢昺疏：《《十三經注疏》之十·黃侃經文句讀·論語注疏·附校勘記》，上海古籍出版社1990年版，第53頁。

〔註23〕（魏）何晏等注、（宋）邢昺疏：《《十三經注疏》之十·黃侃經文句讀·論語注疏·附校勘記》，上海古籍出版社1990年版，第96頁。

〔註24〕（魏）何晏等注、（宋）邢昺疏：《《十三經注疏》之十·黃侃經文句讀·論語注疏·附校勘記》，上海古籍出版社1990年版，第27頁。

（二）羲娲合和與儒家「親親」

中國歷史的一個重要特點就是，在通向文明時代的過程中，氏族制度解體很不充分，地緣政治取代血緣政治的轉換遠不及古希臘那樣徹底，誠如侯外廬所說：

> 「古典的古代」（如希臘）是由家族而私有財產而國家，國家代替了家族；「亞細亞的古代」（如中國）則是由家族而國家，國家混合於家族而保留著家族。前者是新陳代謝，新的衝破舊的，即掃除以血緣關係為紐帶的氏族制度的革命的路徑；後者則是新陳糾葛，舊的拖住新的，即保留氏族制度的維新的路徑。〔註25〕

可以這樣說，傳統華夏不像希臘古族那樣更善於將情感訴諸於以靈魂不朽為自在體的精神世界，通過對美及諸神的超驗性體驗來獲得世俗性理的溝通，而是以血親為磁環構織世俗生活，由之而成的政治形式停頓在家族血源的自然性親近中，不像亞里士多德的政治哲學所說的那樣從族類性聚合上升為一種可越邁血統的理性城邦。事實上，從伏羲女娲合和始起，血緣親情已與梳理世俗生活的實踐理性融為一體，故而構造出一套強大的宗法倫理。古典制度的歷史形成顯然都以此為基點。「壽考且寧，以保我後生」，「惠我無疆，子孫保之」，這一試圖在血親溫暖中感受理想生活的夢想，從其誕生的那一刻起就成為華夏古族代代不已的傳統。如果說古三代異族相因的黃金夢想，是為後世精神敞開的道統，那麼新三代則在血親結紐的歷史漩渦中流展著一套安排日常世界的嫻熟密碼。無論在歷史循回中這一血親基因遭到何種篡改，因親相襲的生活傳統都已在世俗人間根深蒂固。

《詩經·商頌》曰：

> 商邑翼翼，四方之極。赫赫厥聲，濯濯厥靈。壽考且寧，以保我後生。〔註26〕

《詩經·周頌》曰：

> 烈文辟公，錫茲祉福。惠我無疆，子孫保之。〔註27〕

無論是「保我後生」還是「子孫保之」都可以看出在商周時期，人們保留了古代神話中隱蔽的遐思，從伏羲女娲合姻合體的血親造形中，已經道示出這

〔註25〕侯外廬：《自序》，《侯外廬史學論文選集》上卷，人民出版社1987年版，第10頁。

〔註26〕陳襄民等注：《五經四書全譯》，中州古籍出版社2000年版，第1135頁。

〔註27〕陳襄民等注：《五經四書全譯》，中州古籍出版社2000年版，第1079頁。

種信賴感的綿延。那似乎在古代以來感覺上就是溫暖的。溫和善感的華夏性格，也因之在這個維度上被顯形書寫。

血緣傳承的可依賴性，間書為世家單元就是「親親」。親親及於仁。由是宣示出一套駕熟就輕的道德哲學。它無疑是儒家恪業的引力重點。也是儒家從諸家當中上升起來的路標性告白。

伏羲化文置婚，女媧搏土造人，在生育造化與性命道示的光輝中，連扯著那個不需要從中割斷的血緣。血親歸仁於寬厚愛慈的母體，從雌性連圖中構造出一幅接一幅命世畫本。

《世本·氏姓篇》載：

> 女氏，天皇封弟媧於汝水之陽，後為天子，因稱女皇，其後為
> 女氏，夏有女艾，商有女鳩、女方，晉有女寬，皆其後也。〔註28〕

《世本·帝系篇》載：

> 女媧氏命娥陵氏制都良管，以一天下之音；命聖氏為斑管，合
> 日月星辰，名曰充樂，既成，天下無不得理。〔註29〕

也或許就如我們猜測的那樣古典世態發生了母性退場的敘事變故。世系血統因之由父姓揭開其存在的密碼。就如西王母神系中陰被道先於陽一樣，在伏羲與女媧合場的神語道白中伏羲更像是主導這路神系通約人間的力量。如果說西王母神話中女性神的陰柔力量隱授於經由虛空拋示的道之道域，那麼先儒通過禮儀承祀而剛性回應的天之天命，則在伏羲女媧神語的敘事集合及意向滾動中更顯形地獲得了交付。我們也可以這樣理解，當先儒統學及位於國家教坊及政治話臺，從而在「天行健，君子自強不息」的剛性龍示中擺置出一套雄性氣象的時候，以西王母神丘為溯及地帶的道家文化隱蔽地承受到了陰柔的勝利。儒道雙向或內聖外王成為華夏古族由來包合的思性圖像，其實在這兩輪神話日出中早已勾聯成畫。這不是人的精神選樣或倫理返本所造化出來的，而是作為世界形式先行給出的。不是說西王母神話或伏羲女媧神話造始出儒道在居的文化神性，而是說思與不思，說與不說，世界原本就已然是這樣。若非這樣，那在山海雲圖中道顯的別樣精神也不可能自古及今在人所無力識別的在到中綿延送出。所謂神語到人言的幾微嬗變，是在先行張示的存在的

〔註28〕袁珂、周明編：《中國神話資料萃編》，四川省社會科學出版社 1985 年版，第9 頁。

〔註29〕袁珂、周明編：《中國神話資料萃編》，四川省社會科學出版社 1985 年版，第10 頁。

地形圖上被領會到的。

從上古神話到古三代，再到禮記成圖的新三代古述時代，母體性造世雖然隱性退場，歷史話語開始濃重描寫雄性畫本，但本質上運鐸的還是愈加明勢並繁榮的血親倫理。歷史雄文和文言詩體詮釋的還是那幅血親勾連的理想圖景和黃金夢想。

《禮記·禮運》：

> 今大道既隱，天下為家，各親其親，各子其子，貨力為己，大人世及以為禮，城郭溝池以為固，禮義以為紀，以正君臣，以篤父子，以睦兄弟，以和夫婦，以設制度，以立田裏，以賢勇知，以功為己，故謀用是作，而兵由此起。禹、湯、文、武、成王、周公，由此其選也。此六君子者，未有不謹於禮者也，以著其義，以考其信，著有過，刑仁講讓，示民有常。如有不由此者，在執者去，眾以為殃。是謂小康。〔註30〕

從這段大道殞落略含傷感的史性描述中，我們可以看出，「天下」，這個由儒家的終極視野在道性張馳中被擺置到「家」「國」之先的先驗世界，已經從道統的黯然隱退中轉變成了以親與子為血統衣帶的「家天下」。「各親其親，各子其子，貨力為己」，看起來是迫不得已的命運宣示。自此大道世界往血親河岸中墜沉，宗法世家成為制統社會的引力中心。「如有不由此者，在勢者去，眾以為殃。」這是「大同」世界沉淪之後華族眼裏的「小康」之家。而歷史本身也承受於此。《中庸》說：「仲尼祖述堯、舜，憲章文、武。」〔註31〕仲尼「祖述堯舜」，說明這個有大世界心野的後來者，帶著那縷天心未泯的真然心氣，徘徊在大道看似未隱的道統河畔，而「憲章文、武」，則已然凝視著大道已隱的血統之家。這是古代聖人對兩個時代的彷徨周顧。在現實與理想的隱形掙扎中，沉思著一條可以「一以貫之」（「吾道一以貫之」）的精神之河。

在堯與舜的傳說中，史人在他們身上特寫孝悌之道，似乎借助這股自然而又可造的血氣述謂著從王天下之理想往家國現實的視角轉化。周人自文武時代始看似已經把堯舜的孝悌之道掘探並範型為運導天下的家國利器。旋繞在這個精神密碼核心的遞增性力量，就是世家禮治。在華族世家自體中，宗與族

〔註30〕楊天宇撰：《禮記譯注（上）·禮運第九》，上海古籍出版社 2004 年版，第 266 頁。

〔註31〕陳襄民等注：《五經四書全譯》，中州古籍出版社 2000 年版，第 3035 頁。

相扎集而存在，同宗者譜系同一血脈，共祭同一祖廟；同族者共敬所親之祖，共祀所敬之宗。在「宗」與「族」觀念的世襲構合中，祖先同拜與血緣相親活躍地地結合在一起，血脈相續的緣在關係拱起祖先共拜的地基，祖宗同奉的親切認同轉而強化血親緣在，在那束親親緣在的生命性微光中彼此捉認著從面體到心性一體纏繞的相似性，在感宗同化與性體共震中，相互禮遇著那似乎可以說得清楚的存在，隨著這一介於心性與面體的緣在身份溯述性一致，無論被明禮確認還是被習慣性暗示，宗與族都圍守著它冷靜的結構，不斷強化出它的歷史命運，社會制統的群己關係就此宣發出它的絕對優勢，路人熟知的認祖歸宗儀式，無論在世俗認同中，還是日常指認中，還是禮儀號集中，還是改元換代中，都已綿延成習。

隨著世家觀念被反覆演繹，祖先崇拜和血緣親親不斷被強化和延續，自覺與不自覺地都已經構築出一套制宰存在處境及意識話語的數千載不息的世家宗法。

在溯及世家，追望祖述的歷史圖像中，那些出現在神語鏡像中的人物也被自覺拉入了這道甄印血緣嫡脈的史性風情線。那些間越在美妙遐思中的說傳與神話，也被大面積的歷史筆記所「佐證」：

> 昔少典娶於有蟜氏，生黃帝炎帝。黃帝以姬水成，炎帝以姜水成。（《國語‧晉語》〔註32〕）

> 伯夷父生西嶽，西嶽生先龍，先龍是始生氐羌，氐羌乞姓。（郭璞注：伯夷父，顓頊師，今氐羌其苗裔也。）〔註33〕

> 共工氏之伯九有也，其子曰后土，能平九土，故祀為社。（《國語‧魯語》〔註34〕）

這種逆溯考屬的史學衝動，使每一姓氏都成活在脈相湧動的原始光耀中，這種史性追望，不離不棄地合應著儒家法禮尊親的史學政治。它用一整套生動的線性敘事，無可逆轉地闡釋著，自遠始古祖那裡起，血親緣在的遞延關係即被天命式地昭誥著。

〔註32〕 袁珂、周明編：《中國神話資料萃編》，四川省社會科學出版社 1985 年版，第32 頁。

〔註33〕 袁珂：《山海經校譯‧海內經》，上海古籍出版社 1985 年版，第 299 頁。

〔註34〕 袁珂、周明編：《中國神話資料萃編》，四川省社會科學出版社 1985 年版，第144 頁。

血緣宗法的最基本的成相是家。華族命性中的家與家園就是在這團暖性的血親溫床上延伸出一盤無形的形而上之根，並在一代接一代的離異逐逝中散發為深沉的鄉愁。

一個一個的家作為載渡世運的隱形之舟，本質上延異出家國政治的原始血氣，在看似微弱的暖性對流中，一個一個的「家」聯繹出鄉愁更濃的「天下」——家天下。血親宗法自家而生，家就是踐行血緣宗制的母體單位。伏羲置婚，本質上就是在造「家」，造出心性相依的血親之家。這團在神語傳說中就行造化的溫濕氣流，借閱於自然物生的先天本性，兌現著人性的內在安慰，孵化著在世的人間心性，在界限分明的禮序教化中，向人給予了獨有的政治本質，這個略帶望期與理想但又充滿性理根據和現實感的古典方程，自覺滑行在它溫實的儀軌上，在神語啟畫的禮性版圖上，終於形成了從上三古到夏殷周已然成體的宗法系統。儒家說：「一家仁，一國興仁；一家讓，一國興讓；一人貪戾，一國作亂」〔註35〕。治國與治家的政治技藝，在最簡明的邏輯勾聯中獲得了指示和判斷，一家能仁，則舉國興仁，一家戾貪，則國邦興亂。家的內在性奠基著儒家「大治」的基礎，沒有修身齊家的居先調教，治國王天下更像是一個倉促之夢。

誠如前言，儒家自黃金時代開始（堯舜時代）就已經將他們的黃金聖人造型為「家」的典範。在「家」的政治氣血中，孝與悌典化著人王的品質。「孝悌」者，父義、慈母、兄友、弟恭、子孝也。如若這種品質考驗不出來，舉為人王的歷史過渡將嗜為空談。

書載帝堯：

> 克明俊德，以親九族。九族既睦，平章百姓。百姓昭明，協和萬邦。黎民於變時雍。〔註36〕

帝舜更是至孝師範：

> （舜）糶於平陽市，父認之，乃舐其目，目以光明。——《路史·後紀十一》羅萍注引《真源》〔註37〕

〔註35〕楊天宇撰：《禮記譯注（下）·大學第四十二》，上海古籍出版社1997年版，第1041頁。

〔註36〕江灝、錢宗武譯注：《今古文尚書全譯·堯典》，貴州人民出版社1992年版，第14頁。

〔註37〕袁珂、周明編：《中國神話資料萃編》，四川省社會科學出版社1985年版，第185頁。

舜為父母淘井，將銀錢安罐中與父母。——《太平御覽》卷八

一二引《史記》（今本無）〔註38〕

還有歷史紀典中拾遺的那些黃金例子，舜至仁，然其父母不親，弟不仁，舜一心一意「盡事親之道」，侍奉父母，對弟弟「不藏怒焉，不宿怨焉」，一如既往。「親愛之而已矣」，終於感動了父親，父子和睦，成為天下人子的榜樣。可見，儒家推崇的聖人都是從搞好家庭關係出發至感化親族乃至天下萬民的先驅。

儒家推認的「親親」，首先是從關愛與自己有血緣親情的人開始。孟子認為「親親」，首先要關心父母、厚愛兄弟。他把「孝悌」作為「親親」應循的實踐內核。孝，指善事父母；悌，指尊敬兄長。

孟子說：「仁之實，事親是也。義之實，從兄是也。」〔註39〕作為仁義發端的精神邏輯，「事親」實仁，「從兄」實義。前為「孝」，後為「悌」。這就是說，「親親」首先體現在親子關係上，所謂「親親為大」。在愛父母的基礎上推而廣之，關愛自己的兄弟、姐妹及親族中的他人。除父母、兄弟、姐妹外，之所以還能自然而然地關愛他人，也因為血緣紐帶將彼此紐結在牢固的共祖共命甚至共天的倫理生命的根基上。

由事所事之親，推己及人，是這一精神邏輯的類比想像。這個推己及人的認知聯想是擴建在人同此心心同此理的性理認同之上的。孟子將人見落井之子而生惻隱之心的精神本能賦予為「仁」之發始的開端，從而造就出儒家仁學的超級情感——悲天憫人。而這一切的奠基和起步都是從親親實仁的精神在場能給到並給出的。由親親實仁，到泛愛眾生，這間溫暖的人間巢穴漸信為居有天下的精神宮殿。

可見，所謂「親親」，實質上是植根於家族血緣土壤的血緣親情，儒家注目這一現實，以「親親」為其仁學的起點，試圖以血緣感情的圓融來協調人間，籍此實現長治久安。

這個由血親調配的精神秘方，成為寓世渡日感受在世濃度的所有根基。從文教到禮教，都在這個圓形軌道間業業啟程。《禮記·大學》開宗明義：

大學之道，在明明德，在親民，在止於至善。……古之欲明明

德於天下者，先治其國；欲治其國者，先齊其家；欲齊其家者，先

〔註38〕袁珂、周明編：《中國神話資料萃編》，四川省社會科學出版社1985年版，第185頁。

〔註39〕（漢）趙岐注、（宋）孫奭疏：《〈十三經注疏〉之十三·黃侃經文句讀·孟子注疏·附校勘記》，上海古籍出版社1990年版，第138頁。

修其身；欲修其身者，先正其心；欲正其心者，先誠其意；欲誠其意者，先致其知；致知在格物。物格而後知至，知至而後意誠，意誠而後心正，心正而後身修，身修而後家齊，家齊而後國治，國治而後天下平。〔註40〕

此即兒口能歌的「修齊治平」：「修身、齊家、治國、平天下」。明德、親民、至善的大學之道，無外乎研練出這套從身到家從家到國從國到天下的心性本事。齊家與治國的一致性，被推認並放大，治國先齊其家，家齊然後國治。孟子謂：「天下之本在國，國之本在家，家之本在身」〔註41〕。社會理治結構再次應落到是家為本位的血緣實體當中，宗族聯袂和家族「親親」，構成了華族社會的禮性特徵，而這一特徵始已經隱示在伏羲及女媧神話氤氳相息的血緣親和當中。

（三）搏土造人與儒家「尊尊」

由親親彌合的溫暖童話是由神話助幸的圖騰演示，由婚配禮性制節的家國之道，源溯於神語流梳的人間力量，與西王母在虛空廣大中拋示生生之在不同，女媧─伏羲神系習重於人世的規則，西王母在虛空廣大中投擲向生而在的愛欲故事，而女媧─伏羲則在補天造人的命性處境中如實地擺置著人間禮儀，西王母在空置懸問中給出天道，而女媧─伏羲的神語鏡像中則伸躍著不可違的天命。由此給出儒道兩源但同溯一世的精神方案。儒道合流是文化大一統必然釋向的精神態度，老子和孔子作為精神老河上的擺渡者，各自擺渡著人的命運。但世界之為世界，無論入居還是逃離，入世還是出世，守護還是超越，嗟歎天命，還是循入天道，都如此逼真地顯露著自身存在的輪廓，似乎在更廣大的幅度中昭示著：人終究棲居在這個世界裏。

儒家在承祀祭天的神語軌道上擺置天人界限，用天命令詁那不可僭越的神性，安然於人間的在居與自處，從而用一聯德性的長翼塑造人的在世品性，此品性可閱賞為安身立命的終極託付。世界被形象為一處溫暖的巢屋，在靠禮性節度的暖性對流中，命運長廊裏傳唱著載笑載言的歡歌。親親將愛的存在性證實為一套輕易不會亂碼的基因，在俗家圖譜上印刻出由「仁」拱穹的「天

〔註40〕楊天宇撰：《禮記譯注（下）·大學第四十二》，上海古籍出版社 1997 年版，第 1033～1034 頁。

〔註41〕（漢）趙岐注、（宋）孫奭疏：《《十三經注疏》之十三·黃侃經文句讀·孟子注疏·附校勘記》，上海古籍出版社 1990 年版，第 128 頁。

下」。就像伏羲與女媧在神語中集束的部落，親親及於孝悌再散擴外聯的原性差別，需要尊號而為的大之大者，在廣義的幅度上消泯差別。何人統屬家國，並將人引向可遵的禮法，由此在黃金「大同」的詩意凝視中理想化他們的家園？王制之議由此發生。此「何人」便是禮制邏輯中必然推送的「尊尊」。

在神話河畔，女媧摶土造人的事件景象尤新──「俗說天地開闢未有人民。女媧摶黃土作人，劇務，力不暇供，乃引繩與絚泥舉以為人。故富貴者，黃土人也；貧賤凡庸者，絚人也」〔註42〕，她用心捏造的那群黃金部落，似乎就是號集禮儀的法身。一如在真理與意見的思辨中，希臘哲人借助諸神的光輝將哲學王推向了王制的頂端。讓最好的人號集天下，這是消泯意見，剔除差別，最理想也最明智的政治治療過程。

《禮記·大傳》：「上治祖禰，尊尊也；下治子孫，親親也；旁治昆弟；合族以食，序以昭穆。別之以禮義，人道竭矣。」〔註43〕

「上治」，「下治」，「旁治」，國家重器的運轉閥輪是從上而下開啟的。「上治祖禰」，尊統的可不是一代人的精神血氣，而是自祖以來便配送遣發的整體力量，周人就是在這個位向上雅集他們祖人的史詩的。周天子既是國之治者，又是族之長者，既以王者身份回聲朝歌，又以爾兄乃父的合法身份尊處廟堂。由親親仰及的尊尊血圖，自然在懷禮述德的非等平語境中塑造出一個尊親施仁的王治社會。「親親」、「尊尊」成為不可位移的血親座標。等人權治的夢想社會從根蒂上是無法兌現的。周禮在家國一體的現實中樹起了天子、國王與宗長。《春秋公羊傳》所講：「立嫡以長不以賢，立子以貴不以長。」〔註44〕最大限度地將穩制與傳情內部性地釋放到「親親」與「尊尊」的禮治環境中，既簡化篩選，又完成篩選，從而集成千年可效的政治倫理。

這種政治倫理連繹著溝郭城池以為固的寓世形態和必然事作大地的生存命運，生存法則和生命築居，都在這種王制與天命合聲的世相道景中領會並發生，並在它的山水間刻畫出後人詩唱的田園。

家與族作為親親合成的顯性單位，要把家成員的思想、行動和欲望協調起來，就必須有人在其中掌燈，獲得廟堂賦予的力權和威嚴，使眾群服從和尊重。

〔註42〕《太平御覽》卷七十八，引漢代應劭《風俗通義》。
〔註43〕楊天宇撰：《禮記譯注（下）·大傳第十六》，上海古籍出版社 1997 年版，第 578 頁。
〔註44〕（漢）何休注、（唐）徐彥疏：《〈十三經注疏〉之八·黃侃經文句讀·春秋公羊傳注疏·附校勘記》，上海古籍出版社 1990 年版，第 12 頁。

　　一宗一長協調下的族群準則，內在性地成為家成員服從的標準，生命的秩序使每個人先為人子後為人父，每個人都似乎心甘情願地排隊等待在生命歷程中扮演下一個角色。這樣，被近代政治餘光透視到的古典父權形象應運而生了。

　　這種血緣群體不僅體現為一種社會關係，還是一種小規模的政治組織和經濟單位，它不僅有一套完整的組織形式，並且有維護這種組織形式的世家法則——鄉約族規和嚴格規定的輩分、嫡庶、主從的世家秩序。西周以來的社會形制就是利用這種由血親衍生的政治形式來束理國家的，無疑，血緣親在與公侯等級已經蜜性結合。在那個依然究問「天命」的歷史時代，世家禮性構製的社會自然親貴合一，尊卑有分，親疏有別，上下相形不可逾越。這種以血親世家為神經中樞的政治結聯，必然是家國同構，倫理與政治相通，族權和世權互重，故為歷代世家王朝所強化，由此塑形的認知慣性，已經潛化為無意識的自覺，從生民到治者，毫不懷疑它存在的合理性，並被尚為「義」（義者，宜也）。所謂「資於事父以事君而敬同。貴貴，尊尊，義之大者也」〔註45〕「存在即合理」，這個還需新的存在也來翻定的歷史思辨，似乎在這道世家血緣延脈的歷史圖譜中獲得了微妙的印證。

　　儒家「尊尊」的世家觀念因「克己復禮」而為先儒樂道。經漢儒後，已經從「形而下」之的粗糙附比將之類通於「形而上」之「天道」。漢章帝時的《白虎通義》，將君臣、父子、夫婦之義與天地星辰、陰陽五行等相向比附，曰：「地之承天，猶妻之事夫，臣之事君也。」〔註46〕

　　由儒領示的「尊尊」觀念也不是憑空產生的，在上古神話中已經可以依稀辨別出存在的軌跡。《管子‧五行》有載：

> 昔者黃帝得蚩尤而明乎天道，得大常而察乎地利，得奢龍辨於東方，得祝融而辨於南方，得大封而辨於西方，得后土而辨於北方。黃帝得六相而天地治神明至。蚩尤明乎天道，故使為當時；大常察乎地利，故使為廩者；奢龍辨乎東方，故使為土師；祝融辨乎南方，故使為司徒；大封辨乎西方，故使為司馬，后土辨乎北方，故使為李。〔註47〕

〔註45〕楊天宇撰：《禮記譯注（下）‧喪服四制第四十九》，上海古籍出版社 1997 年版，第 1102～1103 頁。

〔註46〕（清）陳立撰、吳則虞點校：《白虎通疏證‧上》，人民出版社 1994 年版，第 166 頁。

〔註47〕孫波注譯：《華夏文庫‧管子：注釋本》，華夏出版社 2000 年版。第 254 頁。

這則關於黃帝封臣的神話，可統屬到女媧─伏羲一表的神語敘事當中，黃帝使六相，表明在當時或後來人們的思想中，已經存在了「君君」「臣臣」的觀念。此外，《淮南子》中明申黃帝時代已以「治日月之行，律陰陽之氣，節四時之度，正律曆之數」而「別男女，異雌雄，明上下，等貴賤」。

> 昔者黃帝治天下，而力牧太山稽輔之。以治日月之行，律洽（疑衍）陰陽之氣。節四時之度，正律曆之數。別男女，異雌雄，明上下，等貴賤。使強不掩弱，眾不暴寡。人民保命而不夭，歲時孰而不凶。百官正而無私，上下調而無尤。法令明而不暗，輔佐公而不阿。〔註48〕

力牧和太山稽兩個賢臣輔助黃帝治理天下。他們按照日、月之行的規律治理，依照陰、陽變化制定法規。調整四時變化的節氣，確定律曆的標準。區別男女職責。明確上下權限，分出貴賤等級。使人民善於養生而長壽，莊稼按時收割而無災。百官公正無私，上下調協而和睦。除了上述兩則表謂上下結構的神話外，《山海經·南山經》中記載一則令人遐思的神話。

> 有鳥焉，其狀如鴟而人手，其音如痺，其名曰鴸，其名自號也，
> 見則其縣多放士。〔註49〕

這裡所講到的「鴸」相傳是堯的兒子丹朱的化身，由於丹朱不肖，因此堯禪位於舜。三苗國的君主因同情丹朱而非議堯的做法，被堯所殺，丹朱也被流放到丹水。三苗的民眾聽到消息後，遷居丹水，投奔丹朱，成為後來所稱的「南蠻」。丹朱率領南蠻攻堯。結果丹朱兵敗投南海而死，化身為鴸。這則神話隱蔽地喻示出以下犯上的「丹朱」，對絕對權威的挑釁，是要被放殺的。

結語

如果說我們關於對西北神話母題形象的原初追探，旨在澄清其與華夏思想的源起關係，那麼作為已成事實的華夏思想本身是否承應神話母題意象的內在滲透呢？從神話內部走向神話所呈具的母題思維以及因之而呈現的觀念結構，是單純從神話當中敞開的意義世界。這個意義世界最終是否就是那個作為思想事實已經打開自身並呈現到歷史集合中的華夏思想本身呢？這尚是一

〔註48〕 （漢）劉安等撰：《淮南子譯注·覽冥訓》，吉林文史出版社 1990 年版，第 289 頁。
〔註49〕 袁珂：《山海經校譯·南山經》，上海古籍出版社 1985 年版，第 4 頁。

個需要事實回迎的書寫裂口。如果同樣基於闡釋思想本身的文本事實，從內部廓清思想之為思想的內在特質，以此來回應神語文本在其隱匿性述陳中所指認到的思想本身，那麼這個基於神話本身而廓清思想及其思想方式的路徑，本質上將是順著由此造就的思想事實而開闊了一條基於源頭而生發的華夏思想之道路的。

　　就自先秦以來所奠基出來的文本實際，我們發現，至少有兩股力量粗闊地度量在華夏思想的分合運流當中的。這種流變分合的思想造境，遙相接應著西王母神話所開釋的意向結構，以及因此生成的話語細胞與女媧—伏羲的神語母題所分娩的意向可能及話語力量在各自向屬的道路中所結集呈現的思想的實質。說白了，由崑崙母題所分衍的這兩股神話流向，在它們各自的意向空間裏似乎天然地醞蘊並廓伸著華夏思想汲向源初之境的返鄉道路。由西王母神話所應許到的道家觀念，和由女媧—伏羲神話所應許到的儒家精神，本質上又道向華夏思想中最具原初帶貌的「天人」之辨。我們可以適理地說，儒家重在「性」與「天命」，所謂「天命之謂性」，道家重在「道」與「自然」，所謂「道法自然」。道家旨於「天」而向「道境」，儒家旨於「人」而領「天命」。道家旨「天」，儒家相「人」，而「天人」合分的張力氣質，則適時地演義著神語母題中的「天命」與「道境」又是如何適時地轉渡為思想文本中廓伸著的「人」與「天」的。「天人」合分的張力命運，已然示綻著神語母題中作為意向開釋的天命道境。

參考文獻

一、專著

1. （美）巫鴻：禮儀中的美術——巫鴻中國古代美術史文編〔M〕，三聯書店，2005年。

2. （日）小南一郎：中國神話傳說與古小說〔M〕，中華書局，1993年。

3. （法）瑪格麗特‧杜拉斯著，王道乾譯：情人〔M〕，上海譯文出版社，2013年。

4. （德）海德格爾，陳嘉映、王慶節合譯：存在與時間〔M〕，三聯書店，2012年。

5. （德）黑格爾：哲學史講演錄：第1卷〔M〕，商務印書館，1983年。

6. （德）黑格爾：精神現象學（上下卷）〔M〕，商務印書館，2012年。

7. （德）胡塞爾：形式的和先驗的邏輯〔M〕，中國人民大學出版社，2012年。

8. （德）胡塞爾：歐洲科學的危機與先驗現象學〔M〕，上海譯文出版社，2005年。

9. （德）魯道夫‧奧托，成窮、周邦憲譯：論「神聖」〔M〕，四川人民出版社，1995年。

10. （俄）庫恩編著，朱志順譯：希臘神話〔M〕，上海譯文出版社，2006年。

11. （新西蘭）伍曉明：天命之謂性——片讀《中庸》〔M〕，北京大學出版社，2009年。

12. （日）大林太郎：神話學入門〔M〕，中國民間文藝出版社，1989年。

13. 袁珂：山海經校注〔M〕，上海古籍出版社，1980年。

14. 袁珂：山海經全譯〔M〕，貴州人民出版社，1991 年。

15. 袁珂：古神話選釋・女媧〔M〕，人民文學出版社，1979 年。

16. 袁珂：中國神話通論〔M〕，巴蜀書社，1993 年。

17. 袁珂、周明編：中國神話資料萃編〔M〕，四川省社會科學出版社，1985
年。

18. 袁珂：中國神話史〔M〕，重慶出版社，2007 年。

19. （漢）劉安：淮南子〔M〕，中華書局，2012 年。

20. （唐）李冗：獨異志〔M〕，上海古籍出版社，1995 年。

21. （宋）衛湜：楊少涵（校理）〔M〕，中庸集說〔M〕，灕江出版社，2011
年。

22. （漢）劉安等撰：淮南子譯注・精神訓〔M〕，吉林文史出版社，1990 年。

23. （東漢）許慎，臧克和、王平校訂：說文解字新訂〔M〕，中華書局，2002
年。

24. （漢）劉安等撰：淮南子譯注・覽冥訓〔M〕，吉林文史出版社，1990 年。

25. （漢）司馬遷：史記〔M〕，嶽麓書社，2001 年。

26. （漢）何休注、（唐）徐彥疏：《十三經注疏・春秋公羊傳注疏》〔M〕，上
海古籍出版社，1990 年。

27. （漢）趙岐注、（宋）孫奭疏：《十三經注疏・孟子注疏》〔M〕，上海古籍
出版社，1990 年。

28. （魏）何晏等注、（宋）邢昺疏：《十三經注疏・論語注疏》〔M〕，上海古
籍出版社，1990 年。

29. （漢）鄭玄注，（唐）孔穎達等正義：《十三經注疏・禮記注疏》〔M〕，上
海古籍出版社，1997 年。

30. （清）陳立撰、吳則虞點校：白虎通疏證上〔M〕，人民出版社，1994 年。

31. 馬昌儀：古本山海經圖說〔M〕，山東畫報出版社，2001 年。

32. 李澤厚：中國古代思想史論〔M〕，人民出版社，1985 年。

33. 陳襄民等注譯：五經四書全譯〔M〕，中國古籍出版社，2000 年。

34. 江灝、錢宗武譯注：今古文尚書全譯・堯典〔M〕，貴州人民出版社，1992
年。

35. 張岱年：張岱年文集・第六卷〔M〕，清華大學出版社，1995 年。

36. 楊天宇撰：禮記譯注（上、下）〔M〕，上海古籍出版社，2004 年。

37. 侯外廬：自序，侯外廬是學論文選集上卷〔M〕，人民出版社，1987 年。

38. 孫波注譯：華夏文庫・管子〔M〕，華夏出版社，2000 年。

39. 張耘點校：山海經・穆天子傳〔M〕，嶽麓書社，2006 年。

40. 劉向、劉歆校刊：山海經〔M〕，吉林攝影出版社，2004 年。

41. 林家驪：楚辭〔M〕，中華書局，2009 年。

42. 曹礎基：莊子淺注〔M〕，中華書局，1982 年。

43. 王德有：老子指歸譯注〔M〕，商務印書館，2004 年。

44. 倪泰：周易〔M〕，西南師範大學出版社，1993 年。

45. 智旭：周易・四書禪解〔M〕，團結出版社，1996 年。

46. 黃壽祺、張善文：周易譯注〔M〕，上海，上海古籍出版社，2004 年。

47. 孫振聲：白話易經〔M〕，中外文化出版公司，1990 年。

48. 吳玄：易經半月通〔M〕，三環出版社，1991 年。

49. 班固：漢書〔M〕，中華書局，1983 年。

50. 程顥、程頤、王孝魚點校：二程集〔M〕，中華書局，1981 年。

51. 聞一多：神話與詩〔M〕，古籍出版社 1956 年。

52. 聞一多：神話與詩〔M〕，上海人民出版社，2006 年。

53. 聞一多：伏羲考〔A〕，聞一多，聞一多全集（第一冊）〔M〕，三聯書店，
    1982 年。

54. 聞一多：伏羲考〔A〕，中國神話學文論選萃〔C〕，中國廣播電視出版社，
    1994 年。

55. 余英時：東漢生死觀〔M〕，上海古籍出版社，2005 年。

56. 郭沫若：青銅時代〔M〕，中國人民大學出版社，2005 年。

57. 蒙培元：蒙培元講孔子〔M〕，北京大學出版社，2005 年。

58. 李約瑟：中國古代科學思想史〔M〕，江西人民出版社，1990 年。

59. 梁漱溟：中國文化要義〔M〕，學林出版社，1987 年。

60. 馮友蘭：中國哲學史〔M〕，華東師範大學出版社，2011 年。

61. 馮友蘭：中國哲學簡史〔M〕，北京大學出版社，1985 年。

62. 錢穆：中國學術思想史論叢〔M〕，東大圖書公司，1983 年。

63. 錢穆：老子辨〔M〕，中國書店，1988 年。

64. 牟宗三：中國哲學的特質〔M〕，臺灣學生書局，1974 年。

65. 牟宗三：心體與性體〔M〕，上海古籍出版社，1999 年。

66. 徐復觀：學術與政治之間〔M〕，臺灣學生書局，1985 年。

67. 徐復觀：中國人性論史〔M〕，上海三聯書店，2001 年。

68. 徐復觀：孔子德治思想發微，儒家政治思想與自由民主人權〔M〕，臺灣學生書局，1988 年。

69. 徐復觀：人性論史（先秦篇）〔M〕，臺灣商務印書館，1990 年。

70. 徐復觀：中國的治道，學術與政治之間〔M〕，臺灣學生書局，1985 年。

71. 徐復觀：儒家對中國歷史命運掙扎之一例——西漢政治與董仲舒，學術與政治之間〔M〕，臺灣學生書局，1985 年。

72. 常任俠：中國美術全集〔M〕，上海美術出版社，1988 年。

73. 常任俠：漢畫藝術研究〔M〕，河南人民出版社，1982 年。

74. 高文主編：中國巴蜀漢代畫像磚大全〔M〕，國際港澳出版社，2002 年。

75. 李立：漢墓神畫研究——神話與神話藝術精神的考察與分析〔M〕，上海古籍出版社，2004 年。

76. 李養正：道教概說〔M〕，中華書局，1989 年。

77. 蒲慕州：追尋一己之福——中國古代的信仰世界〔M〕，上海古籍出版社，2007 年。

78. 王孝廉：嶺雲關雪——民族神話學論集〔M〕，學苑出版社，2002 年。

79. 王雲五主編：叢書集成初編〔M〕，商務印書館，1937 年。

80. 王增文、魏峨：中國古代文學簡史〔M〕，群言出版社，2004 年。

81. 蕭兵：楚辭與神話〔M〕，江蘇古籍出版社，1987 年。

82. 吳曉東：苗族圖騰與神話〔M〕，社會科學文獻出版社，2002 年。

83. 楊利慧：女媧的神話與信仰〔M〕，中國社會科學出版社，1997 年。

84. 何新：諸神的起源〔M〕，三聯書店，1986 年。

85. 龔維英：原始崇拜綱要〔M〕，中國民間文藝出版社，1989 年。

86. 霍想有：伏羲文化〔M〕，中國社會出版社，1994 年。

87. 劉進寶：敦煌學通論〔M〕，甘肅教育出版社，2002 年。

88. 嚴可均：全上古三代秦漢三國六朝文·全後漢文〔M〕，中華書局，1965 年。

89. 傅斯年：性命古訓辨正〔M〕，河北教育出版社，1996 年。

90. 王澤應：自然與道德——道家道德倫理精粹〔M〕，湖南大學出版社，1999 年。

91. 張岱年：文化與哲學〔M〕，教育科學出版社，1988 年。

92. 陳鼓應：道家在先秦哲學史上的主幹地位，道家文化研究：第 10 輯〔M〕，上海古籍出版社，1996 年。

93. 張岱年：道家在中國哲學史上的地位，道家文化研究：第六輯，上海古籍出版社，1995 年。

二、辭書

1. 袁珂：中國神話傳說詞典〔Z〕，上海辭書出版社，1985 年。

2. 辭海・文學分冊〔Z〕，上海辭書出版社，1984 年。

3. 四庫全書總目提要〔Z〕，人民文學出版社，2009 年。

三、期刊

1. 王鍾陵：中國神話中蛇龍意象之蘊意及演化〔J〕，江海學刊，1991 年第 5 期。

2. 羅燚英：從神話女神到道教女仙〔J〕，中山大學研究生學刊，2007 年。

3. 啟良：西王母神話考辨〔J〕，湘潭大學學報，1994 年第 3 期。

4. 萬建中：原始初民生命意識的折光——中國上古神話的變形情節破譯〔J〕，南昌大學學報，1996 年第 2 期。

5. 丁瓊：西王母「生死」母題之歷史嬗變〔J〕，重慶科技學院學報，2012 年第 16 期。

6. 楊偉濤：中國道家生命倫理思想探略〔J〕，江西社會科學，2008 年第 8 期。

7. 項運良：道家的生命觀略析〔J〕，重慶科技學院學報，2007 年第 2 期。

8. 鄭先興：論漢代的伏羲女媧信仰〔J〕，寧夏師範學院學報 2008 年第 4 期。

9. 湯麗芳、劉瑋瑋：儒家生命倫理思想探析〔J〕，文史博覽（理論），2009 年 8 月。

10. 徐智穎、舟永婷、葉麗琳：中國神話傳說垂死化生母題淺析〔J〕，內江師範學院學報，2009，24 卷。

11. 卜友常：漢代伏羲女媧交尾畫像淺議〔J〕，鄭州輕工業學院學報，2012 年 10 月。

12. 蘇興：《西遊記》的玉皇大帝、如來佛、太上老君探考〔J〕，東北大學學報，1988 年第 1 期。

13. 朱瑜章：先秦河西走廊神話傳說考略〔J〕，敦煌學輯刊，2009 年第 2 期。

14. 唐代興：地土之象：「天人合一」的本體圖景──中國古代文化精神新探〔J〕，遼寧大學學報，2003 年 1 月。

15. 趙馥潔：儒家哲學的價值論〔J〕，人文雜誌，1988 年第 3 期。

16. 張斌峰：墨子「兼愛」學說的新透視〔J〕，中國哲學史，1998 年第 1 期。

17. 楊文霞：中國古代的德治政治傳統與「和」文化〔J〕，銅仁學院學報，2009 年 11 月。

18. 翁銀陶：略論神話思維對《易經》的影響〔J〕，福建師範大學學報，2006 年第 4 期。

19. 陳堅：易經的意義來源〔J〕，周易研究，2005 年第 3 期。

20. 唐君毅：先秦中國的天命〔J〕，東西方哲學，1962 年第 2 期。

21. 趙法生：孔子的天命觀與超越形態〔J〕，清華大學學報，2011 年第 6 期。

22. 王國良、王渙：老莊道家自然主義思想及其價值〔J〕，理論建設，2012 年第 5 期。

23. 陳鼓應、白奚：孔老相會及其歷史意義〔J〕，南京大學學報，1998 年第 4 期。

24. 白奚：孔老異路與儒道互補〔J〕，南京大學學報，2000 年第 5 期。

25. 李進：「內聖外王之道」的衍化〔J〕，井岡山大學學報，2010 年 3 月。

26. 李丹陽：伏羲女媧形象流變考〔J〕，故宮博物院院刊，2011 年第 2 期。

27. 湯一介：論「天人合一」〔J〕，中國哲學史，2005 年第 2 期。

附錄：神話之思與哲學之維
——希臘神話與哲學

一、原初寧靜

關鍵語：渾沌、大地、愛欲，世界存在的三個原初體相

（一）卡奧斯（Chaos）——渾沌

渾沌讓予於世界的原初景象，期間沒有時序，沒有開裂，是原初的無序的湧動，內面沈寂著幽暗和力量。就像哲人想像的「阿派朗」一樣。希臘最初的哲人阿那克西曼德似乎就是在其間思量世界的。

（二）蓋亞（Gaia）——大地

蓋亞，大地，從至高的山巔——奧林波斯雪峰到深邃的達爾塔羅斯深坑，圍繪出大地存在的輪廓，高天與大地彌合為一，此時天穹無有頂廬，群星尚未誕化，沒有海洋和波浪，這個至高至深的尺度，涵蘊並丈量著世界萬物。一切都是深邃的靜寂。萬物靜默，沒有衝突，無有流邊，無所謂輕，也無所謂重。

（三）愛若斯（Eros）——愛欲

愛欲，大地在原初的渾沌景象中能夠如此安穩地存在，是因為貫穿周遊的世界神性——愛欲。這是一股消彌差異與衝突的存在之力，是吸引與收納萬物同序靜處的溫潤圖像。正是渾沌與大地的寧靜造初，示現出這股力量的存在，同時，也正是愛若斯的彌漫與滲透，保持了世界的原初平衡與安靜。愛若斯既是最古老的力量，也是最年輕的力量，既托載於承重，又安逸、輕盈，富有靈性。

這是世界存在的三個原初體相，在寧靜中合彌如一，然而，這個被原初平衡撐起的寧靜，很快因為平衡的打破而失重了。大地身上負載了無法承受的重量。她要從無法承受的極致中將世界撕裂。

二、打破平靜

關鍵語：無法承受的存在之重

（一）欲望與繁殖

平靜是被欲望打破的。這股欲望就是愛若斯滲透其中的不可節遏的力量。天空之神在大地母性身上不斷傳輸欲望，欲望的精靈在大地母體的游蕩中產生了新的存在和物象，也就是天空與大地交配並開始無限繁殖了，他們有了與眾不同的後代。

為了截留世界的原初安靜，所有被欲望繁殖的後代都被封裹在大地之腹裏，但他們也要長大，賦予自身存在的形象。在愛若斯老神的原初關注中，他們本來就是無，但愛欲中流射的欲望將原初愛欲打破了，大地與天空的子女被孕育出來了。他們需要從寂暗之所脫形出去，瞭望世界的輪廓。擔這種意欲自我賦形的衝動，卻被天空之神牢牢地抑制。大地的子女被囚禁在大地當中，反而成為被天空吞噬的對象。烏拉諾斯吞噬自己的子女，成為神話之初的惡政。之後的警惕和反抗也就是必然得了。

（二）無限膨脹

欲望是無節制的，這既是個現代主題，也是希臘主題，叔本華的哲學所面對的就是無法節制的欲望。希臘城邦將對欲望的節制，也是對原初神話的惕忱與警戒。天空之神在大地身上的無限繁殖，也是愛若斯原初做慾。無限繁殖但又無限強蠻地封禁，這造成了大地無法承受的重量。大地的邊界是有限度的，否則作為大地也無法把自身描述出來，但現在無節制的產出被封閉其中，母體無限鼓脹，都已經扭曲得變形了。爆破是必然的。

（三）準備爆破

烏拉諾斯的欲望是極限的，同時是窒息和殘虐的。烏拉諾斯遮蓋大地並在大地身上刻下畸形的重量。天空與大地的原始分割也像個畸形的胎盤孕生了出來。兩者之間躍動著陰鬱而無序的力量，相互拷問著天空與大地的極限。作為原初形象的大地，需要將天空蠻野的占取分化出去，徹底宣告自身的存在。

大地亦要獨立。她暗自準備著革命。要割離開，必須扎斷欲望。切斷烏拉諾斯佔有大地的能力。一場陰謀悄然醞釀著。大地利用自身的塑材，將喚醒被窒息式捆壓的孩子們，為天空「去勢」。反抗與狡計，在命運的詭異的弧線上製造革命。大地作為一個概念，陰鬱地準備著爆破。

（四）終極傷害

克洛諾斯獻出了毒計。用彎刀用烏拉諾斯去勢。天地分離的瞬間，世界時間開始了。時間成為消失性力量對原初存在刻畫了毀滅。時序之神誕生了，世界處在時間當中，在時間當中綻出歷史——神史和形象——變化。克洛諾斯用利器劃出了界限，同時也成了烏拉諾斯眼裏的騙子。傷害是終極的，它意味著天空與大地再無配生的母素，這似乎為人類的衍生留開了縫隙。

諸神從幽暗之處躍出了各自的形象，同時，基於詛咒與復仇的血親爭鬥也開始了。世界體現為變化，而時間則是變化的計量。至此，渾沌、大地和愛若斯守靜為初的樣式，因大地拋出天空的運動而破裂了，世界分化出存在的圖案，生成與毀滅，也在命運的令叫中發生並往復。

克洛諾斯放出來的是：諸神的世界。而諸神為了確立各自的命運，陷入了難以平復的爭鬥。烏拉諾斯償付了血腥的終極代價。同時，他也為諸神之戰封下了惡印。遺憾和後患，像顆有毒的細胞種進了諸神的世界，怨恨、憤怒、報復，包括忍受、解厄與拯救，一體性發作了。而這才是一個更現實的世界。哲人說：爭鬥是萬物之父。在那裡征服與壓迫、奴役與自由，高貴與低賤統統分化了。克洛諾斯對烏拉諾斯的終極傷害，是最原初的悲劇樣式。

三、爭鬥

關鍵語：詛咒與解除詛咒

（一）詛咒

為什麼叫提坦（Titan，緊張者）呢？因為烏拉諾斯向命運下咒：這些不肖的子女們將承受和他一樣的代價，他們將被怨恨吞沒、血腥吞噬。這咒語就像一記雷電，在諸神的命運當中響應了。

（二）提坦（Titan）的暴虐

所有的提坦身上都彌漫著一層惶恐的夜色。這源於他們被烏拉諾斯窒息和覆蓋。恐懼被吞噬，就像命運的胎記。當天空從大地身上分離以後，籠罩在

提坦身上的陰影並未消失。烏拉諾斯晦昧的殘暴也似乎滲進了他們的血液。神序並未真正建立。他們還在精神的無序當中流竄。光明並未在他們身上發生期待。這隱蔽著奧林波斯諸神最終將天序建構為光亮。恐懼是他們噬殺的底色。噬殺既對向外界，又發生在內部。

作為天神的後代，他們也要繁殖，繁殖成為新神諸長的隱蔽系數。神人隊伍愈加壯大。同時充斥的爭鬥也將暗無天日。冥冥當中，要求著新序的構建。繁殖依舊是愛諾斯往諸神身上發散的欲望。因為老神烏拉諾斯的詛咒，他們同樣恐懼於新代的顛覆。這個循環需要打破。但他們目前還沒有打破循環的力量。於是，在與父輩老神爭戕的恐懼暗影裏，他們也像烏拉諾斯一樣一面在欲望的流泄中大肆繁殖，一面更加殘忍地吞噬自己的子女。看來起，他們的行動和氣質比起老神更加殘暴。

恐懼與欲望。繁殖與吞噬，這是提坦神在不堪的神序中重新蹈入的混亂。渴望新神出現的電鞭，在晦暗的天空下劇烈閃擊。宙斯和他的新界即將出來了。他要克服恐懼與繁殖，循環與詛咒。

（三）宙斯（Zeus）的出生與使命

如果說克洛諾斯毫無風險的出生最終終結了烏拉諾斯的勢力，那麼宙斯的出生將變成更加巧妙。因為老神的陰影，纏繞著克洛諾斯如何更加極端地對待自己的後代。可以說第二代諸神在形象上比第一代老神烏拉諾斯還要暴虐。他每生出一個子女，就會毫不憐憫地吞進腹裏，顯得既充實，又能消泯隱患。這使克洛諾斯自樹了吞食子女的惡像。就像時間的齒輪對世界之物的咀嚼與粉碎一樣，克洛諾斯會對自己身上出現的事物毫無痕跡地吃掉。他現在就像烏拉諾斯與蓋亞渾沌的合體一樣，將所有的子女都要蝕盡。為了能夠有效地吃掉子女，克洛諾斯殫思竭慮。然而，萬千盤算與防備中卻出現了意外。當吞噬成為習慣的時候，他妄信了自己的可靠。這一天，卻將一塊油脂包裹的石頭當成子女吞噬了下去。原來蓋亞設計了詭計。用石頭掉包，讓宙斯幸免於難。宙斯出生了，但跳出了被吞噬的命運。這隱微地啟示著：宙斯可以走出設計，改變那個循環的惡夢。

宙斯出來了，就連他的啼哭都用鼓聲掩飾著。他似乎成長的很快。這個流外之物，就像新界的遺產一樣，注定了要從事一場革命。所謂革命，當然是對克洛諾斯及其神序的背叛。宙斯要終結克洛諾斯的統治。要終結克諾斯的統治，他必須解救被窒於克洛諾斯神腹中的力量，他的兄弟姐妹。宙斯能否像克

洛諾斯那樣用堅硬的彎刀向老神取勢？如果是那樣，宙斯將會和克洛諾斯一樣了。在復仇心事中，他選擇了一種隱蔽性更強的藥物，既不殺死他，又能麻醉他，而且，能夠將吞噬進去的子女一一排泄出來。神聖的泄藥，令宙斯完成了對新神的拯救。果然，被克洛諾斯吞食後還未完成消化的一大群子女出來了。他們很快組成聯合的力量，對提坦世界進行顛覆和報復。烏拉諾斯種蠱的惡詛，終於應驗了。他那陰鬱不散的宿恨似乎完結了。現在的世界，是宙斯與提坦的戰鬥。諸神之戰真正開始。顛覆惡習，構建新序，這成為神史的彩章和光亮。

（四）宙斯的食物與力量

宙斯在解放諸神的時候發現了神奇的泄藥，同時在他的神序中也發明了新的食物：飲露。這使宙斯的仙體更符合人間想像。也可以這樣說，要徹底擺脫克洛諾斯吞食子女的口味，得給諸神重新想像一種食物。宙斯獲取了神食的專利。因此構建了自己神序當中的食物鏈。這為他們在高山頂上靠精神飛翔提供了動力。宙斯的食物是老神食態的完美終結。作為維持神界的汁液，宙斯之神在形態上趨於美化。在史詩裏，我們能夠看到諸神優美的形象。神的外觀成為令人遐思的雕塑。美以及關於美的輪廓和觀視不經然地也就顯露了。要為諸神塑造神廟，諸神也要有可看的形象。烏拉諾斯咒語中埋伏的金蘋果，之所以成為諸神爭「美」的事件，不能不說，宙斯的食物，令諸神有了動人的形態。當然，本質上宙斯的食物是要結束吞噬子女的惡夢。

宙斯把食物分給奧林波斯神族。同時，要完成毀滅提坦的事業，還必須以食物拉攏停靠在舊夢和殘忍廢墟中的老派勢力。他以允諾神食作為交換，吸引提坦諸神中性情較為溫和的勢力，要麼策反，同他一起與提坦開戰，要麼懸置戰力，以和平的立場中立。這些神顯然是被宙斯的法招改變了。宙斯深知，要毀滅提坦，單憑被他解放的神族遠遠不夠。必須用提坦自身的力量去否定提坦，提坦諸神才會終極崩潰。這是希臘人遠瞻的哲學：只有相同的東西才能彼此接近。宙斯身上的霹靂、閃鞭和雷電，並非宙斯天生的神力，那是他用神食得來的交換，他啟用提坦神的力量向提坦宣戰，才是他識清提坦的本質後，最具決斷性的判斷。

宙斯是後來希臘正義的表象。而正義就是要作出恰當的判斷。宙斯本質上就是神界是與非的終極判官。正是借來了提坦身上的法力，宙斯才在提坦大戰中並非僥倖取勝。用提坦之力來否定提坦，本質也就證實了提坦的不義。

宙斯的食物和力量，讓奧林波斯天神以優美形象光燦於天界，同時，也巧妙
改造了提坦的血質，既使他擁有新神不能擁有的老神的法力，同時，也成為
支配新界的強大力量。在他身上湧動著令人匪夷所思的團結、聯盟與粉碎。
宙斯的政治形式，後來成為然臘城邦維序的儀態。尤其，正義，成為城邦起
立的黏合劑。

（五）人的參與──赫拉克拉斯（Hercules）以凡人的有死性加入諸神之戰

　　神是殺不死的。否則神就無神性。宙斯雖然憑藉提坦贈換的火力戰勝了提
坦，但要真正將最頑固的提坦之神毀滅，還必須借助於神身上不具備的：有死
性。誰具備：有死性？人和人間。在希臘人的陳述中，人是終有一死的存在。
在羅馬人看來，神與人的分別在於：神是不死的人，人是有死的神。人與神的
不同就在於：人尚會死！人是終有一死的神。宙斯看到了人的意義。看重了人
身上「有死」的神性。於是，在他號起的諸神之戰中號選人來參戰。從而將有
死性注入提坦的命運。人神合作的事蹟，在奧林波斯的輝煌座標中開始了。宙
斯被稱為人和神的父親。史詩交付的英雄時代，也就開始了。誰最配受領神的
期待而與諸神參戰？赫拉克勒斯出位了。

　　誰是赫拉克勒斯？或者說，赫拉克勒斯是誰？在奧菲斯歌禱中赫勒克勒
斯被放進第十二位。12，是神數。意味著一個循環，一個開始。該歌禱中大神
潘排在第十一位。潘（Pan），意味著：全部。潘似乎概括出諸神的存在。而赫
拉克勒斯在這個時序終點上則意味了一個開始。赫拉克勒斯的意思是：為赫拉
所成全的。赫拉用她頑固的詭計將勒拉克勒斯拖入了苦難。最終赫拉克勒斯經
受了考驗。由凡入神，死後渡入不朽的神界。赫拉克勒斯本來順生可享王位，
但赫拉卻移胎換位，讓他成了歐律斯透斯之弟。年輕的他陷於迷狂而錯殺自己
的子女。為此他被要求去完成十二件幾乎不可能完成的事。他完成了。人格重
回理智。他徘徊於命運的十字，受到快樂女神和幸福女神對他的誘說。選擇感
官享受，還是精神快樂？他選擇了一條靠美德鋪墊的幸福之路。他的死也充滿
了悲劇性。但最終因為幫助諸神作業，而升入奧林波斯，成為諸神的一員。並
以青春女神赫柏作為他的神侶。赫拉克勒斯概括出了諸神對人的態度，以及什
麼樣的人才配諸神幸助。他從迷狂到理智的回靠，從死到不朽的過渡，苦難現
世，與不朽神界，將此在與靈魂完成了搭界。是公識的人的典範。赫拉克勒斯
還有一個別名 Alexikakos，意即「逆轉不幸的人」。

（六）殺死提坦

奧林波斯諸神獲得人界的參與，終於在與提坦混戰的血史中獲得了勝利。魔咒被解除了。提坦吞噬子女的餘悸雖在，但宙斯還是讓新神在光明的奧林波斯峰頂取得了神位。解除魔咒的過程也是宙斯諸神在逐漸告別舊神陰影的磨練中最終淨化的。宙斯依舊擔心新神取代老神的暴力下場。所以，忒提斯就被往人間下嫁了。這才又有了阿喀琉斯的故事。甚至雅典娜的出生也是提坦舊影的殘忍印象，雅典娜受孕之後，宙斯因為害怕未來孩子顛覆自己統治，竟然將莫提斯吞噬了。後來，雅典娜從宙斯的頭腦裏面蹦出來，天生提著守戰的大盾。這是智慧女神的超級形象。

老神在塔爾塔羅斯深坑永恆地囚禁著。那裡湮滅著吞噬與顛覆的陰暗魔咒。但魔咒不是瞬間招滅的。它依舊在奧林波斯的神史中微妙地釋放著，就像必須燒完的蠟燭一樣。新序時代的特洛伊之戰，就是烏拉諾斯殘案遺留的毒誓。看來，重要的不是魔咒是否熄滅，而在於迎對咒語的方式。如此，新序的輝煌才能真正奠定。

四、新序

關鍵語：奧林波斯神族

（一）神域的遷徙

宙斯的神域是在真正的廣天和大地之間。他領有了烏拉諾斯扯開的天空和蓋亞廓深的大地。與原初的神域被掩飾於渾沌（chaos）當中不一樣，也與因處於塔爾塔羅斯深坑的提坦之界不一樣，宙斯將神都遷徙於奧林波斯之上。神都建領於高山之上，既像是在大地的邊緣，又會臨於高天之際，是連貫天地的最合理形象。宙斯和他的兄弟姐妹以及他的子女們在奧林波斯峰頂享受著來自人間的祭壇。據說在奧林波斯峰頂上有埃特爾閃耀的最純粹的光芒，那是靈魂不朽的偉大處所。希臘人追求靈魂不朽，不朽的靈魂也便被擺渡至此，可與諸神存在於一起。

神界在新序中築居，並耀閃出喜悅的光芒，繆斯女神們沐浴清泉，唱著可忘憂之歌，翩躚而至，用神曲敬仰偉大的神壇。奧林波斯山頂是諸神。奧林波斯山下是受諸神觀照的人群。至此，神與人的居留，在神界的新序當中獲得騰留。希臘精神寫入了人神共在的歷史。

（二）諸神的定位

十二是神序，也是神時，是往來復回的飽滿。人神共時。在自足的時光泡影中如實地綻出。宙斯在繁榮的神序中確立了十二主神。至此，提坦時代的諸神舊影被新的神像徹底解除。比如用阿波羅取代了赫利俄斯成為日神，讓阿爾忒彌斯取代了月亮之神塞勒涅的位置。

奧林波斯諸神形成了有效的神仙家族，在各自的界限中象徵出天地的輝煌。宙斯是正義的代表。赫拉象徵婚姻。阿波羅是太陽之神，阿爾忒彌斯是月亮之神。波塞冬接領大海。德墨特爾主令豐收和穀物，赫斯提那守護灶火。阿瑞斯是戰神。斯淮斯托斯是火神。阿芙洛狄特是美與愛欲的象徵。雅典娜代表智慧。赫爾墨斯象徵信使和語言。男神與女神修造住行，既高居奧林波斯山頂，又享受著人間的煙火，這令新序既繁榮，又靜宜。惟一的就是酒神狄奧尼索斯的後起，用極致的浪漫主義風景逐漸取代了通過灶火寫實的赫斯提那之影，十二主神中介入了最具詩性的酒神，希臘悲劇大放光芒。酒神的上位與出場，是十二神序中格外動人的事件。自此浪漫主義風暴幾乎席捲了希臘世界的日常生活。

（三）人類的先知

神序當中人何去何從？諸神當中誰更理想地代表人類？一個是先知。一個是後覺者。普羅米修斯（Prometheus）是先知。厄比米修斯（Epimetheus）是後來才知道，事後才明白者。這兩個從提坦世界中解化的老神從先天與後天兩個維度更形象地概括出人類。似乎人類天生想知道諸神之謎，同時又必須經歷後天的經驗。宙斯讓普羅米修斯和厄比米修斯造人。結果在技藝的攤派中虧欠了人類。為了讓眾生生活得更好，普羅米修用一根茴香枝往天界盜火。如是人間有了火種。而火則是神的技藝。先知的行為僭越了諸神。

自從有了火，人間便變得強大起來。因為火是使人變得強大的技術酵母。這令諸神驚恐，也令宙斯憤怒。為了抵消火給人間帶來的恩寵，諸神便造出了一個擁有各種技藝的女人——潘多拉閃耀出場。諸神打著與人聯姻的幌子，將潘多拉送下奧林波斯山頂。厄比米修斯識別不出諸神的陰謀，興高采烈地接受了神禮。結果潘多拉打開魔盒，裏面釋放出災難和瘟疫，黑色的煙霧往人間漫布，疾病、戰爭和死亡，成了人類得取火種付出的代價。這是諸神用懲罰抵消並修復的原初平衡。火帶來了光明，同時也要承受災難的黑影。盒子裏面釋放出瘟疫，但「希望」卻被壓到盒子底下。潘多拉魔盒是原技術時代的災難變形。現代世界享受著技術的福利，但也承受著技術的災難。人被技術所宰制，這事

實上是神話時代由技術災難引流而出的現代性悲劇。

宙斯懲罰了人類，同時懲罰盜火的先知。普羅米修斯盜火是因為激情，於是在高加索山上普羅米修斯旺盛的肝臟被宙斯之鷹反覆叼食。在宙斯看來那火旺的肝部隱藏著「激情」。至到赫拉克勒斯的出現，才用強弓射掉了惡鳥，但宙斯懲罰命運的標記卻不能解除，最後，馬人代替普羅米修斯繼續為人類受刑。潘多拉之所以將「希望」壓到魔盒底下，是因為普羅米修斯在盜火之前，還將「希望」種進了人的心田。

五、史詩：新序的輝煌

關鍵語：償還與救贖

（一）特洛伊（Troia）城的建立

特洛伊城的建立是宙斯時代最輝煌的結果。這座聳立在特洛亞平原上的人間王城是諸神的果實。巍峨堅實，城闕連繹，足以見證奧林波斯諸神新序的輝煌。建造這座城的神主，一個是波塞冬，一個是阿波羅。波塞冬是搖撼大地的海神，似乎用他的神力考驗著城的堅實。阿波羅的理智與準確，似乎設計這座城的平衡。拉奧墨冬是特洛伊老城之王。老王請來了波塞冬和阿波羅諾以重酬，為他在人間建立一座存在之城。城闕建好了，許以二神的重酬卻沒有實現。波塞冬憤怒了。將海怪驅向王城，特洛伊城一時成為災難之城。

偉大的赫拉克勒斯歷經此地，在老王的諾求中刺殺海怪。海怪解除了，但老王許諾的白色神馬卻因不捨而悔約。老王兩次背約，終於引來了城的毀滅。赫拉克勒斯憤怒之下劫掠老城，特洛伊城陷於毀損。

拉奧墨冬家族慘遭毀滅。赫拉克勒斯殺了拉奧墨冬，將其女遠嫁他方，不過允許這女兒救一名囚犯。他選擇了自己的哥哥，波達耳刻斯（Podarces），他更名普照里阿摩斯（primamos），意為：已償還。普里阿摩斯在老城基礎上重建新城。普照里阿摩斯時代的特洛伊城重現輝煌。神意再度垂臨特洛伊城。因為普里阿摩斯兌現了城史負欠的諾言。其償還就是救贖。希臘哲人阿那克西曼德神諭一般的箴言：一切因不正義所致的失衡在時間的序令中都會獲得補償。似乎可以用來形容特洛伊城的命運。償還與救贖，自始至終貫穿於特洛伊城的歷史。

（二）提坦的隱患：爭吵

天地分裂之際，烏拉諾斯便向後代種下了咒語。這個咒語作為宿根歷經提

坦之後，將隱患遺向了特洛伊城。特洛伊城的第二次亡毀，就是這個血盅毒咒
的結果。烏拉諾斯在世間遺留了「怨恨」和「爭吵」。

　　作為怨恨一系的神，雖然被宙斯清出神序，但其陰影卻漫生始終。宙斯為
了解除魔咒，將神界最鍾愛的女神忒提斯下嫁人間。忒提斯意為：清泉。她所
嫁的人間叫佛提亞，意為：黑色的泥土。這是神人之間微妙的結合。婚禮當中，
奧林波斯諸神欣悅到場，盛典當中卻少了以爭吵冠名的厄里倪厄斯（Erinyes）。
於是她往席間丟下一顆金蘋果：獻給最美的女神。

　　美在金蘋果墜落的瞬間作為問題出現了。諸神當中到底誰是最美的女
神？最美的女神需要判斷性指出。而神界當中惟有宙斯是能夠做出終極判斷
的神。宙斯在這個是非面前似乎有意迴避（耍了滑頭）。他把問題交給了伊達
山裏的牧羊人。這個牧羊人就是特洛伊聞名的小王子帕里斯。因為其母出生時
夢到特洛伊城無法熄滅的烈火與光焰，所以作不祥之兆，將帕里斯丟棄出特洛
伊城。結果這個災難之子卻幸運地成了宙斯神山中的牧羊人。

　　到底哪個女神最美？宙斯將問題交給帕里斯的時候，似乎說明：美是人間
最感性的反應。這適合思想論域中理解的美學。赫拉、雅典娜、阿芙洛狄特相
繼在帕里斯面前出現。作為女神，她們都想把「最美」的榮譽兜攬入懷。「美」
作為神界的新事物，一旦擁有，但會獲得人間數不清的譽美。

　　帕里斯直觀於女神們的出現。哪個最美？對他而言要有足以令其動心的
效果。赫拉以高貴形象出場，許以帕里斯以「權力」的資本，雅典娜以智慧形
象出場，許以帕里斯以「智慧」的名相，最後阿芙洛狄特出場了，她步履輕盈，
芳香四溢，以善感的明眸和性感的外形，吸引了帕里斯的注意，女神許以他愛
情：讓他娶到人間最美的女人。

　　金蘋果瞬間有了最美的主人。阿芙洛狄特就是最美的女神。他不想成為
世界上最有權力的人，也不想成為智者，他需要愛情，阿芙洛狄的許諾最打
動人。

　　美第一次與愛欲隱秘地連扯到了一起。哪世間最美的女人又是誰？海倫。
已經嫁給斯巴達國王墨涅拉奧斯的女人。阿芙洛狄特的出場和獲勝，使智慧和
權力處於「美」之下，她感性的外形和向帕里斯許諾的愛情，是愛欲的新界。
美眸盼兮，巧笑情兮，這似乎就是阿芙洛狄特出場的神態。而由愛欲貫穿的火
焰般的力量，則是令帕里斯心動的感官之箭。而這恰恰為特洛伊城的毀滅埋下
了伏筆。

（三）海倫（Helen）的出場

在史詩的描述中，海倫之美是通過一群欲望枯朽的老人們的眼睛綻顯的。這隱蔽地說明海倫之美足以讓生機不枯。海倫是宙斯的女兒。為了獲得最美的麗達，宙斯化成一隻天鵝落進水中，從而實現了與湖中浴水的麗達的結合。達芬奇名畫麗達與天鵝，描繪的就是這段浪漫主義神語。海倫就誕生於如此優美的神語鏡像裏面。

當特洛伊城的小王子飄洋過海到斯巴達造訪時，愛欲使他獲得了這個神賜的禮物。他乘墨涅拉奧斯出訪之際，將海倫帶進了特洛伊。特洛伊戰火因此而起。在荷馬史詩的詩性畫卷中，海倫是以這樣的形象憂傷出場的：她正在織錦，錦緞上繡著阿開奧斯人與特洛伊人戰爭的場面。這是一幅存在的地圖。說明她身陷兩個世界非此即彼的決斷當中。TO BO OR NOT TO BE，存在還是毀滅？皆因於她的出現。要麼存在，要麼毀滅，書寫的天空裏似乎不釋放第三種可能。

命運陡然顯得如此冷酷。被愛欲燙傷的存在之美，其代價是毀滅一座神造的王城。海倫憂傷至此。她在命運的漩渦中痛苦不已。是交出海倫，還是留下海倫，考驗著特洛伊城是否堅強？當所有的特洛伊人都譴責海倫的時候，普里阿摩斯卻微笑著對海倫說：孩子，這不是你的錯！這是諸神的戰爭。普里阿摩斯的回答解放了海倫的困境，但也從中看出整個特洛伊戰爭，不過是諸神觀賞的一場人間表演。它甚至就是宙斯一片夢羽的結果。

這已經不是與提坦大戰的神史處境，宙斯在奧林波斯山上構建的新序，已經足以支配一切。特洛之戰是新序輝煌的見證。是宙斯憑其心智任然擺置神人的結果。一切都在按宙斯的心智在演義。他拋出一切，同時又決定一切。是新序之神最自主最富強力的神聖表演。也是命運之索在人身上勾勒出來的最深刻的線條。

（四）阿喀琉斯（Achilles）的血性（thymos）

是接受命運，還是對抗命運？阿喀琉斯的血性在這兩者中間交織。命運，語義即碎片。是從整體當中分離出來的碎塊。碎塊是從整體當中分離的，最終自然要歸於整體，這便是希臘命運的寫實。阿喀琉斯出行之前，就已經知道選擇命運的結果：如果他不來特洛伊，他將福澤綿延，子女成群。如果他來到特洛伊，尚且年輕的他必死。

和赫拉克勒斯一樣，阿喀琉斯也是神人之子。在希臘人看來，英雄便是神

與人愛欲的結合。HERO，這個詞，是與 EROS（愛欲）根源在一起的。荷馬史詩是以阿喀琉斯的忿怒作為開卷的。忿怒是阿喀琉斯身上引燃的血性。是生命力跳躍的所在。

阿喀琉斯何以忿怒？事端還緣起於老神下咒的「爭吵」。當阿波羅祭司馭船要向阿加門家討回被擄取的愛女克律塞伊斯時，阿家門農拒絕了老人。拯救孩子，獲得償還，是古典正義力持的平衡。阿家門農的拒絕導致祭司的詛咒，惹來了阿波羅憤怒的光火。在劫難面前，阿喀琉斯充當正義的代言，要不就阿家門農作出「償還」。結果在失衡的計量中，阿家門農提出一個絕對無理的邊界性要求，如要歸還祭司的女兒，他就要阿喀琉斯的女人。在愛的世界裏，什麼都可以剝奪，惟有女人不可剝奪。阿伽門農帶走了被他擄掠到身邊的女人。這不僅是一場公共羞辱，而且因為愛的不可逆轉。阿喀琉斯發誓要讓希臘人因此舉而後悔。從此退出強攻特洛伊的歷史。

阿喀琉斯隱身不戰的事實，確實導致希臘人的崩潰，作為希臘世界的真正邊界，阿喀琉斯令希臘人後悔不已。在形將被赫克托爾摧毀的最後關頭，阿喀琉斯重新出場，他用血性證實了他才是希臘人無法替代的底牌。阿喀琉斯用血性出示了存在的邊界，他放手讓希臘人用沉重的死亡證實到這一點，本質上還是由於「愛若斯」不可逆回的神奇力量。當無數年後，EROS 作為既老又年輕的神要被希臘人祭入神譜時，蘇格拉底將愛欲的密碼引階上升為不可見的存在之美，於是，後人評價蘇格拉底就是：阿喀琉斯的修改。

（五）支撐與倒塌——赫克托爾背負的世界

赫克托爾（Hector）的意思是：支撐。他是特洛伊城牆的城牆。當阿喀琉斯像一艘隱蔽的戰艦退居於隨時返航的海港時，頭盔閃亮的赫克托爾戰性正濃。阿喀琉斯的隱匿與赫克托爾的顯現襯托在一起。赫克托爾將整個特洛伊城背負到自己的肩上，是惟一能夠亮化阿喀琉斯之在的盾牌。他背負的不僅是特洛伊城的神史，而且背負著特洛伊城的未來。但這個城已經沒有未來。

赫克托爾差一點就摧毀潰不成軍的希臘人。但就在這個臨界點上阿喀琉斯被逼現。作為先行規定好了的命運的死環，他注定要與阿喀琉斯生死對決。最後他死於阿喀琉斯之手。

特洛伊城的支撐倒了。這座王城在精神上已經塌陷。特洛伊堅固的城體還來自於它堅固的政體。這個以老王和支撐點為座標的貴族秩序最終被希臘人聯袂的古代民主擊倒了。這一切似乎都是宙斯設計好的。赫克托爾受死，也終

極性地決定了阿喀琉斯必死。

赫克托爾死於阿喀琉斯之手，是古典力量的高度成全，但其死後受侮，卻是令諸神震驚的事件。阿喀琉斯沒有尊重死者的屍體，足以引起希臘精神的高度警惕。肉體是盾牌，是靈魂的外現。尊重肉體就是尊重靈魂。赫克托爾的屍體後來被普里阿摩斯贖回。整部伊利昂之歌，就是在祭奠赫克托爾的悲風中畫出了結尾。

（六）忍耐與無奈——普里阿摩斯（priamos）和他的孩子

忍耐便是無奈。對普里阿摩斯而言，他最不放心的其實是他的孩子們。作為特洛伊老城命運的「償還」者，普里阿摩斯瘋兒地繁殖了這座城的後代。子女成群，以至於他都不知道如何來分配他的愛。帕里斯讓他大傷腦筋，而赫克托爾是他的最愛。

普里阿摩斯的忍耐其實可以從他往阿喀琉斯陣營贖回赫克托爾屍體的悲愴敘事中道說出來。老王帶著贖禮，在赫爾墨斯的接引下來到阿喀琉斯軍營。恢復平靜的阿喀琉斯用最高的禮儀接待了老王。他第一次握住了這雙殺死他孩子的手。老王提出了帶回赫克托爾屍體到特洛伊城祭奠的請求。阿喀琉斯答應了請求。當老王提出要看看赫克托爾的面容時，被阿喀琉斯拒絕了。對阿喀琉斯而言，如若老王見到赫克托爾已經慘不忍睹時，一定會激起悲憤和怒火，如若那樣，他極有可能在老王憤恨的斥責中激起憤怒，從而失手殺了普照里阿摩斯老王。這令人想起蒙田的名句：他已經悲哀了，連最輕微的增添都會突破他容忍的限度。

阿喀琉斯在限制怒火。普里阿摩斯同樣在隱忍悲哀。他無奈地坐回命運的長椅，等待那天還沒有亮起的黎明。如何控制激情，或者說如何讓激情在理性的光驅中更優越地散盡，成為後來希臘哲人沉思的命題。而坐等黎明的無奈，則在本質上被理解於命運。

（七）阿喀琉斯之踵（Achilles' Heel）

阿喀琉斯是神人之子，擁有一副刀槍不入的身軀。他一出生便被忒提斯浸入冥河之水，從此死亡就無法將他感染。但忒提斯提著他入水的腳踝卻沒有浸透冥河之水。從此，這就成為他「致命」的弱點。這個神話啟示出一點：人身上永遠有不能被神話的部分。帕里斯的箭射中了阿喀琉斯的腳踝。特洛伊城還沒有摧毀，阿喀琉斯就如命運昭示的那樣死了。神人之子，最終放棄了神的

一面，以人的方式終結了自己的歷程。帕里斯的箭何以射得那麼準確？單單能夠擊中阿喀琉斯的「弱點」？傳說，被射中是因為箭是鷹腿上脫落的羽毛。阿喀琉斯前世是一隻鷹，那枝箭就是從鷹腿上脫落的羽毛。作為命運的箭頭，羽毛自然要回歸身體，於是，那枝箭正好射中了阿喀琉斯的腳踝。這是一個耐人尋味的循環。似乎所有的終結點，在闢出開端的時候就已經形成。一切從這裡離開，又復歸於這裡，這是形而上學的思辨思維。從泰勒斯以來的希臘哲人，都以此思考著那個支配世界運動的形而上學支點。阿喀琉斯之死，可以說是神話母題中的形而上學版本。阿喀琉斯之踵，既是史詩力量的編外徘徊，也是悲劇世界浮動的藻影，還是神話之思搭建的哲學之維。

（八）誰是奧德修斯（Odysseus）？

說到奧德修斯自然想起他就是攻陷特洛伊城的木馬計的設計者。但他為何又叫奧德修斯？

> 我來到這片人煙稠密的地方時，
> 曾對許多男男女女怒不可遏，
> 因此我們就給他取名奧德修斯。

詩人在《奧德賽》第十九卷中尾告訴我們那個海上漂泊的男人何以謂名：奧德修斯。惱恨並因之吶喊，是奧德修斯漂移海上後的詩性定義。這個名字與阿喀琉斯的「忿怒」一樣，都是指人身上被激發出來的「血氣」（thymos），是生命力的跳動，感受或意欲的所在。

奧德修斯綿存的「心力」是回鄉故事中刻畫最深的事件。蘇格拉底受審的時候，引用過奧德修斯面對滔天駭浪的名句：心啊！你還能承受多大的痛苦？人們往往把奧德修斯在海上漂流的經歷，理解成一場心魂之旅。是如何塑造心靈的故事。與赫拉克勒斯和阿喀琉斯相比，蘇格拉底似乎更傾向於引案奧德修斯的氣質。這與他認為靈魂被囚鎖到內部，需要強大的身體進行照護相續。思想的過程，就是靈魂或心靈如何強大的過程。奧德修斯具備這樣的塑造心靈故事。

另外，表現在奧德修斯身上的還有足智。智慧是哲人用思想去澆灌的林地。足智多謀的奧德修斯是荷馬對奧德修斯美德的首認。因此，兩部史詩裏奧德修斯飽受智慧女神雅典娜的眷顧。奧德修斯不覺間已經串起了古代英雄與智慧家族一衣帶水的聯繫。

此外，奧德修斯的「驚訝」也是英雄男人閱世的典範。當塞壬們（Sirens）

用歌聲來誘惑走不歌聲的歷險者時，奧德修斯想出了奇怪的辦法，他用蠟封裏了同伴的耳朵，卻用強索將自己捆縛到桅杆之上，他既想聽到塞壬最美妙的歌聲，又用強力阻止自己去靠近。歷險與好奇，陶醉同時又不往迷陷中墜落，既體現出他足智多謀，同時又考驗出心智的強大。

他是歷險途中的自我訓練者。強大心魄，鍛鍊意志。在古代希臘有兩個人以活人的身軀進入過地獄，一個是他，一個是奧菲斯。奧德修斯下進過地獄，就說明他死過一次，有過向死的體驗。而蘇格拉底認為人死之後，靈魂才啟程真正的回鄉之旅——往不朽世界擺渡，似乎在奧德修斯的「眼見」當中被證實於存在。奧德修斯在陰冥當中看到了靈魂的景象，智慧的人，或者心智純粹的人，還可以將自己生前的形象聚集起來，不可見的世界能夠變得可見。

奧德修斯還有一把衡量苦難的尺度，他曾說：你給別人造成過多大的痛苦，你也要承受多大的痛苦。波塞冬對他回鄉的打擊，就是在命運的天平上重新計量了，與得到好處相比，奧德修斯所吃的苦頭還不夠。奧德修斯還沒有回到鄉土，就已經聽到盲詩人吟唱他在特洛伊的故事，如果不是詩人用豎琴把他的事蹟唱出來，他竟然都不知道自己擁有這樣的故事。奧德修斯離家十年，回鄉又十年，用二十年的時間演義了一個形而上學的故事。

之所以是一個形而上學的故事，是因為泛濫的鄉愁，充分交待了一個漂泊者，迷路人歷經艱險都要找到「回鄉」之路。尼采說，古典形而上學是「鄉愁的泛濫」。

（九）泛濫的鄉愁

鄉愁是歸鄉的記注。現代世界所謂的無家性，就是指鄉愁濃煙的殆燼。家園成了廢墟和荒漠，所謂的虛無性便是從此發出的。之所以需要家鄉，需要回到家鄉，是因為無家可歸的時候，便躊躇難定。不寧的心緒為陣陣「不安」所攪惑。

「不安」便是「無家」的古典演示。這集中體現在奧德修斯與卡呂普索的故事裏。《神譜》的最後寫道：聖潔的女神卡呂普索和奧德修斯相愛結合。女神和有死的男人結成姻緣，為他們生下神一樣的美麗子女。據說卡呂普索（Calypso）一直擁有這樣的命運：她每年都要在海中搭救一位落難的英雄，可是當她愛上這個男人的時候，這個男人卻不得不離開了。奧德修斯在海上的十年，其實前七年被七年被女神卡呂普索因為了人質和情郎。俄吉癸亞島（Ogygia）上風景絕秀，吃得又是不朽的食物，奧德修斯成天在舒適的洞穴裏

與不朽的女神承歡共棲，可是每天黃昏的時候，他都會獨自跑到海邊落淚。女神問他，論相貌和身材我都不是你有死的妻子所比擬的，可你為何還要哭泣？奧德修斯淚流縱橫，他說他想看到伊塔卡的日出。海風帶不來故鄉的消失，他被「不安」（HOME-LESS）所折蝕。女神知道他的心是留不住的。命運再次將她侵襲。卡呂普索放奧德修斯回去。自己則因思念憔悴而死。這便是奧德修斯與卡呂普索的故事。愛欲和安寧所擋不住的是鄉愁的泛濫。

伊塔卡的白天是什麼？伊塔卡的白天裏歐涅洛佩正被求婚人環顧，整天消耗著奧德修斯家的食物。在荷馬的歌唱裏，歐涅洛佩被冠以「慎審的」。這是這個在家女人的典範形象。按照舊俗，當奧德修斯杳無音信的時候，她理應再嫁。於是，伊塔卡島上的求婚人紛紜而集，幾乎形成了一個求婚俱樂部。但歐涅洛佩以為，杳無音信並不意味著奧德修斯死去，活要見人，死要見屍，這是她向奧德修斯許諾的忠貞。其慎審的品格就此可見。

歐涅洛佩（Penelope）詞源於一種野鴨，據說這種鴨子信守愛約，忠貞不二。一個孤單女人，帶著少年兒子，如何既拒絕求婚，又不至於令要求者惱喪，同時，又能夠保證兒子和族人的安危，不至於被傷害。於是歐涅洛佩審度出一個美麗的辦法，她說要為服老的公公縫織老衣，這個心願完成以後，才談再嫁之事。求婚人的心緒被她合理的請求平撫了，事情在安靜當中被放大，而她只有一個目的，就是相信奧德修斯會回來。這是一個漫長的不露痕跡的考驗。考驗著她慎審的心智。於是，她每天都在織布機上織布，到夜晚的時候，再把布拆下來，第二天重複。這是耐心與慎度的再次演示。從形象上看，她與足智多謀的奧德修斯堪稱絕配。她的慎度並沒有令她的等待失望。她果然等來了奧德修斯的回歸。為了準確確認那個回來的男人就是奧德修斯，她將她與奧德修斯的相會設計到了無人會知的初幸之地，那把打開婚床的秘鑰，才能真正證實來者就是她日思夜念的丈夫。信約在秘境中被置於神聖之地。這個漂流海上無家可歸的男人，終於回到了他日思夜想的離開之地。這是一個完滿的形而上學之路。只是完滿得有些泛濫了。

無論赫拉克勒斯，還是阿喀琉斯，還是奧德修斯，都是宙斯和奧林波斯諸神往人間設想的故事。凡人們在人間上演的驚心動魄的故事，似乎是對奧林波斯頂巔強大神性的領悟與宣誓。這是宙斯在人間大地上的輝煌作業，也是繁榮新序的偉大見證。他們共同當量於新神界置的限度，並在古老命運的被拋與遣送中，塑起了希臘精神的卓越形象。這個形象就是對必死之在的承受。

六、新序的打破

關健語：酒神精神

（一）酒神的誕生

酒神狄奧尼索斯（Dionysus）在希臘古語中就是葡萄酒的釀造者。這是一種通過酒的物性改變冷寂秩序的起始者。他從遵照寫實的理智序列中突破出新的界限──陶醉！詩與陶醉。伴隨著酒神的出世並勝利，希臘悲劇以無可匹配的局面橫空出世了。酒神是古典神序中漩起的最持久也最極致的浪漫主義運動。它直接造就了悲劇時代。說到希臘哲學，其實是要說悲劇時代的哲學。希臘智者的運動，也當然是在悲劇的天空下獲得了營養和血液。智者打破舊習而指問新的界限，焉不是酒神遺產中的「越界」衝動。亞里士多德說，阿喀琉斯之所以跑不過烏龜，是因為沒有「越界」。

酒神屬於奧林波斯神族，他同樣是宙斯的兒子。酒神的誕生，一開始就具有極致的悲劇性，受難與逃難，再從苦難中造起自己服難的形象，正是酒神自成的詩性敘事。酒神的母親叫塞墨勒。是卡德摩斯的女兒。由於獲得宙斯的喜愛，遭赫拉妒嫉。赫拉提醒塞墨勒，應當見到夜會者的「真相」。塞墨勒聽信，要求宙斯出示「真相」。結果，她被「真相」點燃了。宙斯的「真相」是雷電。宙斯不能否定自身，所以，塞墨勒被他燒死。肚子裏還有生成不到六個月的小孩，這孩子就是狄奧尼索斯。宙斯從塞墨勒腹中取出孩子，縫進髀骨，從而使狄奧尼索斯有了大地中行走的力量。

酒神的第一次出生便是悲劇性。出生後他的他，為了逃脫赫拉的殺害，便由羊人看護，他被化妝成可愛的小羊羔，從而混淆了赫拉的判斷。豈知，就因為他與羊人的傳說，希臘藝術中出現了一種羊人劇。而羊人劇就是悲劇藝術的開形。後來羊人劇經希臘詩人們改造，形成了集音樂、敘事、與舞臺為一體的氣象宏大的悲劇藝術。而且悲劇的表演既是表演給酒神的藝術，也將酒神的音樂藝術融入其中。希臘悲劇大放異彩，成為繼史詩之後，養育希臘靈魂的原始母液。

酒神的第一次出生是悲劇性的。酒神還有第二次出生。據說酒神迷狂作歌，被瘋狂的信徒們在迷狂中撕碎，最後雅典娜捧住了酒神的靈魂，奧林波斯重新彌合了酒神的身體。自此後，酒神便與諸神一般不朽了。

酒神的第三次上升，就是從十二神序中將赫斯提那──灶神驅下了聖壇，成了奧林波斯神族中抒唱浪漫的悲情歌王。

（二）酒神精神與希臘悲劇

在奧林波斯神序中酒神的存在勢不可擋。某種意義上他是宙斯輝煌神序的內在性打破。酒神精神直面悲劇，以獨白甚至無奈的歌吟顯露與人不堪的神人關係。悲劇將神人衝突拉到極致，既拷問人，又質問神，同時，又以存在的方式擔負事實。之所以是以「存在」的方式，是因為與歌禱諸神的敘事不同，悲劇不是以稱頌收底，而是暴露事實。荷馬史詩中的伊利昂之歌是悲劇氣象的最早源泉。矛盾、衝突、事實，是希臘悲劇的傑出樣本。最有名的悲劇就是俄狄浦斯殺父娶母。

尼采將希臘悲劇概括為大神潘的造型：粗糙與精緻的結合。而這也正是悲劇誕生中的：阿波羅的光芒與酒神的醉沉。在板塊性敘事與酒神音樂的強力穿透中，悲劇精神獲得感染。本質上來說，還是酒神精神導致希臘悲劇一代又一代地在舞臺上作業。酒神精神的典型表現就是酒神音樂。酒神音樂的原始母調就是哀歌。哀歌音樂又與大神潘（Pan）的故事一衣相襲。大神潘喜歡上了水澤女仙緒任克斯（Syrinx），孤單的女神對潘恐懼。最後逃到河邊，沒有一個同伴可被呼救，絕望之際，化形成了枯黃的蘆葦。潘悲慟不已，割下蘆葦作成了排簫，從此發出了哀傷的音樂。荷馬史詩中的哀歌體，就是這種音色的抖露。潘是赫爾墨斯雙形的兒子。為了同時割下阿爾戈的一百顆頭顱，就是用這種蘆笛使阿爾戈的一百隻眼睛同時眠睡。

史詩的歌體似乎能夠平撫衝突敘事中最滾燙的憂鬱，而用悲劇來承受這種音樂，也就成了必然。酒神的音樂象酒一樣令清醒往事和線形界限在沉醉中消泯，奧林波斯人神置界的神序，焉不被詩性的湧流所突破？歐里庇得斯《酒神的伴侶們》正是這種醉感場域的無上詮釋。希臘悲劇與酒神精神合為一處，宙斯雖然沒有被顛覆，但其蕭秩的新序已經不像先前那麼牢固了。而悲劇在奧林波斯山下興盛了幾個時代。

（三）俄狄浦斯（Oedipus）殺父娶母——我為什麼看到的不是真相

酒神精神打破新序，由酒神引流的悲劇同時晃動著奧林波斯新界的神序，而真正導致神序瓦解的則是對「真相」的期待。我為什麼看到的不是真相？就是俄狄浦斯王在命運的痛產中發出的關於「存在」的哀怨。悲劇與哲學就是在這個時刻黯然交替了。追問「真相」是所有哲學的準備和努力。而這個準備和努力，恰恰是在最偉大的悲劇——《俄狄蒲斯王》中獲得了演示。

俄狄浦斯是忒拜城的國王。之所以能夠成為這個國王，是與他殺父娶母的

悲慘命運扯到一起的。因為古老的宿命，國王拉伊俄斯去德爾菲神廟占卜，他與伊俄卡斯忒婚後不能生子女，否則將來會弒父娶母。這是個令人驚慄的黑色神諭。但激情還是在神意的放縱下獲勝了。他們不但有了孩子，而且還生下了這個孩子。神諭再次在耳際響起了，怎麼辦？信還是不信？逃避神諭的辦法，只能是寧可相信。於是，伊俄卡斯忒選擇放棄孩子。放棄的方式就是把孩子丟給野獸。為了防備孩子從卡泰戎山谷中逃脫，伊俄卡斯忒還在孩子腳踝上穿了骨刺，於是「俄狄浦斯」便有了名字。意味腳踝有病的。抱送孩子丟往山谷的牧羊人，被孩子的哭聲喚起了悲憫，他想了一個絕妙的辦法，把孩子送給了忒拜鄰邦科林多的牧羊人。科林多國王波呂博斯恰好沒有孩子。俄狄浦斯成了神賜的禮物。當十八歲的時候，俄狄浦斯由於氣盛，在國王的壽辰中被人說破了他身負的神諭：弒父娶母。俄狄蒲斯負氣出走，同時也為躲避神諭。結果在往卡泰戎山谷的路口碰到了拉伊俄斯，拉伊俄斯對不避讓老者的青年恃杖教育，結果激怒了本就負氣的俄狄浦斯，國王因此被他失手殺死。拉伊俄斯之所以離開忒拜，是因為忒拜被卡泰戎山谷的妖怪斯芬克斯籠罩，他要祈求神諭解除災難。結果被俄狄蒲斯失手殺死了。俄狄蒲斯來到卡泰戎山谷回答了斯芬克斯的絕問。斯芬克斯之謎被解，斯芬克斯羞憤墜崖而死。忒拜城的災難被解除了。同時，老國王之死也傳回了城裏。俄狄蒲斯被迎進忒拜，擁為了國王，而其母伊俄卡斯忒則成了他的王后。殺父娶母的神諭渾然不知地應驗了。當科林多信使傳來科林多國王波呂博斯自然死亡的消息後，俄狄蒲斯還以為解除了神諭。豈料，當瘟疫再度襲繞忒拜城時，老國王之死成為必須澄清的答案。在一步一步的追問中，真相從謎底和掩飾中顯露了。俄狄蒲斯和伊俄卡斯特終於明白了一切。伊俄卡斯忒懸綾自盡。俄狄蒲斯瘋了——他為什麼看不到真相？他用自己妻子同時也是母親的繡袍上摘下的金針，刺瞎了自己的雙目：在黑暗無光中，再也看不見他不可看的東西，不認識他渴望認識的東西。

真相是不可見的，之所以不可見，是因為它被遮蔽在可見世界當中。俄狄浦斯刺瞎雙目是對所見世界的否定，只有離開所見，即眼睛——感官——看不見的時候，才能用心靈直觀真相。這是不久便至的柏拉圖哲學。真相併不在可見當中，而是那個隱在不可見當中的「可見」。而這需要哲學。

七、哲學的發生

關鍵語：存在殺死諸神

（一）追求真相──思的啟蒙及蘇格拉底的助產術

同樣是面對神論，俄狄浦斯選擇了逃避，而蘇格拉底（Socrates）選擇了「追問」。當朋友安提豐到德爾斐神廟占論：誰是希臘最聰明的人時，神論回答：蘇格拉底。至此，蘇格拉底開始追問，只要找到一個比他還要聰明的人，他就可以戳破神論。於是，蘇格拉底追問「真相」的歷程開始了。他首先去問政治家，認為政治家是諸神在人間的代言，結果失望，這類人，本不知道卻以為自己知道。他轉而追問詩人，詩人能傳達出存在的靈性，但卻有一個問題，他們把不屬於自己的東西，當成了自己的。最後，他追問掌握一定技藝的人，發現這類人確實有些知識，但問題在於，他們把世界看成是他們所知道的那一點東西。最後，蘇格拉底相信了神論：他的確是雅典最聰明的人，他的聰明就在於：他知道自己不知道。蘇格拉底「追問」神論的結果，使他樹敵不少，最後遭到了雅典的審判，被判處死。這是思想悲劇的典範個案。事情就發生在柏拉圖書寫的《申辯》。

蘇格拉底的追問，是思想從外往內的純粹轉向。這個轉向的標誌就是「努斯」（nous）──靈魂盤查事情的方式。真相是通過心目試定的，我們看到的都只是表象。努斯在蘇格拉底的意義中具有純粹靈魂的性質。這脫胎於，他從智者運動中獲得的啟發，當阿那克薩戈拉認為靈魂是安排這個世界的方式時，蘇格拉底認為，他不需要思考了，阿那克薩戈拉已經指出了真相。但是當他發現阿那克薩戈拉並不是以「努斯」本身看待世界時，他卻失望了，轉而，在阿那克戈拉認識到但並沒有開始的地方思考了下去。自此，他的世界中就貫穿了一條靈魂的主線。令蘇格拉底引以為傲的是他的教育方式──助產術。說到助產術自然會讓人想起阿爾忒彌斯的故事，赫拉由於嫉妒勒托，但不讓她在大地上生孩子，勒托在浮島得洛斯島上分娩，阿爾忒彌斯首先出生，而阿波羅難產。結果，毫無生育經驗的阿爾忒彌斯幫助母親生出了阿波羅。阿爾忒彌斯因此成為孕婦生產的守護者。助產需要的不是已經充實的生育經驗，而是激發和喚醒。蘇格拉底為知識助產，恰恰就是如此。

既然他並不知道，所以讓別人已經知道的東西從遮蔽中拋放出來，就是他的精神助產術。我們通常都知道蘇格拉底的辯論，他將知識的分娩過程投入了對話，這種對話就是他所謂的辯證術。它是用來催化知識的。之所以能夠催化知識，是因為這個辯證模式，其實就是後來作為學科確立的：形式邏輯。三段論推理就是靠大前提支起的知識的準確化。而知識就是用來揭示真相的。

（二）殺死悲劇

蘇格拉底的精神助產術，以對話方式產生的辯證運動，一個最直接的結果就是希臘傳統以來的古典詩性消失了。這並不是說柏拉圖哲學就不是詩，甚至柏拉圖哲學就是最大的迷狂，就是詩。我們需要說的是，呈現思想的文本方式一旦發生改變，追求明白直接的知識就成為哲學最核心的任務。為了獲取答案，古典詩性允諾的想像坍塌了。雖然，詩思同源的古典鏡像後來成為哲學如何重回希臘的溯根之旅。但蘇格拉底追問真相的方式，卻是徹底告別諸神轄制思想的啟蒙作業。他所開啟的是一條關於存在的道路。

柏拉圖的《理想國》逼真回答了哲學與詩的爭論。流放詩人，也就是將諸神新序以來的說話方式，還原於更具人性地基的生活世界。甚至流放只是一種策略，一切的一切，都是在回應為哲學賦能的「真相」。真相，也就是真理之路。與之相左的是意見之路。所謂真理，就是箭中了靶心，所謂意見就是脫了靶了。能夠採擷真理的，只能屬於那些擁有純粹靈魂的人。而意見大眾則是被肉身和感官纏繞的人。欲望需要節制，激情需要流放，惟能崇尚的就是理智。理智是心靈的世界。是訓練靈魂的真正場地。為了為理智騰出勝地，激情和欲望就要服從理性。自然，城邦哲學中就要衍生出所謂的德性。人是理性的動物。人的可貴之處在於：能想能看。這就是尼采能夠看出的蘇格拉底最終會用德性殺死悲劇的必然。哲學就連悲劇都殺死了，諸神傍依的人間大樹，焉不熄滅。所謂宙斯及宙斯以前的時代，聽起來已經是一個隔得很遠的，早該失真的傳說。

（三）存在的彩虹——死亡練習及存在殺死奧林波斯諸神

蘇格拉底說真正的哲學就是死亡練習。死亡練習的顯著特性就是靈魂如何擺脫肉身的困束。這關切到他對死亡本身的看待。死亡是到了另一個世界，但到那個世界中去，並不見得就是壞事，說不定，那才是真正的靈魂返鄉之旅。就像奧德修斯的地獄之行一樣，蘇格拉底確定了要帶著靈魂上路，在他的神話圖景中，他看到的是一個不朽的世界。最終，他的努斯似乎又與古老神性對應。只不過，他的思想歷程中還潛伏著一個問題：諸神真是的不朽的嗎？如果是不朽的，那麼為什麼神譜當中會描寫一代一代的神仙家族。宙斯也不是自在的，他是克洛諾斯生出來的。重回存在問題，也因此就有了必要。這個問題連扯著關於正義，智慧等如何重新對待的所有問題。其核心就在於靈魂不朽的意義。用靈魂不朽的圖畫來否定人間世界，感覺起來又像是悲劇重演了一樣，

但與諸神獲取意義不同的是，蘇格拉底藉此證實了幸福。真正幸福的生活就是像哲人沉思世界一樣。哲學家成了幸福生活的本真刺探者。他能教會人們如何活著。蘇格拉底成為精神生活的偉大教師。靈魂不朽最直接的力量就是奧林波斯的諸神被「存在」殺死。

靈魂不朽如何證實？靈魂不朽必須被證實於死亡之後。但這是個悖論。人都已經死了，靈魂不朽何以知道？蘇格拉底用死嘗試了這個答案。他運用的方式是論證。也就是用可靠的知識來確認靈魂不朽的存在。這就是蘇格拉底在《斐多》中用死亡說話的精義。

至此，哲學之維在神話張力的思辨魔性中真正展開了。諸神隱居幕後，以至於最終扭身而去。現代世界的貧瘠也越來越在神性退場的人思當中暴露。通過神話之思來張馳哲學之維，本質上是要綻示這一場由神話何以及近哲學的精神風暴。少了哪一個維度，都無力有效地釋清現代世界何以如此的謎案。借用胡塞爾的話：一切客觀之謎，都是主觀之謎。

後　記

　　再稿校記中，每每看到先生范鵬細筆教指的契印，不禁深覺學而未足。感謝范鵬先生在那一天黃昏，在不嫌沉悶的嚴肅閱讀中向拙文給出的序。先生深誨教化，指涉思意，樂此不疲地點示出思考的方向，促我在此思想地圖中上路。作為受傳統單元轄制的考察路線，試圖從現象學視角澄清古代神話與哲學的思想聯繫，但事實卻是越到最後，思想的故事愈顯脆弱。這是被思想更廣大的深海的幅度所阻隔了的。能夠欣慰的只有上路。感謝江科世、劉麗虹、任曉娥、張延峰、孫際武、牛利利、金凱、王靜、周航、梁彥華、魏德賽、白鶴鳴、郭韜、孟德忠、郭良、丁林輝、范聖文、楊廣昕、黨笑笑、劉其坤、陳皓禹、殷振賢諸君在塑材集理方面所做的艱實的工作，以及基於與之相關的話題在課裏課外給予的影響與討論。在刊之際，劉其坤君、陳皓禹君、殷振賢君分校了全文，就讀於莫斯科大學的郭笑言君統籌了全文章節並提出相應的修改意見。吾愛吾師，感謝范鵬先生、趙逵夫先生、陳曉龍先生在古典文與思方面給予的成長性教化；感謝陳春文先生，李朝東先生在何以臨近思想的啟程道路上給予的熱情昭示。感謝家人的照護與陪伴。感謝那些真正的在靈魂意義上向我注入活力的人與物。因思於神話與哲學流源相浸的原情秘地，故在探訪天命道境的神語圖線的同時，再附希臘神話與哲學源流由生的一段文字，以期回鳴於思的世界。

癸卯年正月二十七，午後，齋記